中国传媒管理实践:历史与创新

郑　雷　郑立波　著

山东大学出版社
SHANDONG UNIVERSITY PRESS
·济南·

图书在版编目(CIP)数据

中国传媒管理实践：历史与创新／郑雷，郑立波著
.—济南：山东大学出版社，2023.8

ISBN 978-7-5607-7908-9

Ⅰ.①中…　Ⅱ.①郑…②郑…　Ⅲ.①传播媒介—经营管理—研究—中国　Ⅳ.①G219.2

中国国家版本馆CIP数据核字(2023)第167324号

责任编辑　刘　彤
封面设计　张　荔

中国传媒管理实践:历史与创新
ZHONGGUO CHUANMEI GUANLI SHIJIAN:
LISHI YU CHUANGXIN

出版发行　山东大学出版社
社　　址　山东省济南市山大南路20号
邮政编码　250100
发行热线　(0531)88363008
经　　销　新华书店
印　　刷　济南乾丰云印刷科技有限公司
规　　格　787毫米×1092毫米　1/16
　　　　　13.75印张　269千字
版　　次　2023年8月第1版
印　　次　2023年8月第1次印刷
定　　价　60.00元

深入研究中国传媒管理的实践经验

——为《中国传媒管理实践:历史与创新》序

郑雷、郑立波两位学者新著的《中国传媒管理实践:历史与创新》即将由山东大学出版社正式出版。作者约我为其作序,我就先睹为快,成了编审之外的第一位读者。初读书稿,深感欣慰,我为年轻学者的学术视野和科学态度而高兴。

第一,本书着眼中国传媒管理的历史,叙述改革开放以来中国传媒管理的改革进程和前因后果,知其本末,求其未来,能够透视传媒管理格局形成的历史逻辑。

第二,本书立足改革开放以来中国传媒管理的丰富实践,总结实践、探索过程中的经验和教训,是改革和完善中国特色传媒管理体系的基础。这方面的研究应该深入下去,把实践成功的经验上升到理论和学理上,为中国特色新闻传播学的构建贡献学术力量。

第三,本书围绕中国传媒管理创新这一主线,聚焦重要事件,分阶段阐述与传媒改革、技术革命、媒体形态重塑、体制深化改革相适应的管理制度、应用技术、工作流程等方面的创新。这样的创新既保持了指导思想、管理规则、制度框架的稳定性,又展现了与时俱进、深化改革、不断创新传媒管理体制和机制的生动局面。

这几点构成了本书的特色。我所欣慰的不只是本书的成果,更重要的是本书体现的青年学子的新闻理念、专业初心,以及对回归学术的渴望,他们关注中国,关注实践,关注中国特色新闻学理论体系、学术体系、话语体系的建构。这是一个了不起的转变。这两年,我在清华大学、中国人民大学等高校的博士论文审阅答辩中都看到了这种新气象。作为一个奋斗五十多年的老新闻出版工作者,我由衷地为他们感到高兴!

大家知道,曾经较长一段时间,新闻学领域"洋味"太重,言必称欧美、"新闻自由""专业视角""第四权力"等都是课堂上、论文中的"热词","食洋不化"的人捧之为"经典"的新闻思想,引偏了新闻教育的方向。这些西方的核心概念,完全是"美式学者"编造出来的,欺骗世人。我曾问过留美的学者几个问题:“见过上帝的消息和评论吗?”“见过没有资本的媒体吗?”“见过绝对自由的新闻吗?”“有没有超越美国‘三权’的新闻媒体机构?”得到的回答是“当然没有!”因为事实是,美国媒体都是由资本家控制的,他们用资本控制新闻舆论。“专业视角”似乎是超阶级党派的,实际上却是资本代理人的视角。新闻传媒一旦触碰了资本的利益,立即被封号、禁声、查办,用什么力量去抗衡“三权”?说到“新闻自由”,那更是可笑:2022年以来,美国同情支持中俄的新闻舆论全被封禁,中俄的新闻机构被制裁,本国持不同意见的人的账号也被封禁,连美国前总统特朗普也不例外。他的社交平台个人账号被停用,还有谁能比他更自由呢?事实在那儿摆着,难道这就是“新闻自由”?所以我说,年轻一代的中国新闻学者,要在去西方化的学术方向上下功夫、做文章,在中国新闻百年实践和新技术引发的传媒革命条件下,研究传媒发展的未来,建立中国传媒自主知识体系的话语表达,这是值得鼓励和期待的。

中国共产党在其百年奋斗奋进的历程中,始终把新闻舆论工作放在重要位置,创建了马克思主义指导下的宏大的新闻事业以及独具中国特色的新闻理论、新闻制度和工作体系,实现了马克思主义新闻观的中国化、时代化,创造性地解决了全球联通、一网天下的全媒体时代,传统媒体、网络媒体、数字媒体、智能媒体迭代融合发展大势下的传媒管理问题,回答了传媒变革的时代之问。这也是我们构建中国特色新闻学的强大根基,是我们历史自信和文化自信的力量源泉。我希望更多的青年新闻学者在学习国外新闻传播学积极成果的同时,把主要精力用到研究与中国新闻、媒体、传播、舆论相关联的课题上来,认真地从事理、道理、学理、真理四个方面审视我们的新闻学科的重新构建和创新发展。尤其深入总结我国新闻实践的经验教训和制度建设的成败得失,为未来高质量的新闻舆论工作和高效能的国际新闻舆论引领提供智慧。

据我判断,在国际风云变幻莫测的当下及以后若干年内,互联网越发达,谣言传播得越快,智能化程度越高,假新闻生产得越多,直接影响人们的生产和生活。因此,中国的传媒管理实践经验不仅有研究价值,而且有全球意义。越来越多的头脑清醒的学者会认识到这一点。传媒管理是个大学问,既是软实力,又是硬道理。因为“传媒”的“传”,是由物质技术主导的,“媒”是有内容的物质载体。这是看得见、摸得到、抓得住的实体面。而另一面,是物化了的要素,还要从法律、法规、制度、规则、政策、道德、伦理等方面去考量,以全面体现社会文明进步的准则和中华优秀传统文化中的人文精神、家国情怀。因此,这个课题还有很大的发展空间,有赖于更多新闻学者深入研究、开拓创新,推动我国传媒管理的现代化,推动传媒业高质量发展,更好地记录时代风云,传播科学真理,推动社会进步,守护公平正义。

柳斌杰
2023年7月

目　录

第一章　1978—1992年：自上而下的传媒业改革

中国传媒业的演变脉络深植于国家的历史土壤。探究传媒业的管理实践时，不可忽视的是不同历史时期的重要事件与关键节点。“文化大革命”结束后，中国传媒业经历了从严格控制到逐步开放和现代化的转型。这段历史不仅是新闻媒体本身变化的见证，也是中国社会、政治、经济全面转型的重要组成部分。

在探讨中国传媒业在“文化大革命”期间所遭受的重大劫难时，学者范以锦等深刻地概括了其所面临的四大困境。首先，新闻业背离了其追求真实性的根本宗旨，转而服从于一种“对口径”的原则。这一原则要求地方报纸在内容上必须与《人民日报》、《解放军报》、《红旗》杂志的观点和立场保持一致，导致了新闻报道的同质化和真实性的丧失。其次，大规模的报刊关闭潮使全国范围内最少时仅剩下42种报纸得以存续，主要是省（市）级以上的机关报，这一现象严重阻碍了新闻行业的正常发展和市场化进程。再次，新闻从业人员放弃了深入现场的调查研究，转而闭门造车，通过“想点子、找观点、套事例”的方式生产出内容虚假、浮夸且空洞的文章，形成了所谓的“假大空”文风。最后，报道中的内容普遍只突出成绩，忽略问题，缺乏有效监督和批评，舆论场成为歌功颂德之地。[①]此时中国新闻业的状态是“报纸一体化、报道宣传化、舆论一律化、订阅公费化”，新闻单位生产和传播的新闻内容则呈现“简报化、战报化、公报化、文件化、公式化、教条化、灌输化、说教化、宣传化”的

① 参见范以锦、刘芳儒：《传媒生态、媒体业态、媒介形态：中国传媒业改革四十年》，《新闻记者》2018年第10期。

特点。[①]

1978年党的十一届三中全会后，我国总体任务是逐步实现四个现代化、发展社会主义物质文明和精神文明。[②]在总任务之下，解放思想、实事求是的指导思想以及《关于建国以来党的若干历史问题的决议》等重要文件为党中央调整新闻管理思路提供了理论依据。党的十一届三中全会要求中国新闻媒体从为阶级斗争服务的舆论工具，转变为为党服务、致力于改革开放和现代化建设的舆论工具。党的十二届六中全会确定的社会主义精神文明建设指导方针，成为日后新闻工作的指导方针。新闻工作是社会主义精神文明建设的一项重要工作，培育有理想、有道德、有文化、有纪律的社会主义公民，提高整个中华民族的思想道德素质和科学文化素质，成为新闻业和新闻工作者的崇高目标。[③]新闻界也重新认识到，新闻工作有其规律性，不以人的意志为转移，新闻工作必须遵循新闻规律。[④]

业界和学界对国内新闻业新趋势、新变化的讨论与实践也在政治体制与经济体制改革的大背景下展开。

1983年，“信息热”在国内兴起。“信息”作为概念引入新闻界后，立刻与传统观念发生猛烈碰撞，继而推动全社会重新定位传媒功能。[⑤]改革开放与经济体制改革使人与人之间的联系更为密切，也推动了全社会对经济信息、科技信息、政治信息、军事信息、文化信息、体育信息的需求，人们逐渐认识到：一方面，新闻事业并非只有宣传、教育、指导功能，提供信息也是新闻事业的重要作用，社会对信息需求的大小决定了新闻事业规模的大小，新闻事业的发展如影随形般跟随经济发展的脚步；另一方面，新闻媒体的新闻报道要真实、替群众说话、有足够的信息量。为此，新闻媒体、新闻工作者的新闻理念、选题类型、采访报道方式、业务分工都需要与时俱进。[⑥]

改革开放后，传播学也被正式介绍到国内。1978年7月，复旦大学新闻

① 参见童兵：《传统新闻模式突破的十年》，《中国人民大学学报》1988年第6期。

② 参见朱穆之：《风云激荡七十年》（上），五洲传播出版社2007年版，第206页。

③ 参见丁柏铨：《论改革开放以来中共新闻思想发展的三个阶段》，《现代传播》2004年第5期。

④ 参见唐绪军、崔保国：《中国报业四十年的改革发展之路》，张建星主编：《中国报业40年》，人民日报出版社2018年版，第3页。

⑤ 参见李良荣：《中国新闻改革：20年的三次跨越》，《新闻界》1998年第6期。

⑥ 参见李良荣：《“信息热”和新闻改革》，《新闻大学》1984年第1期。

系教授郑北渭在该系编辑出版的《外国新闻事业资料》第1期上发表了编译文章《公共传播的研究》和《美国资产阶级新闻学：公共传播》，拉开了中国传播学舞台的幕布，也恢复了20世纪50年代中断的传播学教学与研究。[①]中国人民大学、中国社会科学院新闻研究所、北京广播学院等院校和机构的学者通过翻译、评介西方传播学的著作、论文，介绍传播学的主要学说、概念、范畴及方法，研究传播学的座谈会和研讨会也纷纷召开。[②]

此阶段，社会各界就新闻理论、新闻属性、新闻业务、传播规律等展开了激烈的讨论，既涉及新闻规律、新闻价值、新闻功能等本质特征，也涉及新闻事业与宣传、监督、舆论、政治、经济的关系，新闻媒体应该生产、传播何种新闻内容，新闻媒体应该如何运营等具有中国特色的现实问题，这也推动了党和政府在传媒管理制度上的政策调整。这个阶段新闻业的变革主要集中表现在舆论监督、信息公开、新闻立法、传媒经营、全国传媒分级布局五个方面。

第一节 舆论监督的开启

此阶段，人们逐渐认识到，运用新闻媒体实行舆论监督，确保社会关系平等、正确，伸张正义，针砭时弊，克服缺点，改正错误，是社会主义新闻事业的重要职责，也是新闻工作者的共同使命。[③]整个社会开始探讨无产阶级报刊进行舆论监督和发表批评性新闻言论的作用和地位，探讨的焦点逐渐集中到在现有体制下如何冲破阻力进行舆论监督和批评性报道，以及现有的法律法规是否有助于舆论监督和批评性报道。[④]此时全国的新闻记者开始转变作风，坚持深入一线采访，在汇报成绩的同时及时揭露社会问题，尤其抓住舆论热点进行报道分析。[⑤]

---

① 参见廖圣清：《我国20年来传播学研究的回顾》，《新闻大学》1998年第4期。

② 参见潇湘：《传播学本土化的选择、现状及未来发展》，《新闻与传播研究》1995年第4期。

③ 参见童兵：《新闻批评是有力的舆论监督——社会主义新闻事业的战斗性》，《新闻与写作》1987年第11期。

④ 参见中国社会科学院新闻研究所编：《中国新闻年鉴（1987）》，中国社会科学出版社1987年版，第50页。

⑤ 参见范以锦、刘芳儒：《传媒生态、媒体业态、媒介形态：中国传媒业改革四十年》，《新闻记者》2018年第10期。

1979年8月12日，《解放日报》刊载了一条社会新闻《一辆26路无轨电车翻车》。这篇报道冲破了新闻媒体“报喜不报忧”的戒律，也突破了灾难性新闻不能上党报的禁区，成为“文革”之后社会新闻复出的标志①，拉开了改革开放后中国新闻媒体公开报道公共危机的序幕。②1980年，《南方日报》对顺德县、四会县领导干部修建私人会所进行曝光。③1987年5月6日，大兴安岭突发特大森林火灾。火灾持续了25天，火灾过火面积约101万公顷，死亡193人，受伤226人，成为新中国成立以来毁林面积最大、伤亡人员最多、损失最为惨重的森林大火。④众多新闻媒体派出记者赶赴火灾现场进行采访报道。《中国青年报》刊发了三篇调查报道《红色的警告》《黑色的咏叹》《绿色的悲哀》，对火灾原因、过程进行深入报道与分析，引发社会强烈反响，并成为中国舆论监督报道的典范。中国青年报社的记者回忆当年采访时大家的心理状态：“进入灾难现场的记者应该是受众获得信息的最前端的传感器，‘大火背景下的社会’‘社会背景下的火灾’的视角成为大家共识，形成了一定要突破大灾大胜利、小灾小凯歌模式的决心。”⑤1987年12月9日，《人民日报》刊登《安徽某些领导干部撕破脸皮要官，省委书记不留情面提出严厉批评》一文，在此之前，这类事件习惯上被认定为“内部情况”的新闻；1988年7月14日，《人民日报》头版刊登《“官倒”二例》，批评以权谋私、贪污腐化等丑恶现象，并配发评论员文章《治治“官倒”》。⑥

在此阶段，虽然主管部门对新闻媒体舆论监督的管理因为某些社会事件和社会思潮的发生而有所变化，但做好舆论监督应是媒体的责任与义务逐渐成为共识。1981年通过的《中共中央关于当前报刊新闻广播宣传方针的决

---

① 参见唐绪军、崔保国：《中国报业四十年的改革发展之路》，张建星主编：《中国报业40年》，人民日报出版社2018年版，第6页。

② 参见吴廷俊、夏长勇：《我国公共危机传播的历史回顾与现状分析》，《现代传播》2010年第6期。

③ 参见南方日报：《经济宣传中的几个问题》，《中国新闻年鉴（1983）》，中国社会科学出版社1983年版，第131页。

④ 参见《关于大兴安岭特大森林火灾事故和处理情况的汇报》，国务院公报1987年第15号，http://www.gov.cn/gongbao/shuju/1987/gwyb198715.pdf。

⑤ 王婷舒：《大兴安岭特大火灾30周年　记者叶研谈“三色报道”》，2017年5月6日，https://m.huanqiu.com/article/9CaKrnK2vVX。

⑥ 参见张晓红、周文韬：《党报改革四十年》，张建星主编：《中国报业40年》，人民日报出版社2018年版，第38页。

定》、1987年通过的《中共中央宣传部、中央对外宣传小组、新华通讯社关于改进新闻报道若干问题的意见》等文件，强调要积极、正确地运用报刊批评与自我批评的武器，促进"四化"建设和改革开放，新闻宣传工作批评与自我批评的优良传统得以恢复。[①]1987年，党的十三大报告中第一次使用了"舆论监督"的表述，替代了"批评与自我批评"的表述，这也是中国共产党历史上首次将"发挥舆论监督作用"写入党的全国代表大会的报告。报告指出："要通过各种现代化的新闻和宣传工具，增加对政务和党务活动的报道，发挥舆论监督的作用，支持群众批评工作中的缺点错误，反对官僚主义，同各种不正之风作斗争。"[②]1987年7月，《中共中央宣传部、中央对外宣传小组、新华通讯社关于改进新闻报道若干问题的意见》规定："重大自然灾害（如地震、水灾等）和灾难性事故，应及时作报道。"[③]1988年前后，新闻监督报道逐渐增加，尤其是对"官倒"、以权谋私、贪污腐败等重大案件的披露及曝光，媒体舆论监督开始走向常规化。[④]此时有学者提出，我国处于社会主义初级阶段，保证舆论监督的制度化、法律化，是建设社会主义民主政治的必然要求和趋势。[⑤]

1989年1月，《国务院办公厅、中共中央宣传部关于改进突发事件报道工作的通知》指出："为了争取新闻报道的时效，对于按不同性质确定在不同范围公开报道的突发事件，可分阶段发稿。新闻发布单位在获得中央或地方有关部门提供的或记者自行采访到的确切消息后，应尽快发出快讯，先对最基本的事实作出客观、简明、准确的报道。然后再视情况的发展发出后续报道。"[⑥]该通知标志着中国在突发事件信息发布和新闻报道的管理方面，从严格管控迈入管控与报道相结合的新阶段。

---

① 参见陈建云、吴淑慧：《舆论监督三十年历程与变革》，《当代传播》2009年第4期。

② 中共中央文献研究室编：《改革开放三十年重要文献选编》（上），中央文献出版社2008年版，第494页。

③ 中共中央宣传部新闻局编：《中国共产党新闻工作文献选编（1938—1989年）》，人民出版社1990年版，第126页。

④ 参见唐绪军、崔保国：《中国报业四十年的改革发展之路》，张建星主编：《中国报业40年》，人民日报出版社2018年版，第8页。

⑤ 参见魏永征：《舆论监督应当制度化、法律化》，《新闻记者》1988年第2期。

⑥ 中共中央宣传部新闻局编：《中国共产党新闻工作文献选编（1938—1989年）》，人民出版社1990年版，第146—148页

第二节 信息公开的破冰

主管部门对政府信息发布会和新闻发言人制度的尝试，标志着中国新闻媒体领域信息公开的显著进步。这些举措不仅增强了政府与公众之间的沟通，也提升了政策透明度和公信力。1979年11月，石油工业部海洋石油勘探局"渤海2号"钻井船在渤海湾迁移井位拖航作业途中翻沉，船上共74名职工，72人遇难，成为新中国成立以来石油系统最重大的死亡事故，在世界海洋石油勘探历史中少见。[①]事发近一年后，中国政府召开了新闻发布会，向国内外公众发布此次事故调查和处理结果，这是中国政府首次对突发事件进行新闻发布，成为改革开放后中国政府新闻发布工作的起点。[②]1980年7月，《人民日报》《工人日报》《光明日报》与新华社对"渤海2号"事故的报道，成为我国媒体介入公共危机事件的里程碑，打破了"重大事故不能见报"的禁令。[③]

1980年3月，中共中央书记处专门讨论对外宣传工作，决定成立中央对外宣传小组，协助中央统一领导整个对外宣传工作。1982年2月，中央批准负责对国际及港澳台进行宣传工作的中央对外宣传小组的请示，决定建立新闻发言人制度，随后众多中央部门及省一级部门开始设立新闻发言人。[④]1983年4月，中华全国新闻工作者协会宣布国内建立新闻发言人制度，自此新华社不再是中国政府新闻发布的唯一渠道。1983年6月，六届全国人大一次会议副秘书长曾涛、全国政协六届一次会议副秘书长孙起孟作为两会首任新闻发言人，分别受各自会议秘书处的委托，同时向中外记者发布了关于召开"两会"的新闻，并邀请和欢迎中国港澳台地区和外国新闻机构派记者采访"两会"。此举受到境外新闻机构的普遍好评，认为这是中国实行对外开放政策的有力举措。[⑤]

1987年，中央电视台和中央人民广播电台对中共十三大开幕式进行了现场直播，这是中国新闻媒体第一次对党的全国代表大会以广播及电视的方式

① 参见《1979年11月25日"渤海2号"钻井船沉没事件》，2009年11月25日，http://news.sohu.com/20091125/n268437659.shtml。

② 参见殷莉：《全国"两会"新闻发布会历史回顾》，《新闻与写作》2009年第4期。

③ 参见吴廷俊、夏长勇：《我国公共危机传播的历史回顾与现状分析》，《现代传播》2010年第6期。

④ 参见申宏磊、于淼、崔斌箴、沈晓雷：《对外宣传工作应改革开放而生——专访新时期外宣事业的开拓者朱穆之》，《对外传播》2008年第11期。

⑤ 参见殷莉：《全国"两会"新闻发布会历史回顾》，《新闻与写作》2009年第4期。

进行现场直播。中央电视台还对五位政治局委员出席酒会、回答中外记者提问进行了实况报道。[①]同年，第六届全国人民代表大会第五次会议和中国人民政治协商会议第六届全国委员会第五次会议召开，中央提出中央电视台对此次会议的宣传要更加民主与开放，央视通过录像剪辑播出了八次记者招待会的全部内容。[②]社会各界认为这极大提升了中国政治的透明度。[③]

1987年7月，《中共中央宣传部、中央对外宣传小组、新华通讯社关于改进新闻报道若干问题的意见》指出，中央的重大决策、决定和措施，外电可能报道或可能在群众中广为流传的突发事件，重大自然灾害（如地震、水灾等）和灾难性事故，都应及时报道。党中央和国务院的一些日常活动，要有选择地做适当的公开报道。把利用广播、电视同人民群众对话的工作经常化、制度化。[④]

国家信息公开的尝试也存在反复。1989年1月，《国务院办公厅、中共中央宣传部关于改进突发事件报道工作的通知》，规定重大突发事件需要请示国务院领导，一般由中央新闻单位来报道，必要时由新华社统一发布。这意味着地方政府和地方媒体面对此类事件时没有报道权，为突发事件后谣言、虚假内容的传播蔓延及地方领导瞒报谎报埋下隐患。[⑤]1994年8月，中共中央办公厅和国务院办公厅发布《关于国内突发事件对外报道工作的通知》，重申了1989年《国务院办公厅、中共中央宣传部关于改进突发事件报道工作的通知》的精神，规定突发事件的对外报道一律由中央对外宣传办公室协调，归口管理，新华社统一发稿。

第三节　新闻立法的讨论

党的十一届三中全会后，学术界开始对新闻立法展开探讨，考察各国新

---

① 参见中国新闻学会联合会、中国社会科学院新闻研究所编：《中国新闻年鉴（1988）》，中国社会科学出版社1988年版，第11页。

② 参见中国新闻学会联合会、中国社会科学院新闻研究所编：《中国新闻年鉴（1988）》，中国社会科学出版社1988年版，第10页。

③ 参见白谦诚：《广播电视节目十年改革的回顾与前瞻》，《中国广播电视学刊》1989年第2期。

④ 参见中共中央宣传部新闻局编：《中国共产党新闻工作文献选编（1938—1989年）》，人民出版社1990年版，第124—133页。

⑤ 参见陈力丹：《论突发性事件的信息公开和新闻发布》，《南京社会科学》2010年第3期。

闻法的情况[①]，并不断从理论上阐述新闻立法的重要性：一方面保护社会主义的新闻出版自由，另一方面对违反法律的报道和言论给予必要限制与制裁。[②]中国社会科学院新闻研究所和北京新闻学会于1981年出版了《各国新闻出版法选辑》，1987年又出版了《各国新闻出版法选辑（续编）》。[③]

1980年左右，我国新闻界提出制定新闻法的建议。[④]1984年，中宣部新闻局提出《关于着手制定新闻法的请示报告》，全国人大教科文卫委员会和中国社会科学院新闻研究所合作成立了新闻法研究室，到1987年已经编了20期《新闻法通讯》。1987年国家新闻出版署成立后，新闻法起草工作转入出版署。[⑤]三个新闻法文稿在1988年成型，即由国家新闻出版署牵头的"新闻法征求意见稿"、上海起草的"征求意见稿"、中国社会科学院新闻研究所的"试行稿"，中央领导同志听取了制定新闻法的工作汇报后，要求专门成立一个起草小组。[⑥]

1988年初，《中华人民共和国新闻法》起草小组成立，小组由国家新闻出版署、中宣部、新华社、人民日报、广播电影电视部、全国记者协会、中国社会科学院新闻研究所、中国人民大学新闻系等单位的代表组成。[⑦]起草小组广泛收集涉及新闻媒介民事案例和国外参考资料，并参考上述三个新闻法文

---

① 例如北京新闻学会召开新闻立法学术讨论会，对世界各国新闻立法进行讨论分析，参见张宗厚、孙旭培：《北京新闻学会讨论新闻立法问题》，《新闻战线》1980年第12期；对南斯拉夫新闻法的介绍，参见徐邦泰：《南斯拉夫新闻法简介》，《新闻战线》1980年第12期；对匈牙利新闻法的介绍，参见徐立：《匈牙利颁布新闻法》，《政治与法律》1987年第2期。

② 参见张友渔：《谈新闻立法》，《新闻与写作》1985年第9期。

③ 参见中国新闻学会联合会、中国社会科学院新闻研究所编：《中国新闻年鉴（1988）》，中国社会科学出版社1988年版，第13页。

④ 参见俞松年：《怎样看待新闻立法？——关于我国新闻立法的讨论综述》，中国社会科学院新闻研究所、中国新闻学会联合会编：《中国新闻年鉴（1989）》，中国社会科学出版社1989年版，第105页。

⑤ 参见中国新闻学会联合会、中国社会科学院新闻研究所编：《中国新闻年鉴（1988）》，中国社会科学出版社1988年版，第13页。

⑥ 参见俞松年：《怎样看待新闻立法？——关于我国新闻立法的讨论综述》，中国社会科学院新闻研究所、中国新闻学会联合会编：《中国新闻年鉴（1989）》，中国社会科学出版社1989年版，第105页。

⑦ 参见中国社会科学院新闻研究所、中国新闻学会联合会编：《中国新闻年鉴（1989）》，中国社会科学出版社1989年版，第3页。

本，完成了提交人大审议的新闻法（草案）。

有研究者将当时各方面对新闻法存在的讨论总结为十点：如何界定和保障新闻自由；舆论监督要不要批准；新闻纠纷仲裁；是否允许民办报纸；新闻事业的性质和作用；对新闻诽谤的界定；新闻失实的法律责任；更正与答辩；禁止刊播的内容；记者和编辑的法律素养。[①]

1990年12月，国家新闻出版署颁布了第一个传媒方面的法规——《报纸管理暂行规定》，其中规定："我国的报纸事业是中国共产党领导的社会主义新闻事业的重要组成部分，必须坚持为社会主义服务、为人民服务的基本方针，坚持以社会效益为最高准则，宣传马克思列宁主义、毛泽东思想，宣传中国共产党和中华人民共和国政府的方针和政策；传播信息和科学技术、文化知识，为人民群众提供健康的娱乐；反映人民群众的意见和建议；发挥新闻舆论的监督作用。"[②]

第四节　传媒经营的创新

我们历来把新闻事业的属性定位在上层建筑范畴内，并确认中国共产党领导的新闻事业是党和人民的喉舌，即党的宣传工具。[③]新中国成立前，党的新闻事业经费向上级实报实销，人员实行供给制；1949年12月，新闻总署曾召开全国报纸经理会议，决定实施报纸企业化经营，随后中共中央宣传部肯定报纸企业化经营是"完全正确的，可以实现的"，并要求各省、市宣传部门"督促各级切实执行企业化经营方针"，做到自给自养，减少国家财政负担。[④]1956年，我国完成对农业、手工业和资本主义工商业的社会主义改造，确定实行计划经济体制，直至改革开放，国内新闻传媒一直作为国家行政事业的组成部分，处于计划经济体制之下，依靠各级政府财政拨款，除了一些报社、杂

① 参见俞松年：《怎样看待新闻立法？——关于我国新闻立法的讨论综述》，中国社会科学院新闻研究所、中国新闻学会联合会编：《中国新闻年鉴（1989）》，中国社会科学出版社1989年版，第105—108页。

② 中华人民共和国新闻出版署政策法规司编：《中华人民共和国现行新闻出版法规汇编（1949—1990）》，人民出版社1991年版，第122页。

③ 参见李良荣、沈莉：《试论当前我国新闻事业的双重性》，《新闻大学》1995年第2期。

④ 参见李良荣、沈莉：《试论当前我国新闻事业的双重性》，《新闻大学》1995年第2期。

志社有为数有限的订阅费收入，电台、电视台几乎没有任何经济来源。[①]改革开放后，许多新闻单位通过有偿经济新闻信息、广告等，开始在新闻内容生产、传播过程中由试探性创收尝试，逐渐转向正规的经营性活动。在经营活动方面的突破，也是作为意识形态排头兵的新闻媒体对市场经济的初步尝试。自此，长久以来只有事业属性的国内新闻单位逐渐具有产业属性。新闻业界对经济活动的尝试和商业运营手段的不断突破，也逐渐得到党和政府的默认和许可，并带来刊播广告、自办发行、自主定价及允许经营活动等传媒政策的一步步革新。此阶段传媒经营创新的特点主要表现在以下三个方面。

第一，"事业单位、企业化管理"模式开始在传媒领域出现。1978年，《人民日报》联合首都八家媒体给财政部打了一份报告，要求新闻单位试行"事业单位、企业化管理"的经营模式，希望通过适度自主经营获得一些经济收入，以弥补并不充足的财政补贴。财政部虽有犹豫，但考虑到当时财政收入难以养活全国已有的186份报纸，若报纸不再需要财政补贴，终归是有利的事情。"一方面，报纸需要自主权，另一方面，财政想要'甩包袱'"，这份报告就被批准了。[②]由于人民日报社在全国新闻传媒领域举足轻重的地位，因此这种"双轨制"经营管理体制开始向全国推广，此后十几年，报纸、电视、广播、杂志四大主要传媒业态相继加入这种"双轨制"实践。[③]1983年，《吉林日报》实行企业化管理，实现盈利500多万元，上缴税收100多万元；《新民晚报》依靠多种经营在1986年实现盈利600万元，并筹资建造了报社大楼。此时全国众多主流报纸媒体都实现了盈利。[④]

1978年之前，我国所有传媒单位都是由国家财政拨款的事业单位，不具有任何产业属性。1979年，财政部颁发《关于报社试行企业基金的管理办法》，再次明确报社虽是党的宣传事业单位，但在财务管理上实行企业管理的

---

① 参见周茂君：《我国传媒产业经营政策及其影响》，《武汉大学学报》（人文科学版）2001年第2期。

② 参见唐绪军、崔保国：《中国报业四十年的改革发展之路》，张建星主编：《中国报业40年》，人民日报出版社2018年版，第3页。

③ 参见周茂君：《我国传媒产业经营政策及其影响》，《武汉大学学报》（人文科学版）2001年第2期。

④ 参见中国社会科学院新闻研究所编：《中国新闻年鉴（1987）》，中国社会科学出版社1987年版，第80页。

办法，使报业经营改革成为可能。[①]

1985年，国务院办公厅转发国家统计局《关于建立第三产业统计的报告》，将“教育、文化、广播电视事业”列入第三产业。[②]首次将广播电视列入第三产业，这也标志着中央开始对新闻业产业属性的逐渐认可。1987年国家科委编制的我国信息产业投入产出表将“新闻事业”“广播电视事业”纳入“中国信息商业化产业”。[③]

第二，市场压力下新闻媒体主动寻求经营变革。改革开放后，新闻业被卷入了商品经济大潮，也切身体会到了来自市场的压力。从20世纪80年代开始，报业面临“三涨一减”的严峻局面：一涨是纸价上涨，1980年新闻纸的价格大约为每吨730元，1985年、1988年、1993年每吨价格分别涨到1100元、2800元、3800元；二涨是邮局发行费率提高，实行了三十多年的“邮发合一”制度被取消，1987年时，邮局收取发行费的比例从报价的20%提高到35%～40%；三涨是油墨、印刷等相关费用上涨；一减则是国家财政补贴的减少。[④]这使新闻工作者开始正视传媒的经营管理问题，尝试走出“成本增加—定价上涨—读者市场萎缩”的怪圈，开始讨论、探索、实践报纸定价调整、自办发行、多种经营，新闻工作者也由此确立了最初的市场观念，即“报纸是作为商品以一定的价格销售给读者，而重新定价与自办发行，则是最突出的市场行为”。[⑤]

从1979年开始，包括外商来华广告在内的经济广告率先在国内大中城市全面恢复，拉开了我国传媒产业经营的序幕，中共中央宣传部于1979年11月发布《关于报社、广播电台、电视台刊登和播放外国商品广告的通知》，对国内新闻传媒行业解放思想、转变观念、破除禁区，起到了积极作用。[⑥]从1979年开始，《天津日报》《解放日报》《人民日报》《文汇报》，广东电视台、中央电视台等国内主流新闻媒体开始纷纷登载和播放商业广告。《解放日报》恢复广告

① 参见唐绪军、崔保国：《中国报业四十年的改革发展之路》，张建星主编：《中国报业40年》，人民日报出版社2018年版，第5页。

② 参见魏永征：《传媒的事业属性与发展空间》，《中国记者》2002年第4期。

③ 参见唐绪军：《报业经济与报业经营》，新华出版社2003年版，第4页。

④ 参见裘正义：《新闻业市场行为的发展与基本观念的确立》，《新闻大学》1993年第3期。

⑤ 参见裘正义：《新闻业市场行为的发展与基本观念的确立》，《新闻大学》1993年第3期。

⑥ 参见周茂君：《我国传媒产业经营政策及其影响》，《武汉大学学报》（人文科学版）2001年第2期。

的第一年便收入20多万元，1988年，广告收入达到1800多万元，十年间共为报社积累资金4950多万元，同时也为千家万户传递了大量信息，扩大了报纸的影响，取得了经济和社会效益的双丰收。①1982年，国务院办公厅发布《关于加强广告宣传管理的通知》；1985年，国家工商行政管理局、广播电视部和文化部发布《关于报纸、书刊、电台、电视台经营、刊播广告有关问题的通知》，对新闻单位从事广告发布和经营资格进行肯定。②1983年，全国报纸广告全年总收入为7000万元；1988年，已有九家报纸的全年广告收入超过了1000万元，《人民日报》全年广告收入为2350万元，中央电视台为4998万元。③

1985年，《洛阳日报》率先打破“邮发合一”的局面，开始自办发行。④全国部分城市报纸自办发行工作座谈会在1986年首次召开，26家参会的报社对自办发行给予了肯定。1990年后，全国“自办发行”报纸的发行量接近报纸总发行量的一半。⑤

1988年，国家新闻出版署通知规定除中央“七报一刊”、中央和地方党政部门主办的报纸外，报纸价格由各报自定。⑥这肯定了报纸媒体自主定价的权利。

在一些沿海开放城市，不少新闻媒体开始成立出版公司、广告咨询公司、经纪人事务所、房地产经营公司、出租汽车公司、餐饮服务公司等，探索多元化经营的道路。⑦

第三，新闻媒体内部“采编与经营两分开”模式逐渐成为主流。1984年发布的《关于国务院各部门直属事业单位编制管理试行方法（讨论稿）》中规定了事业单位可以营利，但不能以营利为直接目的。⑧1988年3月，国家新闻出版署、国家工商行政管理局联合发布的《关于报社、期刊社、出版社开展有偿服务和经营活动的暂行办法》中规定，报社、期刊社、出版社应当正确处理好

① 参见吉建纲：《全国第一家恢复商品广告联想》，《新闻记者》1990年第1期。

② 参见魏永征：《传媒的事业属性与发展空间》，《中国记者》2002年第4期。

③ 参见裘正义：《新闻业市场行为的发展与基本观念的确立》，《新闻大学》1993年第3期。

④ 参见魏永征：《传媒的事业属性与发展空间》，《中国记者》2002年第4期。

⑤ 参见范以锦、刘芳儒：《传媒生态、媒体业态、媒介形态：中国传媒业改革四十年》，《新闻记者》2018年第10期。

⑥ 参见魏永征：《传媒的事业属性与发展空间》，《中国记者》2002年第4期。

⑦ 参见裘正义：《新闻业市场行为的发展与基本观念的确立》，《新闻大学》1993年第3期。

⑧ 参见魏永征：《传媒的事业属性与发展空间》，《中国记者》2002年第4期。

本职工作和其他经营活动的关系，在注意经济效益的同时，把社会效益放在首位。报社、期刊社、出版社可以根据有关规定和本身的条件，发挥其联系面广以及信息、人才、技术、知识、设备器材等方面的优势，开展国家政策允许的、与本身业务有关的有偿服务和经营活动。报社、期刊社、出版社的经营活动，应由经营部门负责。编辑、记者可提供信息，但不得从所提供的信息服务中提取个人报酬，不得参加经营活动。

在中国新闻媒体的发展历程中，"采编与经营分开"的原则成为主流媒体遵循的关键规则。这一原则确立了明确的职责界限：记者和编辑专注于新闻内容的生产，而不参与广告经营活动。这种分工模式有效地保障了新闻媒体产出的公正性和客观性，减少了市场因素对新闻内容的干扰。

尽管中国新闻媒体经历了集团化、转企改制等国家层面的广泛改革，但"采编与经营分开"的原则始终被视为新闻活动中的核心。这一原则不仅得到了相关管理部门通过政策法规的重申和强化，而且在实践中也显示出其重要性和有效性。

核心在于，"采编与经营分开"的原则将社会效益置于首位，经济效益则居于次要位置。这样的优先顺序保障了新闻内容的独立性，确保新闻报道不为广告主的利益所左右，保持了舆论导向的纯净性和公正性。此外，这一原则也为中国新闻出版和广播电视领域未来的改革提供了重要的指导思路。

第五节　全国传媒分级布局

这一时期，晚报不仅成为党报的重要补充，还开启了中国新闻业多样化发展的新篇章。随着《南昌晚报》《北京晚报》《羊城晚报》等重要晚报的相继复刊，"晚报热"在全国范围内迅速兴起，标志着中国新闻业进入一个多元化、生动化的新阶段。这一阶段媒体的发展不仅展示了新闻内容与形式的创新，还反映了政府在新闻资源配置上的策略调整。

晚报作为"党报的补充"，自身定位明确且行政色彩浓厚，主打社会新闻、文娱新闻、副刊，内容贴近日常生活，风格新鲜活泼，弥补了机关报的不足，并与机关报形成错位竞争态势，这也反映了晚报的勃兴并非市场行为，而是行政对媒体资源的再分配。[①]1991年，全国已兴办了50多家晚报[②]，"当日新闻"

---

① 参见唐绪军、崔保国：《中国报业四十年的改革发展之路》，张建星主编：《中国报业40年》，人民日报出版社2018年版，第10—11页。

② 参见刘家林：《新中国新闻传播60年长编（1949—2009）》，暨南大学出版社2010年版，第180页。

“文化新闻”“体育新闻”“社会新闻”成为晚报的四大“当家花旦”[①]。占报纸总数近1/3的机关报和全国综合性报纸也推动了周末版、星期刊等多版化大潮流。[②]

这一阶段，大量全国性报纸、区域性报纸、青年报、经济类报纸、晚报、行业性报纸、农村报纸、文摘报、生活服务报纷纷创刊，基本实现了全国范围内从中央到县级市的全面覆盖。1980—1985年，全国新创刊1008家报纸，其中各级党委机关报仅占12%。[③]

1983年是中国广播电视行业的关键年份，标志着国家对该领域的全面和系统性调整。在这一年召开的第十一次全国广播电视工作会议上，广播电视部提出了一个全面的发展方针，即在全国范围内实施中央、省、有条件的地(市)和县“四级办广播、四级办电视、四级混合覆盖”的建设方针。这一方针在中共中央批转的广播电视部《关于广播电视工作的汇报提纲》中得到进一步的明确和加强，确立了“四级办台”的事业建设体制。

这一政策极大地激发了各级地方政府对广播电视事业的发展热情，特别是在地(市)县两级。地方政府大幅增加了对广播电视事业的财政投入，促进了地方经济的发展，并形成了以行政区域为基础的国内广播电视发展格局和基本结构。这种模式有效地推动了广电行业的快速发展，实现了跨越式的进步。

然而，这种以行政区域为基础的发展模式也带来了一系列问题。其中最显著的是地区垄断和国内电视市场的碎片化分割。各地方政府在推进自己的广播电视项目时，往往更注重地方利益而非全国统一市场的建设，导致了资源配置的不均和市场分割。

与此同时，报刊和图书行业也采取了类似的条块分割式规划与建设模式。在计划经济体制下，新闻资源的配置严重依赖于行政单位和行政级别，这导致了传媒行业力量的分散和效率的低下。各个行政单位之间的信息不对等和资源不共享，使得整个传媒行业难以形成有效的协同和集中力量，进而影响了传媒行业整体发展的质量和效率。因此，这一时期虽然传媒行业取得了显著的发展，但同时也暴露了体制内部的不足和挑战，需要进一步改革和调整。

---

① 参见李良荣、袁鸣徽：《中国新闻报道四十年的改革探索》，张建星主编：《中国报业40年》，人民日报出版社2018年版，第103页。

② 参见蔡雯：《九十年代晚报走势析》，《新闻战线》1992年第6期。

③ 参见范以锦、刘芳儒：《传媒生态、媒体业态、媒介形态：中国传媒业改革四十年》，《新闻记者》2018年第10期。

第二章　1992—2002年：应对WTO的传媒改革

1992年，邓小平在南方谈话中阐明了多项关键议题，包括社会主义的本质、计划经济与市场经济的关系、通过改革释放生产力，以及进一步解放思想的重要性。他强调了深化改革和加速发展在我国的重要性和必要性。中共十四大于1992年10月召开，首次明确提出要建立社会主义市场经济体制。随后的1993年11月，党的十四届三中全会通过了《中共中央关于建立社会主义市场经济体制若干问题的决定》，这不仅具体化了十四大提出的经济体制改革目标和原则，还明确了建立社会主义市场经济体制的基本任务和要求，描绘了其总体规划和基本框架。

在社会主义市场经济体制的道路日渐清晰之际，中国的传媒政策也经历了重大转变。从过去的计划经济特色，转向更多地规制市场主体的经济活动。与此同时，传媒经营也显著转入"自主经营、自负盈亏、自我约束、自我发展"的产业化轨道[①]，这一转变为中国传媒行业的现代化和国际化奠定了基础，同时也应对了加入世界贸易组织（WTO）所带来的新挑战。

第一节　"入世"倒逼文化开放市场

2001年，中国正式加入世界贸易组织。虽然到1992年，国内新闻出版生产能力比1978年提高了10倍多[②]，但是中国传媒面对国外传媒旗舰依然实力

① 参见周茂君：《我国传媒产业经营政策及其影响》，《武汉大学学报》（人文科学版）2001年第2期。

② 参见柳斌杰：《在改革开放中建设新闻出版强国》，《百年潮》2015年第8期。

悬殊。1998年,英国《国际电视业务》发布世界100家大型电视公司排行榜,我国仅中央电视台一家入围,排在第57位;1999年,中国新闻媒体的广告总收入为289.85亿元人民币,《纽约时报》一年的广告额就达60亿美元(约540亿元人民币)。[①]2001年,中国传媒业广告收入在十年中增长了近20倍,达到800亿元人民币,年平均增长35%,是同期GDP的4倍多。[②]然而,2001年维旺迪环球(Vivendi Universal)年收入为514亿美元,美国在线时代华纳(AOL Time Warner)年收入为382亿美元,迪士尼(Walt Disney)年收入为253亿美元,而囊括了中央电视台、中央人民广播电台的中国广播电影电视集团年收入仅有13亿美元。[③]

此前,在准备"入世"的谈判中,中国并未取得"文化例外"的优惠条件,需要按照WTO的规则,逐步开放文化市场。传媒部分业务便在此列,包括新闻出版、音像制品、电影的分销市场和分销服务,以及部分电信业务。此时,学者黄升民提出,虽然不涉及新闻出版行业的制作、经营管理及广播电视领域,但中国传媒的流通并未建立起完整体系,流通决定生产和内容,一旦流通渠道被外商占领,对传媒的影响是深刻的。[④]这意味着身份为清一色事业单位,缺乏市场主体等基本要素,缺乏统一开放、竞争有序市场的国内传媒即将与西方传媒在同一市场竞争,故而中央决心以改革开放的精神来应对文化市场必然走向开放的态势,将"谁来竞争?怎么培育市场?怎么抵御文化渗透?"作为新闻出版改革的思路,1992—2002年,中国新闻管理制度的革新可以描述为"以应对加入WTO为重点的适应性改革"。[⑤]

1989年初,学者张昆曾将国内报业与西方报业进行对比研究后得出结论:虽然十年之中中国报纸的种类、数量及发行量增速惊人,然而"如果在世界范围内进行横向比较,中国报业的发展水平又显得非常之低,简直叫人无法接受","在报纸制作技术、新闻从业人员的知识素养及报纸的企业规模等

① 参见孙正一、农秋蓓、柳婷婷:《我国新闻媒体资本运营情况初探》,《新闻记者》2001年第4期。

② 参见喻国明:《中国媒介产业的现实发展与未来趋势》,《中国人民大学学报》2002年第1期。

③ 参见伍传平、张春瑾:《新闻出版业资本运作及其效应分析》,《出版发行研究》2003年第3期。

④ 参见孙正一、柳婷婷:《2002:中国新闻业回望(上)——加入WTO后中国新闻业改革"备忘录"》,《新闻记者》2002年第12期。

⑤ 参见柳斌杰:《在改革开放中建设新闻出版强国》,《百年潮》2015年第8期。

方面，中国报业与发达国家也有很大差距，如果撇开报纸的政治思想内容不谈，那么，中国报业的发展程度，充其量也只能相当于西方发达国家19世纪末20世纪初期的水平”。①1988年年初，中国人民大学舆论研究所组织了一次关于新闻改革问题的抽样调查，调查对象为我国直接从事报纸、广播、电视的采编、科研和领导工作的新闻工作者，其中94%的被调查者认为中国新闻改革的进展“太慢了”或“毫无进展”。面对国内新闻改革滞后于改革开放的社会进程，新闻工作者要求“以规范化、法制化、公开化的管理控制机制来改善党对新闻工作的领导，主张建构以党报为核心的多元化的新闻媒介体系，来保证信息的多向贯通和舆论的多元表达”②。

第二节　“事业性质、企业化经营”与传媒集团建设

国外新闻媒体旗舰拥有漫长的资本积累过程，对于中国新闻媒体而言，“入世”留给它们应对即将而来的国际竞争与突击发展的时间并不多。面对加入WTO与国内传媒寻求产业化探索的压力和动力，中国开启了传媒领域的改革。1978—1999年，中国新闻改革整体上呈现“自下而上”的特征，体现为各家媒体通过积极与灵活的探索，积小变为大变，推动国内传媒改革，中央及中央主管部门并未制定具体规划、提出专门部署，故而此种改革模式缺乏全面性，越到后面越显示出先天不足。③1992－2002年的传媒改革并未抓住新闻出版体制机制创新等本质问题，改革的成效相对有限。④

1992—1993年，中共中央和国务院接连发布推动第三产业发展的文件，正式将广播电视与报刊列为第三产业。中国传媒行业在改革开放后十几年间的实践，验证了一个道理：传媒业的经济效益不容忽视，提高经济效益，在减轻国家财政负担、创造经济利润的同时对社会效益也助益极大。1988年2月，《新闻出版报》公布了对国内15家省级报纸和10家地市报纸经营状况的调查统计，发现25家报纸没有一家赢利，每出一张报纸平均还要赔3分钱。⑤

---

① 参见张昆：《中国报业的困境与出路》，《学术论坛》1989年第1期。

② 参见喻国明：《新闻改革实践的主体研究和发展研究——对全国新闻界关于新闻改革问题抽样调查的研究分析报告》，《中国广播电视学刊》1989年第2期。

③ 参见李良荣：《当前中国传媒业新闻改革的若干特点》，《采写编》2005年第1期。

④ 参见柳斌杰：《在改革开放中建设新闻出版强国》，《百年潮》2015年第8期。

⑤ 参见张昆：《中国报业的困境与出路》，《学术论坛》1989年第1期。

到1993年,大约1/3的国内报社基本可以自负盈亏。[①]

全社会开始重新审视传媒业的本质属性,逐渐形成共识:一方面,传媒业生产带有强意识形态的精神产品,后者在本质与功能上都明显不同于物质产品,故而属于上层建筑领域;另一方面,传媒业通过经济活动,为社会带来明显的经济效益与社会效益,故而属于第三产业。这便是逐渐形成的"事业性质、企业化经营"的思路,即在保证党的新闻事业是党的耳目喉舌的前提下,以企业管理的方法来经营新闻媒介,可以描述为"稳住一头、放开一头"。因此,1992年以后,传媒改革的重点不再是媒介功能及传播内容,而是转移到媒介经营管理上。[②]改革的方向是在"事业性质、企业化经营"思路下,调整国内传媒整体结构,开启传媒集团建设。中国传媒业的管理者与实践者开始选择性地借鉴全球通行的成功经验,试图借助资本市场的力量,将广告、发行、印刷、广电网络等可经营性资产通过兼并、重组、收购等途径进行运作,从而迅速提升国内传媒的实力与规模,抗衡国外传媒巨头对国内意识形态领域和市场经济领域的冲击。

1996年10月,党的第十四届六中全会通过《中共中央关于加强社会主义精神文明建设若干重要问题的决议》,提出"文化产品具有不同于物质产品的特殊属性,对人们的思想道德和科学文化素质有重要影响。要坚持把社会效益放在首位,力求实现社会效益和经济效益的最佳结合"[③]。在全社会逐渐认可传媒产业属性的同时,国内新闻单位也尝到了市场经济带来的"甜头",开始加速扩张自身规模,抢占市场,疯狂"跑马圈地",虽然从新闻单位个体的视角来看,无可厚非,"却造成了整个中国新闻业的重复建设,无序竞争,造成'小、乱、散'的局面"[④]。1978年,国内报纸和期刊数量分别为186种及930种,1996年分别增长为2202种及8135种。[⑤]截至1994年年底,经广播电影电视部正式批准建立的县级以上无线电视台共982家,有线电视台共1202家,经国家教委和各地教育部门正式批准建立的教育电视台共941家,共计3125家,超过美国1倍,是日本的25倍,另外全国各地还有未经批准而私自建立和

① 参见裘正义:《新闻业市场行为的发展与基本观念的确立》,《新闻大学》1993年第3期。

② 参见李良荣:《中国新闻改革:20年的三次跨越》,《新闻界》1998年第6期。

③ 中共中央文献研究室编:《改革开放三十年重要文献选编》上册,中央文献出版社2008年版,第878页。

④ 李良荣:《当前中国传媒业新闻改革的若干特点》,《采写编》2005年第1期。

⑤ 参见刘剑飞:《报刊退出机制的历史考察》,《新闻实践》2010年第5期。

筹备建立的数以万计的有线电视台、站。[①]

国家开始按照“控制总量、调整结构、提高质量、增进效益”的原则，促进新闻出版和广播电视业从扩大规模数量为主向提高质量效益为主转变。[②]1996年12月，《中共中央办公厅、国务院办公厅关于加强新闻出版广播电视业管理的通知》提出：“由于规模数量增长过快，重复建设，人员素质和管理工作跟不上，不仅造成资源的浪费，而且影响了精神产品质量。一些单位出版、刊载、播出格调低下、内容不健康甚至有严重政治问题的作品和节目，社会影响很坏，群众反映强烈。中央要求，采取有力措施，治理新闻出版、广播电视业中散、滥现象。”对传媒业格局治理提出了具体的要求。

此文件发布之前，广播电影电视部有关领导曾要求全国广播电视战线“要认真贯彻中央关于治散治滥的指示，继续加强系统管理；严格禁止系统外办台、建台，严格控制电台、电视台的审批和增加节目套数，确保总量不突破”。[③]

随后广播电影电视部对广播电台、电视台、有线电视台和教育电视台进行重新审核登记，把县级广播电台、电视台、有线电视台合并为一个广播电视台（三台合一），撤销市辖区台及各类专业台，合并同级的无线电视台和有线电视台等，削减了电台、电视台的数量，确立了广播电视机构设置的新格局。[④]从1997年年底开始，通过重新审核、登记、注册和县级播出机构合并以及企事业台改站等措施，约有2300座电视台没有获得或者被取消了法人资格。[⑤]

1997年3月，国家新闻出版署发出《关于报业治理工作的通知》和《关于期刊业治理工作的通知》，重点转化内部报刊，压缩行业报刊，并明确规定了报刊必须退出的几种情形。截至1998年年底，全国共压缩公开报纸300种，占报纸总数的13.16%；压缩公开期刊43种，占期刊总数的5.14%。[⑥]此轮报

① 参见王建宏：《我国究竟应该建立多少家电视台——对“电视热”的冷思考》，《电视研究》1996年第3期。

② 中共中央文献研究室编：《十四大以来重要文献选编》（中），人民出版社1997年版，第1709页。

③ 参见王建宏：《我国究竟应该建立多少家电视台——对“电视热”的冷思考》，《电视研究》1996年第3期。

④ 参见魏永征：《新闻传播法教程》，中国人民大学出版社2016年版，第228页。

⑤ 参见陆地、黄泓、万珂：《中国电视产业大整合》，《新闻记者》2001年第1期。

⑥ 参见刘剑飞：《报刊退出机制的历史考察》，《新闻实践》2010年第5期。

刊治理结束时,党政部门主办的报刊数目仍然居高不下,并存在硬性摊派、公费订阅从而加重企事业单位和群众负担等问题。针对上述情况,1999年8月,中共中央办公厅、国务院办公厅下发了《关于调整中央国家机关和省、自治区、直辖市厅局报刊结构的通知》(即"两办"30号文件);同年11月,国家新闻出版署发出了《关于落实中央"两办"30号文件调整报刊结构的意见》。两个文件的重点都是治理党政部门主办的一部分报刊,并从体制上解决行政行为与出版行为的分离问题。①

1996年,国家新闻出版署正式批准成立广州日报报业集团,开启了国内传媒集团化历程。众多报业集团以党报为基础被组建。2003年,中国的报业集团达到了38家。②

1999年6月,全国第一家广播电视集团无锡广播电视集团成立。在随后的两年里,湖南、山东、上海、北京纷纷组建了广电集团,中央电视台、中国国际广播电台、中国电影集团公司等合并后成立中国广播电影电视集团。

1999年9月,《国务院办公厅转发信息产业部国家广播电影电视总局关于加强广播电视有线网络建设管理意见的通知》③提出了"四级变两级"的广播电视改革体制,即在"三台合一"的基础上,推进地(市)、省级无线电视台和有线电视台的合并,同时提出在省、自治区、直辖市组建包括广播电台和电视台在内的广播电视集团。④

2000年,国家广播电影电视总局发布《2000年广播电影电视工作要点》,提出加快广播电影电视管理体制改革,组建广播电影电视集团,推进我国广播电影电视管理体制向中央和省两级管理、地市以下实行由省垂直管理的方向发展。⑤2000年11月,国家广播电影电视总局发布《关于广播电影电视集团化发展试行工作的原则意见》,确定电子媒体在以新闻宣传为中心,以繁荣

① 参见丁柏铨:《新一轮报刊治理与党报发展》,《现代传播》2004年第2期。

② 参见吴锋:《小平南巡讲话20年来中国报业的转型与巨变》,《中国出版》2012年第8期。

③《中华人民共和国国务院公报》1999年第35号,1999年11月29日,http://www.gov.cn/gongbao/shuju/1999/gwyb199935.pdf。

④ 参见胡正荣、李继东:《我国媒介规制变迁的制度困境及其意识形态根源》,《新闻大学》2005年第1期。

⑤ 谢春林:《中国电视产业做强做大的路径选择——政府规制的视角》,复旦大学博士学位论文,2006年。

创作为重点的前提下，“可兼营其他相关产业，逐步发展成为多媒体、多渠道、多品种、多层次、多功能的综合性传媒集团”[①]。

2001年8月，《中央宣传部、国家广电总局、新闻出版总署关于深化新闻出版广播影视业改革的若干意见》提出：“以结构调整为主线推进改革。控制总量，合理布局，盘活存量资产，优化资源配置，发展解决经营，形成规模优势。按照专业分工和规模经营要求，运用联合、重组、兼并等形式，组建一批主业突出、品牌名优、综合能力强的大型集团。”“组建若干大型报业集团、出版集团、发行集团、广电集团、电影集团，有条件的经批准可组建跨地区、多媒体的大型新闻集团。”“报业集团属于事业性质，可分别以中央、省级党报和有相当实力的省会城市、计划单列市党委机关报为龙头组建。……广电集团属于事业性质，可分别由中央、省级和有相当实力的省会城市、计划单列市广电部门负责组建，其他市（地）一级不单独组建集团。集团要以广播电台、电视台、电影制片厂（公司）、互联网站和传输网络公司为主体，广播、电影、电视三位一体，有线、无线两台合并，省、市、县三级贯通。”[②]

在行政力量的推动下，新成立的中央和省、市的党报集团、广播电视集团、出版集团超过90家。[③]与西方传媒集团组建时重视资产等资源的重组并选择会计师、律师、审计师运作不同，国内传媒集团的组建由政府全权运作，考虑的重点是权利的再分配和利益的重组。[④]

国内传媒集团组建伊始，曾有过到底建立“企业集团”还是“事业集团”的争论，最终在行政力量主导下选择了后者，从当时国内传媒业实际存在的产权虚置、所有人缺位、多头管理、行政性区域垄断的现实角度来看，此选择有其合理性，因此虽然在改革初期适应了传媒市场化进程，却对集团化组建后传媒产业的进一步发展形成桎梏。[⑤]

“事业性质、企业化管理”实际是1979年之后中国大多数媒介实行的所

---

① 参见常永新：《我国传媒集团的发展及现状分析》，《广西社会科学》2003年第2期。

② 《中央宣传部、国家广电总局、新闻出版总署关于深化新闻出版广播影视业改革的若干意见》，https://chinacopyrightandmedia.files.wordpress.com/2001/08/untitled.pdf。

③ 参见柳斌杰：《在改革开放中建设新闻出版强国》，《百年潮》2015年第8期。

④ 参见陶鹤山：《中国传媒集团化中政府行为的经济学分析》，郑保卫主编：《论媒介经济与传媒集团化发展（论文集）》，中国人民大学出版社2003年版，第255—256页。

⑤ 参见黄玉波、张金海：《从“部分剥离”走向“整体转制”——当前中国传媒产业体制改革趋向初探》，《新闻大学》2006年第3期。

谓“变通”之举。[1]这些集团“由于党、政、企、事不分，其实都是改名翻牌，所以没有实质性改革，到后来又都取消了，因为违反市场规律，但在当时是很大的改革”。[2]“四级办台”到“三台合一、四级变两级”，以及传媒集团建设，一是都带有浓厚的计划经济色彩，政府直接决定传媒机构的数量、传媒的经营范围，而非基于经济发展的自然整合与资源的有效配置；二是都未能摆脱1983年所确定的行政区域式传媒发展格局，政府撮合具有行政区域化的集团，行政权与经营权一体化，没有改变新闻业事业单位的属性。[3]

第三节　上市与资本运营

1994年，上海东方明珠（集团）股份有限公司在上海证券交易所上市，开启了国内传媒的上市旅程。随后的时间里，国内传媒业作为兼具垄断性与朝阳性的独特行业，成为备受瞩目的投资热点，而传媒业的投融资政策特别是传媒上市也成为业界密切关注的敏感性话题。[4]

上市成为国内传媒进行资本运营的一个重要方式，媒体也开始注意将自身有形资产与无形资产相结合，以提升在吸纳资本时的主动权与优势。有学者描绘了此阶段我国媒体资本运营的四种主要方式[5]。

第一，合作经营。少数新闻媒体用或明或暗的方式，以国有频道、频率、刊号为资本，通过转让一定时期的广告经营权、发行权，甚至频道、频率时段、栏目、版面内容的刊播权，来换取社会资金的注入或与上市公司合作成立子公司共同经营。1996年，广东省新闻出版局创办新闻性的社会文化刊物《新周刊》。之后，三九集团通过提供纸张和投入资金，获得《新周刊》的印刷、发行权。1999年，中国科学院机关报《中国科学报》在获得联想集团投资后，更名为《科学时报》，并创办子报刊《网络报》与《科学新闻》。

第二，子公司直接上市。新闻媒体剥离出优质经营性资产，整合重组后，

---

① 参见陆地：《2004年中国电视产业发展报告》，崔保国主编：《2004—2005年：中国传媒产业发展报告》，社会科学文献出版社2005年版，第229页。

② 参见柳斌杰：《在改革开放中建设新闻出版强国》，《百年潮》2015年第8期。

③ 参见胡正荣、李继东：《我国媒介规制变迁的制度困境及其意识形态根源》，《新闻大学》2005年第1期。

④ 参见殷逸健：《媒体上市悄然加速》，《新闻记者》2002年第3期。

⑤ 参见孙正一、农秋蓓、柳婷婷：《我国新闻媒体资本运营情况初探》，《新闻记者》2001年第4期。

注册成立隶属于新闻媒体管理部门或新闻媒体的、由国有资产控制的具有独立法人资格的股份制的子公司，再申请成为上市公司，公开募集资金。1997年，作为中央电视台第一家上市公司，中视传媒股份有限公司在上海证券交易所上市，这是国内第一家兼营影视制作和文化旅游业的上市公司。1999年3月，湖南电广传媒股份有限公司在深圳证券交易所上市，主营影视节目制作、发行、销售和广告代理、策划等，同年9月，《国务院办公厅转发信息产业部国家广播电影电视总局关于加强广播电视有线网络建设管理意见的通知》规定："广播电台、电视台及其播出业务、节目制作和广告经营不得上市。"①

第三，子公司控制上市公司。一些新闻媒体按照证券市场规则，通过子公司收购上市公司股票，控股并重组上市公司，快速进入证券市场，获得稳定的融资渠道。1999年，《成都商报》绝对控股的子公司成都博瑞投资有限责任公司成为1995年于上海证券交易所上市的四川电器第一大股东，其后四川电器更名为成都博瑞传播股份有限公司，公司逐步介入传媒业，涉及广告、印务、出版发行、信息网络、电子商务等领域。"借壳上市"的成都商报社也成为国内首家上市的报社。

第四，新闻媒体网站以商业模式吸纳社会资金。在与商业网站的竞争中，一些传统新闻媒体网站兴起改版、独立、商业运营的热潮，借鉴商业网站经验，从股市和社会上吸收发展资金。2000年5月，《中国青年报》先与香港上市公司中策集团合资创办北京中青在线网络信息技术有限公司（中青报占40%的股份，中策集团占60%的股份），后又与中青在线合作将原中青报网络版改组为首家市场化独立运作的中央新闻媒体网站。中青报全权负责网站新闻频道内容的采编、制作与发布，港资方不得介入，中青在线负责经营除新闻以外其他频道的内容策划、制作与发布。

此阶段，外资进入国内非时政类报刊市场也备受各方关注。早在20世纪70年代末80年代初，国际传媒集团便已进入中国专业技术期刊市场。②1980年，电子科技情报研究所与美国国际数据集团（IDG）共同创办《计算机

---

①《国务院办公厅转发信息产业部国家广播电影电视总局关于加强广播电视有线网络建设管理意见的通知》，国务院公报1999年第35号，http://www.gov.cn/gongbao/shuju/1999/gwyb199935.pdf。

② 参见孙正一、农秋蓓、柳婷婷：《我国新闻媒体资本运营情况初探》，《新闻记者》2001年第4期。

世界》，由中方控股，这是国内第一家由国家新闻出版行政主管部门批准的中外合资报纸；1993年和1998年，中国科技信息研究所与IDG先后合资创办了《电子产品世界》《互联网世界》。[①]2001年，IDG在中国合作出版了12种刊物[②]，其在中国的投资回报率达到了65%。[③]

20世纪90年代，一方面，我国报刊在发行市场上存在广阔的发展空间，国内传媒广告收入占比不到国民生产总值的1%，低于发达国家2%左右的水平；另一方面，国内报业的投资回报率在17%～50%，远高于同期其他产业，传媒广告收入年平均增长率也大大高于同期国民生产总值的增长速度。国内传媒领域因潜在市场空间巨大、利润回报丰厚，对国外传媒公司与资本具有较高的吸引力。[④]2001年，国内已有近50家媒体具有境外传媒公司的投资背景。[⑤]

美国的《商业周刊》《时代》等杂志通过版权贸易进入中国市场；1995年，德国贝塔斯曼出版集团抢滩上海，开展书友会及图书报刊的发行零售业务；1999年，美国《财富》杂志以在上海举办全球论坛为条件，换取了在中国创办中文版的许可；美国之音、英国广播公司(BBC)、法国国际广播集团也在中国落地。[⑥]

引进国外信息资源，是此阶段国内传媒与国外传媒进行办报办刊合作的重要方式，例如1992年，南京大学出版社主办《个人电脑》，由美国ZIFF－DAVIS出版公司的*PC Magazing*与ZD实验室提供信息资源，ZD集团也因为现金资本和知识资本的投入成为实际意义上的资方；1994年，电子工业出版社购买和出版了ZD集团的*PC Computing*的中文版《电子与电脑》；1997年，中国电子学会引进了ZD集团的*PC Week*版权，出版《每周电脑报》；1993年创刊的《时尚》也采取引进国外信息资源的方式对外合作。[⑦]

① 参见段永刚：《我国媒介产业的资本运作》，《新闻与传播研究》2001年第2期。

② 参见孙正一、农秋蓓、柳婷婷：《我国新闻媒体资本运营情况初探》，《新闻记者》2001年第4期。

③ 参见孙正一、柳婷婷：《2001：中国新闻业回望》，《新闻记者》2002年第1期。

④ 参见孙正一、农秋蓓、柳婷婷：《我国新闻媒体资本运营情况初探》，《新闻记者》2001年第4期。

⑤ 参见孙正一、柳婷婷：《2001：中国新闻业回望》，《新闻记者》2002年第1期。

⑥ 参见孙正一、农秋蓓、柳婷婷：《我国新闻媒体资本运营情况初探》，《新闻记者》2001年第4期。

⑦ 参见段永刚：《我国媒介产业的资本运作》，《新闻与传播研究》2001年第2期。

中国证监会在2001年发布的新版《上市公司行业分类指引》中，将包括电影、电视、广播、报刊、图书出版、音像等在内的传播与文化产业定为上市公司13个基本产业分类之一。[①]有媒体认为，这一分类方式对"传播文化业究竟是不是产业、能否上市"等问题给予了明确回答，"对推动中国传播与文化业的产业化，推动传媒、文化企业进入资本市场具有深远和积极意义"[②]。

2002年1月，新华社在对中宣部、国家广电总局、国家新闻出版总署负责人的采访报道称，我国政府将严格履行加入世贸组织时涉及新闻出版、音像制品及电影方面的承诺。[③]

第四节　媒体产权边界的确立

根据国家政策，只有公有资本才能投资新闻出版业的核心业务，而事实上，很多报业集团是由国家投资的，投资主体明确；但很多新闻出版单位在创立时，国家投资较少，大部分资产是在自身经营、发展过程中积累而来，有一些报刊在发展过程中还吸收了一些其他资本；还有一些当时的小报小刊，其成立时出资形式非常多样，规模不断发展壮大。[④]

1994年，中共中央宣传部"新闻调研小组"曾披露，广东省已有30多家报纸与社会企业有或明或暗的合作关系，其中大多数合作是不公开的。该小组在调查报告中对此持否定态度。[⑤]

2002年1月，新华社发表了对中宣部、国家广电总局、国家新闻出版总署负责人的采访报道，报道中称，"我国的新闻媒体由国家经营，不吸收外资和私人资本"，同时指出，"报业集团、出版集团、广电集团的新闻宣传部门经批准可在新闻出版广播影视部门融资，其经营部门经批准可以以有限责任公司或股份有限公司的形式，由集团控股，吸收国有大型企事业单位的资金，但投

① 参见伍传平、张春瑾：《新闻出版业资本运作及其效应分析》，《出版发行研究》2003年第3期。

② 参见孙正一、柳婷婷：《2001：中国新闻业回望》，《新闻记者》2002年第1期。

③《我国新闻媒体由国家经营　不得吸收外资和私人资本》，《新闻传播》2002年第8期。

④ 参见柳斌杰：《出版单位转制中的六个重要问题》，《传媒》2004年第6期；柳斌杰：《以改革为动力加快新闻出版业发展》，《青年记者》2005年第1期。

⑤ 参见魏永征：《新闻传播法教程》，中国人民大学出版社2022年版，第310—311页。

资方不参与宣传业务和经营管理。报业发行集团经批准可以吸收国有资本、非国有资本和境外资本,由本集团控股”。[①]而此时,非国有资本进入传媒业早已成为不争的事实[②],有的社会资本已然进入新闻采编领域。《惠州晚报》是新闻媒体在探索合作经营、吸纳民营资本时越界的一个典型案例,研究者们对此进行了详细的记录。[③]

1995年,《惠州晚报》因经营不善,亏损40多万元,作为主管部门,惠州市委宣传部与深圳经纬实业公司签订联合办报协议,以股份制形式进行合作,由深圳经纬实业公司投资控股80%,主管部门占股20%。《惠州晚报》引资方式虽是承包经营,但承包范围从经营延伸至采编,合作协议中明确规定:《惠州晚报》的社长、总编辑由深圳经纬实业公司提名后经主管部门审批,副职由公司直接任命。深圳经纬实业公司从而控制了《惠州晚报》的采编权、经营权与人事权。

协议签署后,深圳经纬实业公司并未按约定投入全部资金,只投入了20万元,报社仍有100多万元的资金缺口,处境艰难。此时,深圳经纬实业公司的老总拉来了“第三方”资金,并与其签订合作协议;随后,“第三方”资金又拉来了“第四方”。作为补偿,深圳经纬实业公司的老总委任了第四方的一个出资人担任《惠州晚报》副社长。得到计划投资后,《惠州晚报》的管理结构变得复杂起来,并失去了真正的自主权,变成了企业和个体户主管、主办、承包的私家报纸,问题接踵而至。

第一个问题是人事动荡。主管部门提议的报纸总编,公司不同意,公司提议的报纸总编,主管部门又不认可,报纸内耗严重,企业法人多次变更,七年间总编辑先后换了八任。每换一任总编辑,中下层领导班子也跟着“大换血”。有段时间,一届领导班子的三名重量级人物在惠州分别建立了不同的广告办事处,归自己统领。第二个问题是报纸定位不准、办报思路不清,经营方针不稳定,业务决策不统一,报纸经营急功近利,违反原则谋求利益,自毁名誉。第三个问题是报纸内容质量日益下降,财政赤字急剧膨胀,拖欠员工

① 《我国新闻媒体由国家经营　不得吸收外资和私人资本》,《新闻传播》2002年第8期。

② 参见孙旭培:《刍议传媒发展中如何对待非国有资本》,《河北大学学报》(哲学社会科学版)2003年第1期。

③ 参见张志安:《〈惠州晚报〉:国内第一家破产的报纸》,《今传媒》2004年第6期;孙正一、农秋蓓、柳婷婷:《我国新闻媒体资本运营情况初探》,《新闻记者》2001年第4期。

工资，人才流失严重。2000年，国家新闻出版署发文撤销了《惠州晚报》的刊号，该报失去了赖以生存的"壳"，留下了一身债务和一个烂摊子。2001年2月，《惠州晚报》向惠州市中级人民法院提出破产申请。经法院审理，发现其严重资不抵债，负债620多万元，资产只有325万元。同年3月，法院裁定正式宣告其破产。

除了资本进入问题，社会上还存在大量非新闻机构和个人以各种间接的方式从事新闻活动的行为。例如一些组织或企业擅自举办"中国名报名刊""强势报纸"之类的研讨会、论坛、评比或推荐活动；有的举办所谓的"新闻人才培训班"；有的擅自设立"新闻中介代理机构"，代理各种案件在新闻媒体曝光，承办新闻发布会、记者招待会等，从中收取中介费。①

1999年8月，《新闻出版署关于非新闻出版机构不得从事与报刊有关活动的通知》规定，"非新闻出版机构未经国家新闻出版行政管理部门批准，不得从事新闻活动"，举办全国性的报刊评比、推荐等活动，以及研讨会、论坛，需经相关部门批准。②

20世纪80年代，曾有人出资创办《中国经营报》和《精品购物指南》，十多年后积累了巨额资产，引发产权归属争议。③1999年9月，国务院机关事务管理局、财政部、国家新闻出版署联合对中国社会科学院主管的《中国经营报》和《精品购物指南》报社的产权界定作了批复，复函中指出："根据我国出版管理法规和规章的规定，设立报刊出版单位须经国家审批，并且须有符合国务院出版行政部门认定的主办单位及其必要的上级主管机关。主办单位要为出版单位的设立提供和筹集必要的资金、设备，并创造其他必要条件，报刊的主办单位即是报刊的投资人。目前尚无可由个人、集体出资创办或拥有报刊的规定，因此我国的报刊社均为全民所有制单位。鉴于该报社的主办单位是全民所有制单位，《中国经营报》及《精品购物指南》报社创办时也已明确为全民所有制性质，其形成的资产应为国有资产。报刊创办时，若有个人、集体自筹启动资金的，不能认定为对该报刊的投资，应按债权债务关系处理，由主办

① 参见之秋：《新闻出版署发出通知　非新闻出版机构不得从事与报刊有关活动》，《报刊之友》1999年第6期。

② 参见之秋：《新闻出版署发出通知　非新闻出版机构不得从事与报刊有关活动》，《报刊之友》1999年第6期。

③ 参见魏永征：《新闻传播法教程》，中国人民大学出版社2022年版，第310—311页。

单位参照银行同期贷款利率予以退还。”[①]

1999年10月,国家新闻出版署对上述批复进行转发,并表示“这一复函是依据现行的新闻出版法规和出版管理规章,以及我国报刊业的实际,做出的具有权威性和普遍适用性的规范性文件”,“明确了目前我国报刊社均属国有资产”。[②]

2002年1月,有国内媒体报道称,介入国内新闻媒体的私人资本与外资将面临全面清理,以“收、转、退”等方式退出:“收”,即由报业集团、广电集团等将这部分资金以收购的方式收回;“转”,即将这部分资金转让给符合条件的国有大型企事业单位;“退”,即外资或私人资本采取其他方式主动退出这一领域。[③]

媒体的产权与边界在这一阶段开始逐渐明晰:新闻采编领域为新闻媒体的核心业务,非公有资本不得进入;广告、发行、节目制作、印刷等领域作为经营业务,试行准许非公有资本有条件进入,包括放开民营书报刊发行市场,允许中外合资办印刷厂,允许中外合作办期刊,允许中外合资、合作从事出版物零售活动。

2000年1月,中宣部相关负责人在全国省级党委机关报总编辑座谈会上表示,新闻事业产业化、企业化不是一个简单的提法问题,而是关系到新闻工作的根本属性和党对新闻工作的方针、政策等一系列原则能否有效坚持的重大政治问题,新闻事业的经营部分具有一些产业属性,是一个相当特殊的产业,不能盲目主张新闻事业的“产业化”,不能把新闻事业全面推向市场,搞所谓的“市场化”,对于外部资金的注入、合作合资办报办台,有的虽然尚未形成明确的规定,但从有关规定的精神和中央关于新闻宣传工作的方针、原则来看,除国家给予扶持资金和向金融机构贷款外,对新闻单位以外的资金注入,

---

① 《新闻出版署转发国务院机关事务管理局等〈关于中国经营报、精品购物指南报社产权界定的函〉的通知》,1999年10月22日,http://gffga6ae4bfbcde7b499csnwxkfwcpwvo56w65.ffhi.libproxy.ruc.edu.cn/chl/f3c7b8ff76bbdd5abdfb.html?keyword=关于中国经营报、精品购物指南报社产权界定的函&way=listView。

② 《新闻出版署转发国务院机关事务管理局等〈关于中国经营报、精品购物指南报社产权界定的函〉的通知》,1999年10月22日,http://gffga6ae4bfbcde7b499csnwxkfwcpwvo56w65.ffhi.libproxy.ruc.edu.cn/chl/f3c7b8ff76bbdd5abdfb.html?keyword=关于中国经营报、精品购物指南报社产权界定的函&way=listView。

③ 参见《介入中国内地新闻媒体的外资将面临全面清理》,2002年1月21日,https://finance.sina.com.cn/g/20020121/166069.html。

必须严格加以制约，需要深入调查研究，提出应对措施，制定管理条例。[①]

1999年11月，国家新闻出版署发布《出版物市场管理暂行规定》，规定中外合资、中外合作企业不得从事出版物总发行、批发业务。[②]2002年1月，国家新闻出版总署、对外贸易经济合作部联合发布《设立外商投资印刷企业暂行规定》，其中规定，国家允许设立从事出版物等印刷经营活动的中外合营印刷企业；合营中方投资者应当控股或占主导地位；中外合营印刷企业的董事长应当由中方担任，董事会成员中方应当多于外方。[③]

"公司不能办媒体，媒体可以办公司"成为此阶段新闻媒体吸收业外资本与非公有资本的宏观指导。[④]"公司办媒体"即业外投资者同媒体的主办单位合资，媒体成为双方投资形成的公司旗下或内部的一个实体，这意味着投资者与原媒体主办单位分掌媒体，会让现有传媒体制发生根本变化，与现行法律抵触，也不为我国意识形态主管部门所接受；"媒体办公司"则是业外投资者同媒体或者其他的主办单位合资开办广告、发行、印刷、节目制作等公司，即媒体将自己可经营性资产剥离出来，成立企业，吸纳业外资本或非公资本。[⑤]

第五节　市场类媒体崛起与舆论监督发力

进入20世纪90年代，中国的传媒行业迎来了显著的变革。市场类媒体如都市报的崛起，以及电视新闻栏目的创新，标志着传媒行业向市场驱动模式的转变。这一时期，媒体不再仅限于宣传的角色，而是开始反映公众意见，承担社会监督的职责。都市报和电视新闻栏目的发展不仅体现了市场经济下媒体的适应与变化，而且展现了媒体在塑造公共话语和推动社会进步中的积极作用。

---

① 参见孙正一、柳婷婷：《二〇〇〇：中国新闻业回望》，《新闻记者》2001年第1期。

② 参见《关于印发〈出版物市场管理暂行规定〉的通知》，国务院公报2000年第1号，http://www.gov.cn/gongbao/content/2000/content_60216.htm。

③ 参见《设立外商投资印刷企业暂行规定》，国务院公报2002年第32号，http://www.gov.cn/gongbao/content/2002/content_61808.htm。

④ 参见孙旭培：《刍议传媒发展中如何对待非国有资本》，《河北大学学报》（哲学社会科学版）2003年第1期。

⑤ 参见魏永征：《传媒资本呼唤法治》，《新闻记者》2001年第6期。

一、都市报的兴盛

1992年，中国报业在整体上还在沿用传统办报模式：各级党报依靠行政摊派发行和政府补贴，晚报作为新生力量被定位为“小机关报”或“党报补充”。既然要发展市场经济，服务于市场经济的市场化报纸的诞生便成为必然。1995年1月1日，四川日报社旗下《华西都市报》应运而生。[①]

《华西都市报》定位于“市民生活报”，生活、工作在城市或周边的所有市民都是都市报的读者；以老百姓的兴趣和需求作为新闻定位的出发点，大量报道与市民衣食住行相关的内容；建立全员聘用合同制，实行按劳分配，建立奖励和约束机制，打造市场化管理模式；率先进行“敲门发行、送报上门”，与世界报业接轨，致力于提高自费订阅率。[②]另外，《华西都市报》创立伊始便提出“自主经营、自负盈亏、自办发行”。[③]1997年年底，《华西都市报》的发行量突破50万份，成为西部发行量最大的报纸，其模式大获成功，其他媒体纷纷取经，在当地创办都市报。[④]

“都市报热”随之风靡全国，《华商报》《楚天都市报》《南方都市报》《大河报》《现代快报》《都市快报》《燕赵都市报》《江南都市报》《南国早报》《温州都市报》等都市生活服务类报纸先后创办，并以“投资回报周期短、品牌构建成本低、发行普及速度快、广告创收超常规”的特点，被视作“暴利行业”。由于都市类报纸异军突起，中国报业的发行规模在不到十年便跃居世界前列，报业广告市场规模呈几何级倍增，这一时期也被誉为国内报业的“黄金时代”。[⑤]

自1990年以来，国内从中央到省、自治区、直辖市的绝大部分党委机关报，其发行量呈逐年下滑的态势，有的跌幅甚至在2/3以上。[⑥]都市报便成为

① 参见吴锋：《小平南巡讲话20年来中国报业的转型与巨变》，《中国出版》2012年第8期。

② 参见席文举：《二十一世纪的都市报》，《新闻战线》2000年第12期。

③ 参见吴锋：《小平南巡讲话20年来中国报业的转型与巨变》，《中国出版》2012年第8期。

④ 参见张立伟：《都市报市场营销组合——华西都市报的实践与思考》，《新闻与传播研究》1999年第4期。

⑤ 参见吴锋：《小平南巡讲话20年来中国报业的转型与巨变》，《中国出版》2012年第8期。

⑥ 参见丁法章：《在新旧世纪的交接点上——对我国报业未来改革与发展的探讨》，《新闻记者》2001年第1期。

党报的重要经济支柱，党报亏损，都市报赚钱，子报养母报成为常态。也正是都市报提供了经济支持，国内报业集团化才得以展开，中国报业才能继续20多年的繁荣。[①]都市报的兴盛也体现了中国社会现代化和都市化背景下，在市场经济体制中确立了主体性的市民对大众传媒的新需求。[②]然而，宣传效果、舆论监督、新闻真实性等问题无法得到有效解决，导致20世纪90年代中期自负盈亏的市场化媒体出现后，传统的主流媒体被逐渐边缘化，为主流媒体危机埋下了伏笔。[③]

二、社会守望功能的推进

20世纪90年代中期之前，国内电视台对电视新闻栏目和节目的开创还处于探索阶段，时断时续的改版让部分电视新闻栏目的定位变得模糊，新闻栏目同质化严重，部分新闻节目还走向了娱乐化道路，丢掉了新闻的本质属性。[④]1993年初，中央电视台负责人提出要加快把中央电视台建设成为同我国大国地位相称的世界级一流电视台，此时新闻报道早已成为一家电视台立足的基石，新闻节目成为受众关注的重点，全球数家最具权威性的电视台，都将办好新闻节目作为长期追求的目标。[⑤]在此背景下，中央电视台开始探索新闻类节目的创新。

1993年，作为中央电视台新闻频道的大型杂志类栏目，《东方时空》横空出世。该栏目的结构形式采用版块组合式，主持人全部起用新人，内容突出新闻性、社会性、服务性和娱乐性[⑥]，以“平民化”的价值取向和视角确立了其特色和地位：讲述老百姓的故事，反映老百姓的生活和呼声。[⑦]

---

① 参见唐绪军、崔保国：《中国报业四十年的改革发展之路》，张建星主编：《中国报业40年》，人民日报出版社2018年版，第16页。

② 参见孙玮：《中国现代化进程中的都市报——都市报的产生及其实质》，《新闻大学》2003年第4期。

③ 参见夏倩芳：《党管媒体与改善新闻管理体制——种政策和官方话语分析》，《新闻与传播评论》2004年第00期。

④ 参见孙悦文、弥建立：《电视新闻改革的再突破——写在第十一次全国广播电视工作会议召开30年之际》，《电视研究》2013年第10期。

⑤ 参见罗弘道、鹿敏：《〈东方时空〉，你在追求什么》，《中国广播电视学刊》1994年第3期。

⑥ 参见《中央电视台推出〈东方时空〉专题节目》，《中国记者》1993年第5期。

⑦ 参见《主题：〈东方时空〉》，《现代传播》1994年第3期。

1994年,中央电视台新闻评论部创办《焦点访谈》,栏目定位于时事追踪报道、新闻背景分析、社会热点透视和大众话题评说。[①]《焦点访谈》作为央视一套改革的龙头,之所以被安排在黄金频道的黄金时段,目的明确:提高新闻报道的深度和力度,强化电视评论的影响,使电视新闻对社会生活的导向作用更加充分。[②]这也是中央电视台意识到自身现有评论性节目,无论在数量还是质量上,都与社会发展形势、人民群众真正需求有着相当大的差距,开始对与国家级别大台相适应的电视新闻观念进行探索。[③]《焦点访谈》凭借社会监督类的重要选题、深度采访和犀利评论,迅速在国内产生巨大的反响,也成为中央高层了解社会问题的重要窗口。例如《焦点访谈》播出的《盗伐危及大动脉》,反映"三北"防护林被乱砍滥伐的问题,获得有关领导公开表扬,推动了国家天然林保护政策的出台。[④]

1994年8月,中共中央办公厅和国务院办公厅发布《关于国内突发事件对外报道工作的通知》,规定由中央对外宣传办公室负责组织协调、归口管理这项工作,建立突发事件的对外报道机制。[⑤]作为新闻评论类栏目,虽然《焦点访谈》依然在电视制作的传统框架内运作,游戏规则也来源于中国媒体的传统,但其积极、主动、创造性地利用中央电视台的特殊位置,利用改革开放提供的宽松环境,敏锐地把握住了历史机遇,打破了中国电视歌颂功绩、政策注解、阶级斗争的传统,在新闻事件活动中,将政府关注和百姓关心的事情联系起来,在舆论监督过程中,实现或体现了党委政府的意志、百姓的心愿、媒体的利益的有机结合。[⑥]在运行过程中,《焦点访谈》也面临不断增强的干扰,"说情从熟人老乡出面发展为组织出面,制片人、台长不得不用大量精力应付说情,有的节目就在这种环境下夭折了"。《焦点访谈》节目中舆论监督的内容在全年节目中所占比例1998年为47%,2002年降为17%,这也让《焦点访谈》

---

① 参见焦点访谈官方网站,https://tv.cctv.com/lm/jdft/。

② 参见王旭东:《〈焦点访谈〉选题透视》,《电视研究》1994年第9期。

③ 参见郭秀媛:《〈焦点访谈〉:CCTV改革的新景观》,《新闻战线》1994年第6期。

④ 参见刘畅:《〈焦点访谈〉鲜为人知的舆论监督内幕》,2004年3月29日,http://zqb.cyol.com/content/2004-03/29/content_845601.htm。

⑤ 参见《关于改进突发事件报道工作的通知》,2023年4月4日,https://www.zgbk.com/ecph/words?SiteID=1&Name=《关于改进突发事件报道工作的通知》&Type=bkzyb&subSourceType=000003000005000004&SourceID=511242。

⑥ 参见景跃进:《如何扩大舆论监督的空间——〈焦点访谈〉的实践与新闻改革的思考》,《开放时代》2000年第5期。

的特色不再鲜明。[①]

1996年，中央电视台新闻频道的《新闻调查》开播。该栏目以事件、社会现象及人物为主进行调查[②]，融社会性、故事性、调查性于一体，跟踪、记录、剖析社会新闻事件或现象发生、发展的过程。[③]

《东方时空》《焦点访谈》《新闻调查》的走红，意味着中国新闻媒体开始以"新闻"作为自己的第一卖点，打破了之前国内电视媒体作为宣传教化、文化传承、娱乐消遣的工具的限制，第一次真正将"社会守望"作为首要功能，至此"我国大众传播媒介的功能和角色体系得到了系统性的恢复和重建"[④]。

1995年，《中国青年报》推出《冰点周刊》，关注普通人的不普通的命运，开始了对特稿的践行与探索。1996年，《南方周末》的第二次扩版带来了其新闻生产的转向，由主要登载文化与娱乐资讯类内容，转为向中国社会提供与公共事件相关的调查性报道与言论意见。具有社会责任感和职业意识的新闻从业者，通过对事实和"真相"的深入发掘和呈现，通过接纳公众对中国现实的意见的表达，使《南方周末》新闻生产过程体现出鲜明的服务于公共利益的特征。[⑤]

20世纪90年代中后期，深度报道呈现出"北央视、南周末"的格局。《南方周末》通过全面深入的公共事务报道及"揭黑式"的调查性报道，深刻反映了一段时期内的社会问题与社会矛盾，"从而在更彻底的意义上告别'真理报模式'，而且集中呈现了20世纪末中国报纸所具有的良知、勇气、水准和创造力"。[⑥]这也反映了市场经济背景下中国政府开始从"全能政府"向"有限责任政府"过渡，国内大众传播媒介的功能和角色体系得到了系统性的恢复和重建。[⑦]

---

① 参见敬一丹：《一个栏目与三任总理》，《新闻记者》2004年第7期。

② 参见王利芬：《试述〈新闻调查〉记者的三个职能》，《电视研究》1997年第11期。

③ 参见《中国广播电视年鉴》编辑委员会主编：《中国广播电视年鉴（1997）》，北京广播学院出版社1997年版，第175页。

④ 参见喻国明：《中国媒介产业的现实发展与未来趋势》，《中国人民大学学报》2002年第1期。

⑤ 参见洪兵：《转型社会中的新闻生产——〈南方周末〉个案研究（1983年—2001年）》，复旦大学博士学位论文，2004年。

⑥ 参见李良荣、袁鸣徽：《中国新闻报道四十年的改革探索》，张建星主编：《中国报业40年》，人民日报出版社2018年版，第103页。

⑦ 参见喻国明：《中国传媒业30年发展逻辑与现实走势》，崔保国主编：《2009年：中国传媒产业发展报告》，社会科学文献出版社2009年版，第50—51页。

虽然20世纪90年代以来,舆论监督逐渐成为新闻媒体的经常性工作[①],但是,受国内传媒体制改革等因素影响,舆论监督的外部环境、空间条件、监督效果并不理想,特别是媒体对国家公务人员的施政监督还非常困难,受到多方面制约,因此,媒介舆论监督更多把自己定位在批评非政治权力层面的人和事上。[②]

2000年,时任中宣部副部长徐光春在《光明日报》发表了《关于舆论监督的几点思考》,文章中提出:"运用新闻报道的形式,通过在新闻媒体上公开曝光的途径,对人们的不良言行进行监督,这就是新闻舆论监督。""舆论监督作为一项事关政治、事关全局、事关党和人民利益的大事,没有必要的法纪、制度上的保证,是很难正常开展、健康发展的。因此,各级党政领导机关,以及人大立法机关,都有必要从中国的实际出发,给舆论监督工作以立法和立纪,使舆论监督工作有法律和纪律的遵循,使从事舆论监督工作的人和被舆论监督的人都有法有纪可依。特别是对于采取非法手段干扰舆论监督的行为,要依法依纪严肃查处。党政领导机关应该建立必要的工作制度,规范、推进和检查舆论监督工作,从法纪上、制度上扫除影响舆论监督工作和开展的障碍。"[③]

2001年7月17日,广西壮族自治区南丹县龙泉矿冶总厂下属的拉甲坡矿发生特大透水事故,81名矿工遇难。事故发生后,具有黑社会背景的矿主与当地腐败官员勾结,隐瞒事故真相长达半月。7月31日,人民网发表由人民日报记者郑盛丰组织采写的报道《广西南丹矿区事故扑朔迷离》,这是全国所有网站最早刊发的由新闻记者采写的第一篇有关揭露南丹矿难瞒报的报道[④],这也是新中国成立以来第一起由媒体记者首先揭露的重大事故。[⑤]

---

① 参见陈建云、吴淑慧:《舆论监督三十年历程与变革》,《当代传播》2009年第4期。

② 参见谢春林:《中国电视产业做强做大的路径选择——政府规制的视角》,复旦大学博士学位论文,2006年。

③ 徐光春:《关于舆论监督的几点思考》,中国人民大学复印报刊资料,2000年第2期,http://rdbk1.ynlib.cn:6251/Qk/Paper/129722#anchorList。

④ 参见杜卓轩:《朱镕基批示2001年人民日报矿难报道首次曝光》,2011年9月14日,https://news.sina.com.cn/c/2011-09-14/130323153828.shtml。

⑤ 参见丁柏铨:《再论党报改革》,《新闻界》2006年第5期。

第六节 互联网时代开启与管理政策出台

中国对互联网的引入与普及，使其迅速演变成为国内最关键的新闻传播媒介，引发了中国新闻传播领域的根本性变革。互联网的兴起不仅彻底改变了传统的新闻传播格局，还对现行的传媒规则体系提出了前所未有的挑战。为了应对这一变局，中央政府通过调整部门设置、职能，以及制定相关政策法规，开始构建起一套针对互联网新闻传播的管理体制，从而在这个全新的传媒环境中确立有效的监管机制。

一、互联网对传媒格局的冲击

北京时间1986年8月25日11时11分，时任高能物理所ALEPH组（在欧洲核子研究组织高能电子对撞机LEP上进行高能物理实验的一个国际合作组）组长的吴为民，从北京向身在瑞士日内瓦的ALEPH组的领导斯坦伯格（Jack Steinberger）发送了一封电子邮件，中国计算机的全球网络时代也拉开了帷幕。[①]1989年，NCFC（国内命名为中关村地区教育与科研示范网络，世界银行命名为National Computing and Networking Facility of China，是国家计委利用世界银行贷款支持的重点学科发展项目）正式立项并启动，主要目标就是通过北京大学、清华大学和中国科学院的合作，建设NCFC主干网和三个院校网。1993年年底，NCFC主干网完工，在此期间NCFC的专家们寻求机会使中国接入全球互联网。[②]随着互联网基础硬件设施建设的推进及域名等协议问题的解决，1993年，国家提出、部署和启动建设国家公用经济信息通信网（“金桥”工程），作为国内互联网传输的主要通道。以通信、计算机和信息网络为主的信息化技术逐渐成为衡量一个国家和地区综合实力的重要标志。1993年，“三金”（“金桥”“金卡”“金关”）工程开始上马，其中“金桥”工程（国家公用经济信息通信网）是我国信息化的基础设施，金桥网有别于电信业务网，是一个信息网、多媒体网、综合业务数字网和增值业务网，“金桥”工程所要达到的目的是与邮电通信干线及各部门各系统已有的专用网互联互通，形成覆盖全国、天地一体的“信息中速国道”。[③]1993年12月，国务院批准

① 参见《科学时报：究竟是谁发出的中国第一封电子邮件》，2006年2月20日，https://www.cas.cn/xw/cmsm/200602/t20060220_2695840.shtml。

② 参见《1986年—1993年互联网大事记》，2009年5月26日，http://www.cnnic.net.cn/n4/2022/0401/c87-911.html。

③ 参见闵大洪：《中国步入计算机网络时代》，《新闻与传播研究》1996年第1期。

成立国家经济信息化联席会议，统一领导和组织协调政府经济领域信息化建设工作，时任国务院副总理邹家华担任联席会议主席。[①]1994年4月，NCFC工程通过美国Sprint公司接入全球互联网的64K国际专线开通，中国全面接入互联网。1995年8月，"金桥"工程初步建成，在24省市通过卫星网开通联网，并与国际网络互联。[②]

对于互联网，中央态度较为明确，虽然起源于美国，但"他山之石，可以攻玉"，互联网可以为中国所用，用于打造中国的信息化，实现跨越式发展，同时可以让全球更多的人通过互联网了解中国、理解中国、支持中国。1995年是中国互联网由科研、教育系统向全民开放、商业化过渡的一年。[③]

1995年1月，《神州学人》电子周刊创刊。这是中国大陆第一份中文电子周刊，也是第一家上网媒体。该电子杂志主要以留学人员和关心留学人员的读者为对象，每周五出版，每期约两万字，读者通过电子邮件或固定网络链接获取。[④]同年12月，《中国贸易报》网络版上线。此时互联网向用户提供的服务、应用包括电子邮件、电子公告板、网站、联机会议、电子会议、联机软件库、专题论坛、专门用户组、个人文件柜等。[⑤]

1995年9月，中国共产党第十四届中央委员会第五次全体会议审议并通过了《中共中央关于制定国民经济和社会发展"九五"计划和2010年远景目标的建议》，提出未来15年要"加快国民经济信息化进程"。[⑥]1996年4月，中央决定在国家经济信息化联席会议基础上成立国务院信息化工作领导小组，统领全国信息化工作，时任国务院副总理邹家华任组长。[⑦]与比较容易管控的传统大众传媒不同，网络中信息空间的管控是一个微妙而复杂的问题，为

---

① 参见汪玉凯：《中央网络安全和信息化领导小组的由来及其影响》，《中国信息安全》2014年第3期。

② 参见《1994年—1996年互联网大事记》，2009年5月26日，http://www.cnnic.net.cn/n4/2022/0401/c87-912.html。

③ 参见《他山之石可以攻玉 | 中国互联网简史（三）》，2022年12月20日，https://baijiahao.baidu.com/s?id=1752709999017873713&wfr=spider&for=pc。

④ 参见《〈神州学人〉杂志〈神州学人〉电子周刊简介》，《神州学人》1996年第5期。

⑤ 参见闵大洪：《中国步入计算机网络时代》，《新闻与传播研究》1996年第1期。

⑥ 参见《中国共产党第十四届中央委员会第五次全体会议公报》，1995年9月28日，http://cpc.people.com.cn/GB/64162/64168/64567/65397/4441773.html。

⑦ 参见汪玉凯：《中央网络安全和信息化领导小组的由来及其影响》，《中国信息安全》2014年第3期。

此国内有关部门在1996年曾有过不允许开设BBS的动议。[①]1995年，时任中共中央宣传部负责人率领高规格代表团访问新加坡，并停留了一周，对媒体管理架构进行考察。随后，中央做出了管控式开放互联网的关键决定。[②]1997年，中国互联网络信息中心第一次发布的《中国互联网络发展状况统计报告》显示，截至1997年10月底，国内共有29.9万台计算机，4.9万台为直接上网，25万台为拨号上网；共62万上网用户，直接上网与拨号上网用户数之比约1∶3；此时国内共有WWW站点数约1500个。[③]

1996年年底，中央电视台开办央视网。1997年1月1日，《人民日报》正式进入互联网。此时的网络版有三种形式：一是与《人民日报》纸质版面完全相同的"图形版"；二是"文字版"，读者可按照顺序阅读文章；三是"组合版"，将当日报纸内容按照类别进行组合。[④]1997年11月，新华网上线。

1997年，新浪新闻的创始人陈彤此时为利方在线的第一位编辑、体育沙龙版块版主，一开始他把央视播报的国内足球赛比分通过帖子发布到体育沙龙里，到后来"通过各种手段和各赛区网友联系，建立各地通讯员网络搜集比赛信息"[⑤]。

1998年年初，Netscape推出了中文版Netcenter；5月，雅虎正式进入中国，建立中文雅虎站点；11月，AOL进入香港；[⑥]12月，两家在业内享受盛誉的中文互联网公司四通利方与华渊资讯合并，在原利方在线与华渊资讯网的基础上，组建了新浪网。[⑦]1998年实现近2亿美元营业额、4800万美元利润的雅虎成为当时新浪的目标。[⑧]

① 参见闵大洪：《在理想与现实的冲突中——新闻媒体网站电子论坛刍议》，《新闻与传播研究》1998年第3期。

② 参见《杨荣文：丁关根打开中国互联网大门》，https://web.archive.org/web/20120723040647/http://www.zaobao.com/zg/zg120723_104.shtml。

③ 参见《中国互联网络发展状况统计报告》，1997年10月，http://www.cnnic.net.cn/NMediaFile/old_attach/P020120612485123735661.pdf。

④ 参见《从〈人民日报〉上网看"第四媒体"崛起》，《中国记者》1997年第12期。

⑤ 葛小倩：《网络足球从利方开始 新浪从网络世界杯到网罗世界杯》，2006年3月2日，http://sports.sina.com.cn/c/2006-03-02/01572078289.shtml。

⑥ 参见谢波：《虚拟浪拍网岸暖》，《互联网周刊》1998年第17期。

⑦ 参见谢波：《姜丰年、王志东：相约在网上》，《互联网周刊》1998年第19期。

⑧ 参见史颖波：《热闹之后看门道——与新浪网新任COO茅道临一席谈》，《每周电脑报》1999年第6期。

1998年2月，北京爱特信公司正式推出了网上搜索引擎搜狐（当时英文名SOHOO）。两个月后，SOHOO日均访客超过1.2万人，累计访问量超过80万人次。同年6月，SOHOO已拥有数千页分类内容与近5万条网页链接。[①]

1998年，克林顿与莱温斯基的性丑闻被个人网站德拉吉报道（Drudge Report）曝光，这经常被看作互联网首次从传统新闻媒体"篡夺"了重大事件的报道权。[②]在国内，1998年搜狐和网易正式推出新闻频道，1999年新浪推出新闻频道，发布国内、国际、社会、体育、娱乐等各种新闻信息，真正意义上的网络媒体在中国出现，新闻门户网站的雏形也开始显现。[③]

1999年4月15日16时04分，大韩航空一架MD－11F型货机在起飞后不久坠毁于上海虹桥机场西南的莘庄镇并爆炸起火。18时14分，新浪网发布了这则消息，并根据网友tiu的分享进行了现场报道。[④]

北京时间1999年5月8日凌晨，以美国为首的北约轰炸了中国驻南联盟大使馆。北京时间5月8日9时25分，《人民日报》网络版发布人民日报社驻南斯拉夫记者站首席记者目击使馆被炸的消息，成为第一家在网上发布中国记者采写的北约袭击中国驻南使馆中文消息的国内媒体；12时25分，《人民日报》网络版将大使馆被炸目击记在网上发布，成为中国第一篇较详细描述使馆被炸的稿件。[⑤]5月9日，《人民日报》网络版开设了"强烈抗议北约暴行BBS论坛"，民众反响强烈，一个月内，上帖量达到9万条；6月19日，该论坛更名为"强国论坛"。2001年，强国论坛每天上帖量在7000～10 000条，在线人数最高时达2万人。[⑥]

1999年12月，人民日报社派出的澳门回归采访团中有两名网络记者，他们将采写的动态报道和拍摄的新闻图片在网络版上发布，并录制音视频新

---

① 参见孙永杰：《"搜狐（SOHOO）"你大胆地往前走——访北京爱特信公司（ITC）CEO张朝阳》，《微电脑世界》1998年第22期。

② 参见《他山之石可以攻玉丨中国互联网简史（三）》，2022年12月20日，https://baijiahao.baidu.com/s?id=1752709999017873713&wfr=spider&for=pc。

③ 参见唐绪军、崔保国：《中国报业四十年的改革发展之路》，张建星主编：《中国报业40年》，人民日报出版社2018年版，第24页。

④ 参见《一架飞机今天下午在上海附近坠落》，1999年4月15日，https://news.sina.com.cn/china/9904/041551.html。

⑤ 参见《网络版发挥优势及时准确报道我驻南使馆被炸》，《新闻与写作》1999年第7期。

⑥ 参见闵大洪：《党与党报网站》，《新闻与传播研究》2001年第3期。

闻，以多种形式报道澳门回归，这是中国首次有网络记者直接参与国家重大活动的宣传报道。[①]此时，《人民日报》网络版刚刚开通多媒体服务，包括音频、视频及360度照片，但不同表现形态之间还相互独立，与网站的文字报道也缺乏互动与衔接。[②]

此时国内商业新闻网站开始将“及时”作为内容发布的基本原则，2000年悉尼奥运会期间则将网络新闻从“及时”上升为“实时”，这催生了一种新的报道形式的出现——文字直播，时效性的优势使网络媒体得以“在冲破某些人为的报道障碍、在更好地满足受众知情权方面”实现突围，并为传统新闻业务带来革新的压力与动力。[③]2001年4月，新浪网利用手机短信息服务平台，与电信运营商合作，在国内推出了手机短信顶级新闻服务，通过手机短信息向用户提供重大时事、热点新闻、娱乐财经新闻的及时推送，此时国内手机用户已突破一亿。[④]

1998年，中国网络媒体评论家发表了一篇文章《因特网：21世纪报纸的杀手还是救星？》。而远在大洋彼岸的美国报业协会（NAA）主办的报纸经营管理者大会上，纽约时报公司董事长、出版商小阿瑟·苏兹伯格（Arthur Sulzberger Jr.）请求比尔·盖茨（Bill Gates）收购《纽约时报》，有人不无尖刻地评论说：“这是传统媒体向数字媒体发出的第一声哀鸣。”[⑤]其实在这一时期，报纸数字化还处于初步探索阶段，众多报社并未意识到互联网对其带来的巨大冲击，依然沉醉在与报纸广告、发行的极度繁荣相伴而来的对未来的无限憧憬之中。[⑥]

1998年年底，搜狐、新浪网、网易、国中网、首都在线、悠游、人民日报、163电子邮局、上海热线、自贡在线成为《互联网周刊》评选出的国内十大中文网

① 参见叶蓁蓁：《人民日报派网络记者参加澳门回归报道》，1999年12月8日，https://www.gmw.cn/01gmrb/1999-12/08/GB/GM%5E18264%5E13%5EGM13-011.HTM。

② 参见彭兰：《中国网络新闻的六大发展》，《杭州师范学院学报》（社会科学版）2004年第5期。

③ 参见彭兰：《中国网络新闻的六大发展》，《杭州师范学院学报》（社会科学版）2004年第5期。

④ 参见闵大洪：《手机正在成为媒体工具》，《中国传媒科技》2001年第6期。

⑤ 吕尚彬：《渐进性演变，还是激进性变革——我国报业数字化演变轨迹的思考》，《中国报业》2012年第8期。

⑥ 参见唐绪军、崔保国：《中国报业四十年的改革发展之路》，张建星主编：《中国报业40年》，人民日报出版社2018年版，第24页。

站。[①]2000年，中国共有1690万上网用户，站点数约27 289个。[②]根据不完全统计，2000年，国内上网的报纸种数为273种，占全国报纸种数的近1/7，其中包括56种全国性报纸、14家省级机关报、28家晚报及48家都市报，116种报纸有独立域名。[③]与之同时，上网电视台有128家，110家有独立域名。[④]中国互联网新闻传播的基本格局初步构建。[⑤]2000年10月，中国共产党第十五届中央委员会第五次全体会议通过了《中共中央关于制定国民经济和社会发展第十个五年计划的建议》，其中提出“信息化是当今世界经济和社会发展的大趋势，也是我国产业优化升级和实现工业化、现代化的关键环节，要把推进国民经济和社会信息化放在优先位置，顺应世界信息技术的发展，面向市场需求，推进体制创新，努力实现我国信息产业的跨越式发展”[⑥]。这也是中央全会决议中首次将信息化放在如此高的战略位置。[⑦]2001年3月，《关于国民经济和社会发展第十个五年计划纲要的报告》提出“重点支持建设高速宽带信息网络……要在企业技术开发和生产营销、社会公共服务、政府行政管理等方面广泛应用数字化、网络化技术，把工业化和信息化更好地结合起来”[⑧]。

1998年，联合国新闻委员会正式提出了“第四媒体”的概念。[⑨] 2000年，“网络媒体”开始取代“第四媒体”这一比喻用法。[⑩]网络到底如何发挥“第四

---

① 参见《十大中文网站》，《互联网周刊》1998年第20期。

② 参见《中国互联网络发展状况统计报告》，2000年7月，https://www.cnnic.cn/NMediaFile/old_attach/P020120612485129695330.pdf。

③ 参见唐绪军：《方兴未艾的第四媒体——对网上中国报纸的调查与分析》，《中国出版》1999年第8期。

④ 参见孙正一、柳婷婷：《二〇〇〇：中国新闻业回望》，《新闻记者》2001年第1期。

⑤ 参见李良荣、袁鸣徽：《中国新闻报道四十年的改革探索》，张建星主编：《中国报业40年》，人民日报出版社2018年版，第104页。

⑥《中共中央关于制定国民经济和社会发展第十个五年计划的建议》，国务院公报2000年第35号，http://www.gov.cn/gongbao/content/2000/content_60538.htm。

⑦ 参见赵海军：《举棋全局　高瞻远瞩——从纲领性文件看中国信息化推进步伐》，《中国计算机报》2004年10月18日。

⑧《关于国民经济和社会发展第十个五年计划纲要的报告——2001年3月5日在第九届全国人民代表大会第四次会议上》，国务院公报2001年第12号，https://www.gov.cn/gongbao/content/2001/content_60693.htm。

⑨ 参见彭兰：《走向“第四媒体”——第二届亚太地区报刊与科技和社会发展研讨会综述》，《当代传播》1999年第3期。

⑩ 参见闵大洪：《中国网络媒体的生态环境》，《新闻实践》2001年第4期。

媒体"的作用，讨论热烈。众多互联网从业者与研究者认为，互联网作为茁壮成长中的新生媒介，不应依附于任何传统媒体，不应沦为报纸、电视等的延伸。[①]此时，网站、电子邮件、电子论坛等在一定程度上开始打破国内新闻媒体"不予报道、推迟报道、简略报道、统一报道、正面报道及内外有别报道"等新闻报道模式，为国内用户提供了完全不同的信息空间和言论空间，一改此前宣传报道中"多种媒介、一种声音"的状况，出现了"一种媒介、多种声音"的状况，从而形成了对新闻传播格局空前的挑战。[②]

以美国为首的北约轰炸我国驻南联盟大使馆事件发生后，互联网在新闻传播领域所产生的独特作用，再次引起中央领导的高度关注，新闻媒体网站建设的力度不断加大。[③]1999年10月，中共中央办公厅转发《中央宣传部、中央对外宣传办公室关于加强国际互联网络新闻宣传工作的意见》。这是中央关于网络新闻宣传工作的第一个指导性文件。文件从争夺21世纪思想舆论阵地的一个制高点的高度，明确了之后网络新闻宣传工作发展的方向，并提出了一系列原则。文件指出，要把中央主要新闻宣传单位作为网站建设重点，经过努力尽快办成全球性的名牌网站；各省、自治区、直辖市和计划单列市应集中力量建立一两个重点新闻宣传网站；新闻媒体网站要把握正确的舆论导向，努力提高互联网新闻宣传的针对性、时效性和艺术性；要进一步完善互联网新闻宣传的规范管理等。[④]截至1999年年底，国内共有700多家新闻宣传机构拥有独立域名；一年后，这一数字上升到了2000多家。[⑤]2000年1月，全国互联网新闻宣传工作会议第一次召开，宣布将重点扶持《人民日报》、新华社、中国国际广播电台、《中国日报》及中国国际互联网络新闻中心五家中央级媒体网站。[⑥]2000年3月，中宣部、中央对外宣传办公室下发《国际互联网新闻

---

① 参见彭兰：《边走边看话"千龙"——关于千龙新闻网开拓新路实践的若干思考》，《当代传播》2000年第5期。

② 参见闵大洪：《"一种媒介，多种声音"与"多种媒介，一种声音"——因特网(Internet)挑战中国新闻传媒》，《新闻记者》1998年第7期。

③ 参见闵大洪：《1999年的中国网络媒体与网络传播　新闻媒体网站"更上一层楼"》，2014年4月15日，http://media.people.com.cn/n/2014/0415/c40606-24898191.html。

④ 参见闵大洪：《1999年的中国网络媒体与网络传播　新闻媒体网站"更上一层楼"》，2014年4月15日，http://media.people.com.cn/n/2014/0415/c40606-24898191.html。

⑤ 参见闵大洪：《党与党报网站》，《新闻与传播研究》2001年第3期。

⑥ 参见孙正一、柳婷婷：《二〇〇〇：中国新闻业回望》，《新闻记者》2001年第1期。

宣传事业发展纲要（2000—2002年）》，提出了互联网新闻宣传事业建设的指导原则与奋斗目标。[①]2000年6月，中央思想政治工作会议指出："信息技术特别是信息网络技术的发展，为我们开展思想政治工作提供了现代化手段，拓展了思想政治工作的空间和渠道。……互联网已经成为思想政治工作一个新的重要阵地。国内外敌对势力正竭力利用它同我们党和政府争夺群众、争夺青年。我们要研究其特点，采取有力措施应对这种挑战。要主动出击，增强我们在网上的正面宣传和影响力。"[②] 2001年1月的全国宣传部长会议强调："要高度重视互联网的舆论宣传，积极发展，充分运用，加强管理，趋利避害，不断增强网上宣传的影响力和战斗力，使之成为思想政治工作的新阵地，对外宣传的新渠道。"[③]

2000年，北京与上海的新闻界尝试改变原来在互联网上各自设站、小打小闹的"游击战"经营方式[④]，使新闻媒体在网络时代的发展，向前迈进了一步。2000年5月25日，北京日报、北京晚报、北京人民广播电台、北京电视台、北京有线广播电视台、北京青年报、北京晨报、北京经济报和北京广播电视报九家媒体共同参与成立千龙网。2000年5月28日，东方网正式上线，共有12位股东，分别为东方明珠股份有限公司、上海市信息投资股份有限公司、解放日报社、文汇新民联合报业集团、上海电视台、东方电视台、上海电台、东方电台、上海有线电视台、青年报社、劳动报社和上海教育电视台。

北京与上海新闻界此举目的明确：将多家报纸、电台、电视台等传统媒体的采编力量与新闻资源集中注入一家拥有独立身份的新闻网站，利用新闻特许的优势，将其做大做强。例如东方网与上海市14家新闻单位（包括东方网的10家媒体股东）就信息内容使用与资源共享达成协议：14家新闻单位在报刊清样付印或即时新闻播发之前，会在第一时间向东方网传送新闻信息，经编辑后在东方网上即时传发；东方网聘请14家新闻媒体的部分记者作为兼职记者，14家新闻媒体还定期派三名记者到东方网轮岗，承担东方网的独家采访任务。[⑤]

---

① 参见闵大洪：《党与党报网站》，《新闻与传播研究》2001年第3期。

② 江泽民：《在中央思想政治工作会议上的讲话》，《江泽民文选》第3卷，人民出版社2006年版，第94页。

③《全国宣传部长会议在京召开　江泽民与出席会议同志座谈并作重要讲话》，2001年1月11日，https://news.12371.cn/2016/03/08/ARTI1457421636242671.shtml。

④ 参见陆地、黄泓、万珂：《中国电视产业大整合》，《新闻记者》2001年第1期。

⑤ 参见陈惠娟：《东方网：传统媒体改革的一大突破》，《新闻实践》2000年第6期。

千龙网与东方网是行政区域内多家不同介质形态的新闻媒体合办的大型综合网站。[①]随后天津的北方网、广东的南方网相继成立,标志着区域内众多主流新闻媒体合力共建大型内容生产、传播平台模式的诞生。省区内的一批重点新闻网站也不断涌现,例如四川的四川新闻网、湖南的红网等。[②]它们的成立,都源于所在城市主管部门的牵头,表明党和政府部门对新闻网站的建设开始具有明确的规划和行动:集中大型城市中众多新闻媒体的资源与力量[③],形成合力,打造网站龙头产品,参与互联网竞争,占领网络新闻阵地。[④]千龙网与东方网此时走的是一条试图凭借传统媒体的原有优势、照搬传统媒体的新闻传播经验来发展的道路,并未认清该如何借助最新技术形成自己的特色定位。[⑤]另外,两家网站的法人治理结构与产权归属也存在一定问题与风险。[⑥]

2002年初,上海市主管传媒的领导表示,上海下一步的发展设想是搞多媒体集团。作为第一步,2000年组建互联网集团,把上海的报纸、广播电视等媒介的网上资源整合到一起,共同发展上海网站;第二步则是在不能只搞一个多媒体集团的思路下,把目前的报纸、广播、电视、网站分别纳入两个这样的集团中,从而引入竞争实现更快发展,"先做单体组装,做大后,再把一个个单体集团进一步联合成更大的集团"。[⑦]互联网高速发展的同时,国内报业集团、出版集团、广电集团建设也在如火如荼地推进。主流新闻媒体创办的网站,拥有政策优势和资源优势,却受制于体制、机制上的约束,在经营、运作方面很难做到快速应变和灵活决策;对从事综合性新闻传播的商业门户网站而言,具有经营、运作的自主权,更能够按照互联网自身规律和特点办事,但缺

① 参见闵大洪:《新闻媒体网站建设与经营若干问题之我见》,《新闻实践》2001年第6期。

② 参见闵大洪:《党与党报网站》,《新闻与传播研究》2001年第3期。

③ 参见陆黛:《海上升红日　明珠耀东方——东方网诞生记》,《新闻实践》2000年第6期。。

④ 参见谢金文:《从"东方网"的诞生看中国传媒的发展趋势》,《新闻记者》2000年第5期。

⑤ 参见彭兰:《边走边看话"千龙"——关于千龙新闻网开拓新路实践的若干思考》,《当代传播》2000年第5期。

⑥ 参见陆地、黄泓、万珂:《中国电视产业大整合》,《新闻记者》2001年第1期。

⑦ 参见陆小华:《上海新闻媒介宏观调控与发展的总体思路——访上海市委副书记龚学平》,《中国记者》2000年第2期。

乏新闻和信息资源。由于长久以来的不允许跨行业、跨媒体经营的政策,以及对新闻采编领域的资本准入限制,网络媒体与传统媒体的合作只能在低层面展开,难以进入产业结合的高层面,形成真正意义的新闻传媒集团的难度可想而知。[①]

此阶段,优秀媒体人的离职潮开始震惊新闻界。千龙网成立伊始,便发布启事招聘具有国内知名新闻媒体从业经验的副总编、主编、编辑、记者27人,近3000人报名;而在出版界闻名的《中国图书商报》有2/3的骨干跳槽到了互联网公司。[②]

互联网除了改变新闻生产与发布方式,也在塑造全新的人际关系与社会关系,不仅使人们超越了空间的限制,也超越了现实世界的原有人际关系,重新进行人际关系与社会关系的组合。[③]

二、非公有资本对互联网传媒的青睐

在这一时期,中国的传统媒体对资本市场的准入规则开始有了清晰的认识。与此同时,兼具新闻传播功能的互联网平台,无论是拥有官方背景还是完全依赖私人资本,都在未知的资本路径上进行探索。区别于传统媒体,国内互联网媒体的一个显著特征是它们在市场竞争中的迅猛发展,这种增长主要得益于科技创新和资本投入的双重推动力。这一现象不仅体现了互联网媒体与传统媒体在发展模式上的差异,而且反映了新兴媒体形态在中国传媒领域中的独特地位和影响。

此阶段,对于传统新闻媒体网站的对外融资活动,缺乏明确规定,相关部门总的态度是既不提倡,也不禁止,允许进行多种形式的探索。[④]

1994年,新华社与美国AT&T/GIS公司、中仪公司签约,共同建设新华社综合信息计算机广域网(简称新华网),初期投资规模为103万美元。[⑤]同年,新华社在香港注册了全资子公司中国国际网络传讯有限公司(CIC),创建主要提供商业信息服务的"国中网";1996年,在百慕大群岛注册CIC控股公司;1997年,在开曼群岛注册中华网公司;1999年7月,由"国中网"更名而

① 参见闵大洪:《中国网络媒体的生态环境》,《新闻实践》2001年第4期。

② 参见《网络挖人震荡传媒》,《出版参考》2000年第9期。

③ 参见彭兰:《重新认识互联网》,《中国记者》2000年第5期。

④ 参见闵大洪:《中国网络传播的问题和对策》,《当代劳模》2000年第11期。

⑤ 参见闵大洪:《中国步入计算机网络时代》,《新闻与传播研究》1996年第1期。

来的“中华网”登陆美国纳斯达克，融资9600万美元。[①]虽然中华网最终因缺乏有力核心业务、沉迷于资本运作而最终走向破产，但作为第一只在美国纳斯达克上市的互联网公司中国概念股[②]，中华网也成为国内一众渴望海外上市的互联网企业的精神引领。

千龙网的开办模式为“政府扶持、政策允许、传统媒体配合以及民间资本介入”，在此之前并无先例可循：在千龙网近7000万元的注册资本中，民间资本股东实华开公司占了约1/4，也提供了启动千龙网的资金原动力，北京日报社等九家传媒股东多以资源入股，实际出资的寥寥无几。[③]早在1996年，实华开公司便在北京首都体育馆旁开设了网络咖啡屋；随后，网吧开始风靡全国。东方网采取了多元化的投资机构和企业运作模式，公司按照股份有限公司的原则建立完善的法人治理结构。[④]

不同于“官方网站”，此时国内炙手可热的几家互联网门户网站，走的是拿风险投资创业、规避国内政策限制、上市融资发展的纯资本道路。[⑤]

1999年初，新浪网获得了包括高盛公司在内的海外风险投资2500万美元，10月底完成了来自戴尔电脑、日本软银等多家企业的超过6000万美元的融资。[⑥]2000年4月，新浪网正式在美国纳斯达克挂牌交易，股票代码为“SINA”，首次公开发行了400万普通股，每股定价17美元，开盘价为17.75美元，次日凌晨1点，涨至每股20美元。新浪网的上市为众多期待敲开纳斯达克大门的中国互联网公司带来了希望。[⑦]

1993年6月，邮电部在《关于进一步加强电信业务市场管理的意见》中指明：“我国境内的公用通信网、专用通信网的有线电、无线电通信业务，一律不允许境外各类团体、企业、个人以及在我国境内已兴办的外商独资、中外合资

---

① 参见李刚、樊晶：《中国互联网企业上市简史》，《互联网经济》2018年第4期。

② 参见《1997年—1999年互联网大事记》，2009年5月26日，https://www.cnnic.cn/n4/2022/0401/c87-913.html。

③ 参见石岩：《千龙网中间道路能走多远》，《科技智囊》2001年第1期。笔者于2023年2月14日在“天眼查”的查询结果显示，北京千龙新闻网络传播有限责任公司的股东及占股比例分别为：新京报社，65.02%；北京青年报社，17.82%；北京电视台，9.19%；北京日报社，5.87%；北京广播集团有限公司，2.1%。

④ 参见闵大洪：《党与党报网站》，《新闻与传播研究》2001年第3期。

⑤ 参见石岩：《千龙网中间道路能走多远》，《科技智囊》2001年第1期。

⑥ 参见左科华：《中国互联网：上哪儿寻找资金》，《中国财经报》2000年7月12日。

⑦ 参见《新浪网在纳斯达克上市》，《电脑技术》2000年第5期。

和合作企业经营或参与经营，也不得以任何形式吸引外资参股经营。”[①]在国家行政主管部门于1995年及1997年发布的《禁止外商投资产业目录》中明确规定，禁止外商投资电信业务的经营管理。[②]1999年9月，信息产业部部长吴基传表示互联网内容服务属于电信增值业务，根据中国现有政策法规，外资不能进入电信增值业务。[③]而这恰恰是新浪等国内互联网企业最大的业务亮点。此时，信息产业部要求新浪网对其招股说明书中的“上市公司与剥离出来的国内ICP（Internet Content Provider）公司‘北京新浪信息服务有限责任公司’之间的一系列商业协议”进行“修正”，以确保国内ICP公司与上市公司新浪网之间不会形成任何实质上的股权或资产关系。[④]

为此，新浪网首创了协议控制模式。赴美的SINA.COM公司注册于开曼群岛，其在中国境内拥有外商独资技术公司，此公司通过授权委托协议、独家业务合作协议、独家购买权协议和股权质押协议等实际取得内资实体新浪网公司的控制权，后者拥有经营国内电信增值业务的ICP牌照。[⑤]协议控制模式包含协议控制和可变利益实体（Variable Interest Entity，VIE）两个基本概念，是一种在境外设立并上市的壳公司依靠合同安排控制境内实体公司，从而实现境内实体公司境外间接上市的法律结构，此种设计的“唯一目的就是让新浪在不违反中国相关政策法律的前提下，在海外上市”，由此诞生了中国企业境外间接上市的协议控制模式并引发了监管与规避监管之间的持续多年博弈。[⑥]

新浪的成功上市为国内互联网公司及其他行业的企业开辟了一条全新的资本市场路径。继新浪之后，包括搜狐、网易、腾讯、百度和阿里巴巴在内

---

① 《中华人民共和国国务院公报》1993年第19号，1993年9月8日，http://www.gov.cn/gongbao/shuju/1993/gwyb199319.pdf。

② 参见《中华人民共和国国务院公报》1995年第17号，1995年7月14日，http://www.gov.cn/gongbao/shuju/1995/gwyb199517.pdf；《中华人民共和国国务院公报》1997年第40号，1998年1月20日，http://www.gov.cn/gongbao/shuju/1997/gwyb199740.pdf。

③ 参见宗晓、郭雷颖：《互联网VIE模式的规制问题》，《网络传播》2012年第8期。

④ 参见曹海丽：《新浪上市后的反思》，中国人民大学复印报刊资料，2000年第6期，http://gffbf74f1959022514677h65wcxnx65nco6nkp.fggg.libproxy.ruc.edu.cn/qkpaper.html?id=150224。

⑤ 参见张亮：《对VIE模式法律监管的必要性》，《法制与社会》2013年第1期。

⑥ 参见刘燕：《企业境外间接上市的监管困境及其突破路径——以协议控制模式为分析对象》，《法商研究》2012年第5期。

的多家涉足传媒业务的互联网巨头，也纷纷采取了协议控制模式，在海外资本市场成功实现上市。这一趋势也展示了中国互联网公司的市场活力，标志着它们在全球资本市场上的重要地位日益凸显。

三、建立互联网传媒管理体制

20世纪90年代初，随着全球信息技术的迅猛发展，互联网开始在国际舞台上显现其强大的传播潜力。1992年，美国提出"信息高速公路"概念，不仅在美国国内引发了关于信息技术和网络基础设施建设的广泛讨论，也激发了世界范围内对于构建现代化信息通信网络的兴趣。此时，中国的信息基础设施相对落后，互联网处于起步阶段，面临着多头并进、重复投资等问题。为应对这一挑战，中央政府成立了专门的调研组，深入考察国内外互联网发展现状，提出了旨在推动中国科技、教育、经济发展的策略，并强调了互联网在对外宣传及文化传播中的作用。这一阶段标志着中国开始着手建立起适应互联网时代的传媒管理体制。

1992年，比尔·克林顿(Bill Clinton)在其竞选文件《复兴美国的设想》中提出："50年代在全美建立的高速公路网，使美国在以后的20年取得了前所未有的发展。为了使美国再度繁荣，就要建设21世纪的'道路'，它将使美国人得到就业机会，将使美国经济高速增长。"其上台后不久便提出了"信息高速公路"计划。[①]1993年9月，在克林顿发布的国情咨文中，其名称被规范为"国家信息基础设施"(National Information Infrastructure)，随后欧盟、加拿大、俄罗斯、日本等纷纷推出各自的国家信息基础设施建设计划。此时中国信息基础设施较为落后，互联网处于发展起步阶段，各部门、各地区一哄而上、多头并进、重复投资现象严重，缺乏顶层设计与统筹协调。为此，中央成立调研组，对国内互联网发展现状与国际趋势进行考察与分析。经过详细调研和分析，调研组认为，互联网有利于推动中国科技、教育、经济的长远发展，也有利于中国开展对外宣传及文化传播。中央对调研组的报告给予高度肯定，并要求有关部门各司其职，统筹协调互联网内容建设，并于1995年年底明确国务院新闻办公室为互联网内容建设与管理的归口单位。[②]

1991年，中央决定将中央对外宣传小组在国务院挂名，国务院新闻办公

---

① 参见王喜文、江道辉：《美国"信息高速公路"战略20年述评(一)》，2013年9月16日，http://intl.ce.cn/specials/zxxx/201309/16/t20130916_1508249.shtml。

② 参见《他山之石可以攻玉｜中国互联网简史(三)》，2022年12月20日，https://baijiahao.baidu.com/s?id=1752709999017873713&wfr=spider&for=pc。

室得以组建,此时我国对外宣传机构的对内名称为中央对外宣传小组(1993年,中央对外宣传小组更名为中央对外宣传办公室),对外名称为国务院新闻办公室。[①]当时,国务院新闻办公室主要负责中国对外宣传,例如指导和协调中国媒体的对外新闻报道,制定、组织实施对外宣传报道的发展规划,为港澳台及外国媒体记者的采访提供服务,以新闻发布会等方式让中外记者了解中国情况及方针政策。此时,发展互联网的主要立足点为推动对外宣传、让世界更好地了解中国,负责外宣的国务院新闻办公室自然成为负责互联网内容与服务的国家行政主管部门,协管部门为信息产业部、广播电影电视部(国家广电总局)、国家新闻出版署、文化部和公安部等。2000年4月,国务院新闻办公室网络新闻管理局成立,负责国内互联网络新闻宣传工作,主要任务是负责规划国家互联网络新闻宣传事业建设的总体布局并实施,组织开展互联网络重大新闻宣传活动与开发重点信息资源,研究互联网络舆情动态并把握互联网络新闻宣传的舆论导向等。在此之后,各省、自治区、直辖市新闻办公室也陆续设立了相应机构,这标志着自上而下的网络新闻传播管理体制已初步形成。[②]

四、互联网内容与服务纳入管理范畴

随着中国成功接入国际互联网,这一全新的信息技术和传播媒介迅速改变了国内的传媒格局,同时也带来了一系列前所未有的挑战和机遇。互联网的自由与互动特性在促进信息快速传播的同时,也引发了诸如网络安全、计算机犯罪、意识形态渗透、虚假信息传播等多方面的社会问题。这些挑战不仅涉及法律、道德、技术和管理领域,更对现有的传媒规则体系提出了新的挑战。面对这些复杂的问题,中国政府开始着手建立和完善针对互联网内容与服务的管理体系,旨在确保网络空间的健康与有序发展。在此过程中,法律法规的集中出台成为互联网法治化建设的重要一步,标志着国家对互联网内容与服务管理的重视,也为日后互联网的规范化发展奠定了基础。

许多具体问题摆在国家管理部门面前,这些问题涉及法律、道德、管理、技术。例如,网络是否应该同目前的新闻传媒一样进行严格管理?如果论坛中出现不良信息、虚假信息和反动言论,是用户的责任还是信息内容提供商

---

① 参见申宏磊、于淼、崔斌箴、沈晓雷:《对外宣传工作应改革开放而生——专访新时期外宣事业的开拓者朱穆之》,《对外传播》2008年第11期。

② 参见闵大洪:《2000年中国网络新闻传播领域回眸》,《中国新闻出版报》2001年1月3日。

或互联网服务提供商的责任?论坛管理者删除不良信息和言论是否损害言论自由?[①]

与互联网相关的法律法规开始集中出台。1996年2月,国务院发布《中华人民共和国计算机信息网络国际联网管理暂行规定》;4月,邮电部发布《中国公用计算机互联网国际联网管理办法》;6月,电子工业部发布《关于计算机信息网络国际联网管理的有关决定》。1997年5月,国务院颁布《国务院关于修改〈中华人民共和国计算机信息网络国际联网管理暂行规定〉的决定》,对《中华人民共和国计算机信息网络国际联网管理暂行规定》进行修正;5月,国务院信息化工作领导小组办公室发布《中国互联网络域名注册暂行管理办法》;12月,公安部发布《计算机信息网络国际联网安全保护管理办法》。1998年3月,国务院信息化工作领导小组办公室发布《中华人民共和国计算机信息网络国际联网管理暂行规定实施办法》。2000年1月,由国家保密局发布的《计算机信息系统国际联网保密管理规定》开始施行。

早期互联网法治化建设侧重于保护计算机信息系统安全,但随着一些网络事件的出现,国内互联网法治工作的重点开始转向管理互联网信息服务和内容安全层面,这也提高了中国互联网内容管理的可操作性。[②]

1996年8月,邮电部发布通告,规定网络服务商不得播发政治性新闻信息。[③]1997年12月,公安部出台《计算机信息网络国际联网安全保护管理办法》,规定任何单位和个人不得利用国际联网制作、复制、查阅和传播下列信息[④]:(1)煽动抗拒、破坏宪法和法律、行政法规实施的;(2)煽动颠覆国家政权、推翻社会主义制度的;(3)煽动分裂国家、破坏国家统一的;(4)煽动民族仇恨、民族歧视,破坏民族团结的;(5)捏造或者歪曲事实,散布谣言,扰乱社会秩序的;(6)宣扬封建迷信、淫秽、色情、赌博、暴力、凶杀、恐怖,教唆犯罪的;(7)公然侮辱他人或者捏造事实诽谤他人的;(8)损害国家机关信誉的;(9)其他违反宪法和法律、行政法规的。这是国内有关部门首次对互联网信

---

① 参见闵大洪:《在理想与现实的冲突中——新闻媒体网站电子论坛刍议》,《新闻与传播研究》1998年第3期。

② 参见韩丹东:《乘改革开放东风中国互联网法治极速前行》,2018年8月20日,http://www.xinhuanet.com/zgjx/2018-08/20/c_137403803.htm。

③ 参见张文祥、周妍:《对20年来我国互联网新闻信息管理制度的考察》,《新闻记者》2014年第4期。

④ 参见《计算机信息网络国际联网安全保护管理办法》,http://xzfg.moj.gov.cn/front/law/detail?LawID=1198。

息内容做出限制性规定。这九种“非法信息”被之后出台的几乎所有互联网内容与技术法规所继承，同时成为对网络新闻内容的规范要求，成为互联网登载信息内容不得触碰的“红线”。[①]1998年8月，公安部正式成立公共信息网络安全监察局，负责组织实施维护计算机网络安全，打击网上犯罪，对计算机信息系统安全保护情况进行监督管理。[②]2000年3月，隶属于武汉捷软科技发展有限公司的中国财经信息网站（1999年3月开设）的一位编辑擅自从境外网站上下载了一则贬损政府形象的谣言，并经编辑后在该网站上转载，在社会上造成了不良影响。武汉市公安局计算机管理监察处依据《计算机信息网络国际联网安全保护管理办法》，责令网站停止联网、停机整顿，并处以1.5万元人民币的罚款。[③]

1996年10月，国务院新闻办公室与邮电部合作启动“中央对外宣传信息平台”建设，旨在推动经批准可对外发行的新闻报刊上网，免收机柜费，免收流量费。[④]1997年3月，国务院新闻办公室与国家新闻出版署发布《利用国际互联网络开展对外新闻宣传暂行规定》。这是中国政府对网络媒体管理的第一个规范性文件，其中明确了“积极支持、促进发展、宏观指导、归口管理”的基本方针，并规定“可以入网”的新闻宣传单位限于“对外发行的新闻报刊和其他对外出版物（包括文字印刷品和音像品）”，非新闻报刊被排除在外；新闻宣传单位入网实行事前审批制，审批部门为国务院新闻办公室；上网传播的内容，必须“在中央对外宣传信息平台统一入网”，严禁“自行通过其他途径入网”，或“自行在国外入网”。[⑤]“统一入网”因不具备可操作性，在实行一年后，主管部门便做出调整。1998年年底，国务院新闻办公室与国家新闻出版署做出补充：统一入网存在“网址单一，不利于查找；信息拥挤，容易形成瓶颈，影响信息传递速度”等问题，今后各新闻宣传单位获准入网后，将信息链接到中

---

① 参见张文祥、周妍：《对20年来我国互联网新闻信息管理制度的考察》，《新闻记者》2014年第4期。

② 参见《1997年—1999年互联网大事记》，2009年5月26日，https://www.cnnic.cn/n4/2022/0401/c87-913.html。

③ 参见《武汉中国财经信息网违规被查处》，2000年5月14日，https://www.chinanews.com.cn/2000-5-14/26/29699.html。

④ 参见《他山之石可以攻玉丨中国互联网简史（三）》，2022年12月20日，https://baijiahao.baidu.com/s?id=1752709999017873713&wfr=spider&for=pc。

⑤ 参见张文祥、周妍：《对20年来我国互联网新闻信息管理制度的考察》，《新闻记者》2014年第4期。

国国际互联网络新闻中心的同时，可以申请独立的域名，建立自己的网站，鼓励国内各入网单位互联互通，共同发展，提倡信息共享。[①]

国内互联网迈入新千年，商业网站涉足新闻发布领域后，种种不规范的运作频现，主要表现在两方面：一是侵犯新闻媒体的著作权，随意从新闻媒体网站上"扒"新闻，不注明出处，也不支付费用；二是随意转发国外及港台媒体或网站上的新闻，对国内舆论导向产生冲击。[②]另外，一些网络新闻的内容与手段也开始边缘化，例如以刺激、煽情甚至挑逗性的内容激发网民的点击欲望，"标题党"开始出现，这也是网民与网站互动的一个结果；网民的需求影响着网站对新闻的选择与编排，这些选择与编排又反过来刺激着网民的阅读欲望。[③]

1999年4月，国内23家已开通网站的新闻媒体齐聚北京，对商业网站肆意盗用新闻媒体网站新闻内容的做法表达了不满，呼吁全社会重视和保护网上信息产权，坚决反对和抵制相关侵权行为，建立网上新闻发布和信息传播的"游戏规则"。会议通过了《中国新闻界网络媒体公约》，约定凡不属于此公约的其他网站，如需引用公约单位的信息，应经过授权并支付相应的费用，使用时，需要注明出处、建立链接，各网络媒体无论规格高低，实力大小，实行信息产权面前人人平等。[④]在此之前，一些传统媒体的新闻工作者发现商业网站无偿转载了自己的作品后，往往不认为版权被侵犯，反而觉得网络转载提高了自己作品的传播率。

2000年，国务院新闻办有关负责人提出，网络新闻传播存在"商业网站超范围经营新闻传播、网站传播新闻严重侵犯版权、刊转虚假信息"三个主要问题。互联网进入中国后很长一段时间里，主管单位并未将其视作新的传播载体，直到越来越多的民众将其作为了解外部世界的工具，互联网才被确定为一种媒体，被正式纳入传媒管理范畴。[⑤]从2000年开始，关于互联网新闻内容与信息服务的法律规范开始陆续出台。

---

① 参见《利用因特网国家有规定》，《中国广播电视学刊》1998年第11期。

② 参见闵大洪：《1999年的中国网络媒体与网络传播　新闻媒体网站"更上一层楼"》，2014年4月15日，http://media.people.com.cn/n/2014/0415/c40606-24898191.html。

③ 参见彭兰：《主流化与边缘化——网络新闻发展的双重轨迹》，《中国记者》2004年第5期。

④ 参见闵大洪：《1999年的中国网络媒体与网络传播　新闻媒体网站"更上一层楼"》，2014年4月15日，http://media.people.com.cn/n/2014/0415/c40606-24898191.html。

⑤ 参见柳斌杰：《新媒体发展的现状与趋势》，《传媒》2006年第12期。

2000年9月，国务院第三十一次常务会议通过了《中华人民共和国电信条例》(以下简称《电信条例》)及《互联网信息服务管理办法》(以下简称《管理办法》)。

《电信条例》是我国第一部对电信业进行管理的综合性法规，明确将电信业务划分为基础电信业务和增值电信业务。其中，基础电信业务，是指提供公共网络基础设施、公共数据传送和基本话音通信服务的业务。增值电信业务，是指利用公共网络基础设施提供的电信与信息服务的业务。增值电信业务包括互联网信息服务业务。《电信条例》规定，经营增值电信业务，业务覆盖范围在两个以上省、自治区、直辖市的，须经国务院信息产业主管部门审查批准，取得《跨地区增值电信业务经营许可证》；业务覆盖范围在一个省、自治区、直辖市行政区域内的，须经省、自治区、直辖市电信管理机构审查批准，取得《增值电信业务经营许可证》。[①]

《管理办法》则明确提出了"互联网信息服务"的概念，并界定了范畴："指通过互联网向上网用户提供信息的服务活动"。在《管理办法》中，互联网信息服务分为经营性和非经营性两类，其中，经营性互联网信息服务，是指通过互联网向上网用户有偿提供信息或者网页制作等服务活动。非经营性互联网信息服务，是指通过互联网向上网用户无偿提供具有公开性、共享性信息的服务活动。根据《管理办法》，从事新闻、出版等互联网信息服务，依照法律、行政法规以及国家有关规定须经有关主管部门审核同意的，在申请经营许可或者履行备案手续前，应当依法经有关主管部门审核同意。从事经营性互联网信息服务，应当向省、自治区、直辖市电信管理机构或者国务院信息产业主管部门申请办理互联网信息服务增值电信业务经营许可证。从事非经营性互联网信息服务，应当向省、自治区、直辖市电信管理机构或者国务院信息产业主管部门办理备案手续。[②]

2000年10月，信息产业部发布《互联网电子公告服务管理规定》(以下简称《管理规定》)，其中将电子公告服务界定为"在互联网上以电子布告牌、电子白板、电子论坛、网络聊天室、留言板等交互形式为上网用户提供信息发布条件的行为"。《管理规定》对互联网单位、企业及网民的上网行为做出了规定。互联网单位、企业开展电子公告服务，除应当符合《互联网信息服务管理

① 参见《中华人民共和国电信条例》，http://xzfg.moj.gov.cn/front/law/detail?LawID=1623&Query=中华人民共和国电信条例。

② 参见《互联网信息服务管理办法》，国务院公报2000年第34号，http://www.gov.cn/gongbao/content/2000/content_60531.htm。

办法》规定的条件外,还应当具备下列条件:有确定的电子公告服务类别和栏目;有完善的电子公告服务规则;有电子公告服务安全保障措施,包括上网用户登记程序、上网用户信息安全管理制度、技术保障设施;有相应的专业管理人员和技术人员,能够对电子公告服务实施有效管理。上网用户使用电子公告服务系统,应当遵守法律、法规,并对所发布的信息负责。①

2000年11月,国务院新闻办公室、信息产业部发布《互联网站从事登载新闻业务管理暂行规定》(以下简称《暂行规定》),对国内互联网站通过互联网发布和转载新闻进行规范及管理。《暂行规定》中再次明确了互联网站登载新闻业务的管理主体:国务院新闻办公室负责全国互联网站从事登载新闻业务的管理工作,省、自治区、直辖市人民政府新闻办公室负责本行政区域内互联网站从事登载新闻业务的管理工作。互联网站申请从事登载新闻业务,应当填写并提交国务院新闻办公室统一制发的《互联网站从事登载新闻业务申请表》。《暂行规定》对不同类型的互联网站从事新闻登载业务的权限做出了明确界定,并第一次以法规形式对新闻网站的新闻采访权限做出规定。《暂行规定》将"涉及"新闻业务的主体大致分为四类:第一类为中央新闻单位、中央国家机关各部门新闻单位以及省、自治区、直辖市和省、自治区人民政府所在地的市直属新闻单位依法建立的互联网站;第二类为其他新闻单位建立的新闻网站;第三类为非新闻单位依法建立的综合性互联网站;第四类为非新闻单位依法建立的其他互联网站。

根据《暂行规定》,中央新闻单位、中央国家机关各部门新闻单位以及省、自治区、直辖市和省、自治区人民政府所在地的市直属新闻单位依法建立的互联网站,经批准可以从事登载新闻业务。其他新闻单位不单独建立新闻网站,经批准可以在中央新闻单位或者省、自治区、直辖市直属新闻单位建立的新闻网站建立新闻网页从事登载新闻业务。非新闻单位依法建立的综合性互联网站,具备本规定第九条所列条件的,经批准可以从事登载中央新闻单位、中央国家机关各部门新闻单位以及省、自治区、直辖市直属新闻单位发布的新闻的业务,但不得登载自行采写的新闻和其他来源的新闻。综合性非新闻单位网站从事登载中央新闻单位、中央国家机关各部门新闻单位以及省、自治区、直辖市直属新闻单位发布的新闻的业务,应当同上述有关新闻单位签订协议,并将协议副本报主办单位所在地省、自治区、直辖市人民政府新闻办公室备案。非新闻单位依法建立的其他互联网站,不得从事登载新闻

---

① 参见《互联网电子公告服务管理规定》,国务院公报2001年第2号,http://www.gov.cn/gongbao/content/2001/content_61064.htm。

业务。

《暂行规定》中明确提出，互联网站链接境外新闻网站，登载境外新闻媒体和互联网站发布的新闻，必须另行报国务院新闻办公室批准。此外，《暂行规定》第九条对从事登载新闻业务的综合性非新闻单位网站的编辑人员提出明确要求："有具有相关新闻工作经验和中级以上新闻专业技术职务资格的专职新闻编辑负责人，并有相应数量的具有中级以上新闻专业技术职务资格的专职新闻编辑人员。"[①]

2000年5月，国务院新闻办公室批准正在筹备的东方网可以采编发布新闻。[②]2000年12月，人民网、新华网、中国网、央视网、国际在线、中国日报网、中青网等经国务院新闻办公室批准，可以进行登载新闻业务，成为我国首批重点新闻网站。随后，国务院新闻办公室又批准建立了千龙网、东方网、北方网、东北新闻网、浙江在线、红网、中国江西网等24家全国重点地方新闻网站。[③]同时，新浪、搜狐、263首都在线等商业门户网站取得了登载新闻业务的许可证。[④]此阶段，商业网站不拥有新闻采访权，仅拥有新闻编辑权的规定逐渐明确。另外，在内容编辑时，应以不改变和损害原文内容为前提。[⑤]对商业门户网站的许可制与新闻源限制，改变了以往在新闻传播领域任何网站自己想做就做的局面，也改变了网站自己想怎么做就怎么做的局面。[⑥]

2000年11月，最高人民法院审判委员会通过了《最高人民法院关于审理涉及计算机网络著作权纠纷案件适用法律若干问题的解释》。[⑦]2001年10月，全国人大常委会通过了修正后的《中华人民共和国著作权法》，其中规定

---

① 《国务院新闻办公室信息产业部发布互联网站从事登载新闻业务管理暂行规定》，国务院公报2001年第2号，http://www.gov.cn/gongbao/content/2001/content_132314.htm。

② 参见孙止一、柳婷婷：《二〇〇〇：中国新闻业回望》，《新闻记者》2001年第1期。

③ 参见《国家重点新闻网站发展历程1995年起步2006年迅猛发展》，2014年4月22日，http://www.cnhubei.com/xw/gn/201404/t2904872.shtml。

④ 参见《中国网络媒体社会价值白皮书》，2020年4月，https://www.ndrc.gov.cn/xxgk/jd/wsdwhfz/202004/P020200414717451252380.pdf。

⑤ 参见闵大洪：《中国网络传播的问题和对策》，《当代劳模》2000年第11期。

⑥ 参见闵大洪：《中国网络媒体的生态环境》，《新闻实践》2001年第4期。

⑦ 参见《最高人民法院关于审理涉及计算机网络著作权纠纷案件适用法律若干问题的解释》，2000年12月19日，https://www.chinacourt.org/law/detail/2000/12/id/39420.shtml。

"时事新闻"不受版权保护。[①]2002年8月，国务院公布的《中华人民共和国著作权法实施条例》对"时事新闻"进行了解释，是指"通过报纸、期刊、广播电台、电视台等媒体报道的单纯事实消息"。[②]最高人民法院审判委员会2002年10月公布的《最高人民法院关于审理著作权民事纠纷案件适用法律若干问题的解释》第十六条规定："通过大众传播媒介传播的单纯事实消息属于著作权法第五条第(二)项规定的时事新闻。传播报道他人采编的时事新闻，应当注明出处。"[③]作为非法律学术用语，"时事新闻"在被引入著作权法时，便已埋下难以精确解读的伏笔。[④]虽然《著作权法实施条例》对什么是"时事新闻"进行了陈述，但依然不清楚什么是"时事"，什么是"单纯事实消息"(是从篇幅字数上来判断，还是从新闻的构成要素，如时间、地点、人物、事件、为何等"5W"来划分？)，这导致"时事新闻"的概念界定不清，"时事新闻"的作品范围没能给出法律上的常规硬性罗列，导致实践中众多网络媒体任意扩大"时事新闻"的范围，肆意非法使用，助长了网络媒体侵权行为的产生：或免费转载，或没有注明转载内容的出处，或本应受保护的新闻作品被随意删减。[⑤]此外，随着网民数量及上网主体类型的增多，版权侵权行为现象的种类和数量不断增加。在版权侵权活动中，互联网服务提供者是否应被追究侵权责任，引发广泛讨论。截至2000年，国内还没有发生过网络服务提供者由于为他人实施的版权侵权活动提供网络中介服务而被追究侵权责任的案例。[⑥]

2001年7月，中共中央在北京中南海怀仁堂举办法制讲座，内容是运用法律手段保障和促进信息网络健康发展，中国社会科学院法学研究所研究员郑成思作为主讲人，着重讲述了三个问题：信息网络的发展与加强法律规范的必要性和重要性；国外的做法及立法现状；中国在信息网络法制建设方面的基本情况。在讲座中，时任中共中央总书记江泽民指出，对信息网络化问

---

① 参见全国人民代表大会常务委员会法制工作委员会编：《中华人民共和国法律汇编(1954—2004)》，人民出版社2004年版，第343页。

② 参见《中华人民共和国著作权法实施条例》，http://xzfg.moj.gov.cn/front/law/detail?LawID=934。

③《最高人民法院关于审理著作权民事纠纷案件适用法律若干问题的解释》，https://www.chinacourt.org/law/detail/2002/10/id/79834.shtml。

④ 参见卢海君：《著作权法中不受保护的"时事新闻"》，《政法论坛》2014年第6期。

⑤ 参见朱鸿军：《中国报纸版权保护的出路》，张建星主编：《中国报业40年》，人民日报出版社2018年版，第352页。

⑥ 参见薛虹：《再论网络服务提供者的版权侵权责任》，《科技与法律》2000年第1期。

题，我们的基本方针是积极发展，加强管理，趋利避害，为我所用。我们要抓住机遇，加快发展我国的信息技术和网络技术。同时，要高度重视信息网络化带来的挑战。既要积极推进信息网络基础设施的发展，又要大力加强管理方面的建设，推动信息网络化迅速而又健康地向前发展。江泽民指出，信息网络化的发展也给政府管理和社会管理提出了新问题，比如，网上一些迷信、色情、暴力和其他有害信息的传播，对人民群众尤其青少年的身心健康造成很大危害；网络违法犯罪行为日益突出，网上诈骗等种种违法活动，干扰了市场的有序运行。江泽民强调，第一，要充分认识依法保障和促进信息网络健康发展的重要性。第二，要加强和完善信息网络立法。第三，要加强信息网络方面的执法和司法。第四，要积极参与国际信息网络方面规则的制定。第五，要加强信息网络管理人才的培养。①

2001年8月，中央决定重新组建国家信息化领导小组，时任国务院总理朱镕基担任组长，副组长包括两位政治局常委和两位政治局委员，相比以往，这让信息化领导小组的规格再上一个台阶。同时，国务院信息化工作办公室与国家信息化专家咨询委员会相继成立，成为国家信息化领导小组的支撑机构。②

---

① 参见《江泽民谈推动信息网络化迅速健康发展》，2001年7月11日，https://www.chinanews.com.cn/2001-07-11/26/104229.html。

② 参见《汪玉凯：中央网络安全与信息化领导小组的由来及其影响》，2014年3月3日，http://theory.people.com.cn/n/2014/0303/c40531-24510897.html。

第三章　2002—2014年：文化体制框架下的改革

早在1979年的中国文学艺术工作者第四次代表大会上，邓小平就为新时期中国文学艺术事业的发展设定了清晰的方针。他代表党中央提出的指导原则，为文化领域的体制改革指明了方向。随后，1983年国务院开始系统地推进文化体制改革。1988年，国务院批转《文化部关于加快和深化艺术表演团体体制改革意见》，提倡采用“双轨制”的改革思路。[①]1996年，党的十四届六中全会通过《中共中央关于加强社会主义精神文明建设若干重要问题的决议》，这是首次以中央全会的重要决议形式，明确提出文化体制改革的任务。[②]决议强调，改革文化体制是文化事业繁荣和发展的根本出路。文化产品具有不同于物质产品的特殊属性，对人们的思想道德和科学文化素质有重要影响。要坚持把社会效益放在首位，力求实现社会效益和经济效益的最佳结合。改革要区别情况、分类指导，理顺国家、单位、个人之间的关系，逐步形成国家保证重点、鼓励社会兴办文化事业的发展格局。文化企事业单位要深化改革，加强管理，建立健全既有竞争激励又有责任约束的机制。[③]

新闻出版业是文化事业的重要组成部分，也是实体文化的主要部分，新

---

① 参见《新中国档案：文化体制改革》，2009年10月10日，http://www.gov.cn/test/2009-10/10/content_1435100.htm。

② 参见龙新民：《我国文化体制改革的发展历程和启示》，《百年潮》2012年第8期。

③ 参见《中共中央关于加强社会主义精神文明建设若干重要问题的决议》，人民出版社1996年版，第18—19页

闻出版体制改革便成为文化体制改革实践中的重点。[①] 20世纪80年代,传媒改革主要体现在新闻实务层面的推进,广告、经营、发行等方面取得了明显的进步。20世纪90年代,传媒改革主要体现为经营机制得到进一步改进,并未涉及传媒制度,而是一系列突破性的“边际调整”。20世纪90年代末,传媒改革开始触及新闻媒体产权等根本问题,并承诺放开书报刊分销服务市场;加入WTO前,传媒改革明显提速,在官方话语中,明确进入“新闻体制改革”阶段。[②]“在计划经济条件下形成的文化体制,最大的问题是党、政、企、事混在一起,宏观、中观、微观没有区别,不党不政不企不事,管理不顺,职责不清”,而自20世纪80年代开始探索的新闻出版业改革,是适应性改革,并未触动计划经济体制。[③]

中国传媒体制改革在政治经济体制改革进行了20多年后才启动[④],此时我国社会主义市场经济体制基本形成,国内经济基础、体制环境、社会条件、传播技术均有深刻变化[⑤],但国内传媒制度仍延续着计划经济时代政府包揽一切的模式,与市场经济体制不适应,极大落后于国家整体改革进程,不能满足全面建设小康社会的目标要求。传媒改革从来就不可能作为独立的或与其他领域的改革平行的改革而发生,传媒改革的目标总是与政治经济体制改革发展的阶段性目标相一致,是配套的和为之“服务”的。[⑥]2005年,《中共中央、国务院关于深化文化体制改革的若干意见》中提出:“要确保文化体制改革与经济体制、政治体制、行政管理体制改革,与国家不断完善的法律法规体系相互配套、相互衔接。”[⑦]

---

① 参见柳斌杰:《解放和发展文化生产力——兼谈深化新闻出版改革的几个问题》,《中国出版》2006年第3期。

② 参见夏倩芳:《党管媒体与改善新闻管理体制——种政策和官方话语分析》,《新闻与传播评论》2004年辑刊。

③ 参见柳斌杰:《解放和发展文化生产力——兼谈深化新闻出版改革的几个问题》,《中国出版》2006年第3期。

④ 参见夏倩芳:《党管媒体与改善新闻管理体制——种政策和官方话语分析》,《新闻与传播评论》2004年辑刊。

⑤ 参见柳斌杰:《解放和发展文化生产力——兼谈深化新闻出版改革的几个问题》,《中国出版》2006年第3期。

⑥ 参见夏倩芳:《党管媒体与改善新闻管理体制——种政策和官方话语分析》,《新闻与传播评论》2004年辑刊。

⑦《中共中央、国务院关于深化文化体制改革的若干意见》,2005年12月23日,http://www.reformdata.org/2005/1223/5419.shtml。

对于传媒改革,2000年1月召开的全国宣传部长会议上提出了许多设想,诸如组建传媒集团、试行股份制改革、跨媒体经营、跨地区经营、合理有效利用外资、建立国有资产经营责任制、调整优化产业结构等。[①]会上提出,新闻出版广播影视业的改革,要从适应计划经济体制向适应社会主义市场经济体制转变,着力进行宏观管理机制创新、微观领域结构创新、市场组织体系创新、投融资体制创新。[②]2001年8月,中共中央办公厅、国务院办公厅转发《中央宣传部、国家广电总局、新闻出版总署关于深化新闻出版广播影视业改革的若干意见》。[③]这是中国政府全方位深化传媒改革的一个重要文件,提出要以资本和业务为纽带组建横跨不同媒介形态与行政区域的媒介集团,对传媒业的组织结构、资本结构进行全面调整,对传媒融资、股份制改造、上市等已有规则进行改革创新。[④]以上内容回应了国内传媒结构调整、运作模式、宏观管理体制等热点、焦点问题。[⑤]自此,中央提出,政府需从经济活动主体开始转向规则制定者和监督者,传媒机构的市场主体性开始显现,传媒改革开始"上升到了对真正的市场主体进行规制,可以说是具有市场经济意义上的规则变迁"[⑥]。中国传媒领域的变迁,也从过去以自下而上的改革为主变成以自上而下的改革为主。[⑦]

2001年12月,《国家广播电影电视总局关于广播影视集团实行多媒体兼营和跨地区经营的实施细则》规定:广播影视集团及广播电台、电视台和电影集团可以兼营报刊、图书、音像电子出版,并可以收购、兼并、联营等方式,扩大相关的业务领域;电影集团可以经办电影频道,参与广播电视节目、栏目的制作和经营;电影集团、报业集团、出版集团及报刊、通讯社、出版社可以制作广播电视节目或与电台、电视台合办栏目(时段)、节目;新华社经国家广电总

① 参见陆地、黄泓、万珂:《中国电视产业大整合》,《新闻记者》2001年第1期。

② 参见《全国宣传部长会议(2001年1月8—11日)》,2013年8月9日,http://www.ahlads.gov.cn/content/detail/5faca17827b573e2e34206ee.html。

③ 参见《中央宣传部、国家广电总局、新闻出版总署关于深化新闻出版广播影视业改革的若干意见》,https://chinacopyrightandmedia.files.wordpress.com/2001/08/untitled.pdf。

④ 参见胡正荣、李继东:《我国媒介规制变迁的制度困境及其意识形态根源》,《新闻大学》2005年第1期。

⑤ 参见李良荣:《当前中国传媒业新闻改革的若干特点》,《采写编》2005年第1期。

⑥ 参见胡正荣、李继东:《我国媒介规制变迁的制度困境及其意识形态根源》,《新闻大学》2005年第1期。

⑦ 参见李良荣:《当前中国传媒业新闻改革的若干特点》,《采写编》2005年第1期。

局批准，可以向电视台提供电视新闻节目。[①]

2002年，中国共产党第十六次全国代表大会召开，提出了文化体制改革的要求，取代了之前“新闻出版广播影视业改革”的提法，正式开启了以体制机制创新为重点的真正的文化体制改革。[②]党的十六大报告中提出深化文化体制改革的总体指导思路：“根据社会主义精神文明建设的特点和规律，适应社会主义市场经济发展的要求，推进文化体制改革。抓紧制定文化体制改革的总体方案。把深化改革同调整结构和促进发展结合起来，理顺政府和文化企事业单位的关系，加强文化法制建设，加强宏观管理，深化文化企事业单位内部改革，逐步建立有利于调动文化工作者积极性，推动文化创新，多出精品、多出人才的文化管理体制和运行机制。按照一手抓繁荣、一手抓管理的方针，健全文化市场体系，完善文化市场管理机制，为繁荣社会主义文化创造良好的社会环境。”[③]党的十六大对文化体制改革做出了新的论述与部署，相关理论也趋于系统化及明晰化，实践中开始进入实质性启动和整体推进阶段。[④]2005年，《中共中央、国务院关于深化文化体制改革的若干意见》明确提出了文化体制改革的任务目标。[⑤]

文化体制改革的范围涵盖了新闻出版领域、广播、电视、电影等广电系统领域、文化艺术领域[⑥]，包括“新闻出版体制改革”“广播影视体制改革”“文化艺术体制改革”等。作为实体文化的主要部分，新闻出版业是文化事业的重要组成部分，其产业比重在小文化(文艺、电影、广播、电视、新闻、出版等)范围内占到了70%以上，新闻出版体制改革也成为文化体制改革的重点，其改革任务占文化体制改革任务的2/3。[⑦]相对于新闻出版领域的改革，在文化体

① 参见《国家广播电影电视总局关于广播影视集团实行多媒体兼营和跨地区经营的实施细则》，https://code.fabao365.com/law_248034.html。

② 参见柳斌杰：《解放和发展文化生产力——兼谈深化新闻出版改革的几个问题》，《中国出版》2006年第3期。

③ 江泽民：《全面建设小康社会，开创中国特色社会主义事业新局面》，《江泽民文选》第3卷，人民出版社2006年版，第561—562页。

④ 参见王晓刚：《文化体制改革研究》，中共中央党校博士学位论文，2007年。

⑤ 参见《中共中央、国务院关于深化文化体制改革的若干意见》，2005年12月23日，http://www.reformdata.org/2005/1223/5419.shtml。

⑥ 参见柳斌杰：《以改革为动力加快新闻出版业发展》，《青年记者》2005年第1期。

⑦ 参见柳斌杰：《解放和发展文化生产力——兼谈深化新闻出版改革的几个问题》，《中国出版》2006年第3期；柳斌杰：《坚决贯彻中央部署　全力做好特别时期的新闻出版工作——在2008年全国新闻出版局长工作会议上的讲话》，《中国出版》2008年第7期。

制改革中，广电系统的体制改革则相对滞后。①

在中国媒体的改革历程中，新闻出版体制改革与广播影视体制改革均着重于产业层面的转型，延续了自20世纪90年代以来的改革脉络。这一转型旨在增强传媒在经济领域的活力与自主性，同时保留其固有的政治职能。在此背景下，产业改革的目标逐渐变得明晰，而传媒领域的改革目标依旧相对模糊。这一阶段，传媒领域的改革讨论集中于如何在市场经济环境下有效管理和发展具有强烈意识形态属性的新闻单位，从而展开了一系列从宏观到微观层面的系统性体制机制改革。②

第一节　传媒改革的路径

文化体制改革伊始，中央宣传部、文化部、国家广电总局和国家新闻出版总署于2003年共同发布了《关于文化体制改革试点工作的意见》。该文件为文化单位的发展定下了新的方向，将其性质明确划分为公益性事业和经营性产业两大类，这一划分替代了此前的“事业性质、企业化经营”模式。这种区分公益性传媒单位和经营性传媒单位的策略，构成了这一阶段传媒改革的核心思想。基于传媒单位的具体性质，主管部门设计了四种不同的改革路径，并为每种路径配备了适宜的体制机制、组织形式以及相应的政策支持。这些措施共同推动了中国传媒领域的持续发展和转型。③

在文化体制改革的第一种路径中，针对属于公益性事业的传媒单位提出

---

① 参见吴锋、屠忠俊：《我国新闻出版与广电业行政管理体制改革的回顾与前瞻——2013年“署局合并”之透视》，《现代传播》2013年第5期。

② 参见夏倩芳：《党管媒体与改善新闻管理体制——种政策和官方话语分析》，《新闻与传播评论》2004年第00期。

③ 四种改革路径参见柳斌杰：《一手抓发展　一手抓监管　为建设统一开放、竞争有序、健康繁荣的出版物大市场而奋斗》，《中国出版》2004年第2期；柳斌杰：《出版单位转制中的六个重要问题》，《传媒》2004年第6期；柳斌杰：《以改革为动力加快新闻出版业发展》，《青年记者》2005年第1期；朱伟峰：《新闻出版体制改革40年》，《中国出版》2018年第20期；《中共中央、国务院关于深化文化体制改革的若干意见》，2005年12月23日，http://www.reformdata.org/2005/1223/5419.shtml；胡正荣、李继东、黄炜：《新的尺度，新的变革——2005年我国广播影视年度发展报告》，崔保国主编：《2006年：中国传媒产业发展报告》，社会科学文献出版社2006年版，第245页；谢春林：《中国电视产业做强做大的路径选择——政府规制的视角》，复旦大学博士学位论文，2006年。

了明确的发展方向。这一类别的传媒单位,包括党报、党刊、电台、电视台、通讯社、重点新闻网站、时政类报刊和政策性出版社等[①],都被视为非营利机构。这些单位主要依靠政府投资和主办,作为国家重点支持的实体运营。它们的核心任务并非市场竞争,而是专注于为党和国家的宣传、思想文化工作提供服务,并致力于提供社会公共事业服务。在改革过程中,公益性事业单位在宏观管理层面依然坚持政府主导。这些单位在事业体制的框架下进行管理,同时通过深化内部的劳动人事、收入分配和社会保障等制度的改革,建立并完善绩效考核机制,从而提升其面向市场和服务群众的能力。

文化体制改革的第二种路径专注于经营性产业的发展。这类产业主要涵盖非新闻性和非理论性的报纸、刊物[②],专业性出版社,同时也包括国内的印刷业、发行业和复制业。在改革过程中,经营性产业的关键在于体制上的创新。在宏观管理层面,这类传媒单位应遵循现代企业体制进行管理;在微观运营层面,则需要建立现代企业制度,创新内部管理体制和运行机制。这使经营性传媒单位成为独立的市场竞争主体,能够通过市场活动实现其产品的社会和经济价值,从而实现自身的发展壮大。此外,在经营性传媒单位的产业化进程中,还需要通过建立大型新闻出版企业,作为工业化生产的支柱,以带动整个行业的发展。

文化体制改革的第三种路径聚焦于既具有公益性又涵盖经营性,但以公益性为主的传媒单位。改革目标是构建事业性集团,并将其经营性资产转型为企业,即成为事业集团控股的企业子公司。在这种模式下,传媒单位在市场中运作,同时实行企业与事业的分离,通过企业的经营活动支持事业的持续发展。例如,新闻出版单位中的广告、印刷、发行等部门需要从事业体制中剥离,转型为企业,进行市场化运作,同时为其主业提供服务。在这一过程中,《人民日报》《求是》等多家党报党刊成功实现了编辑宣传业务与报刊业经营的分离。同样,电台和电视台的可经营部分如传输网络、节目制作、节目交易、广告经营等,也将逐步从传统事业体制中独立出来,按照现代产权制度和企业制度转变为专业化的企业公司,参与市场竞争。例如,南京广电集团就建立了以事业性集团为主体的双版块结构,一是包括电台、电视台及其所属的多个事业部门在内的宣传事业版块,二是由有限责任公司及其所属的多个经营公司、出版社和实业公司组成的经营企业版块。

---

① 例如以出版马列主义著作、政治理论宣传为主要任务的人民出版社,制作特殊出版物如盲文等无盈利能力的政策性出版社。

② 如文化、艺术、生活、科普、证券类报刊社。

在文化体制改革的第四种路径中，重点放在了那些既具有公益性又具有经营性，但以经营性为主导的传媒单位上。这一改革的核心目标是构建以企业为主体的集团模式。在这种模式下，虽然企业集团整体上注重市场导向和盈利能力，但其中一些具有强烈公益性质的单位仍可以保持其事业性质。这样的安排旨在确保传媒单位在追求经济效益的同时，也能够履行其社会责任和公共服务的职能。例如，某些专注于文化传承、教育推广或社会服务的传媒单位，尽管作为企业集团的一部分，但仍然可以保持其事业单位的身份和属性。这样的安排有助于平衡经济效益与社会效益，确保这些单位在市场竞争中保持特有的公益属性，同时也为整个企业集团带来社会价值和品牌声誉上的增益。通过这种方式，改革不仅推动了传媒单位的市场化和现代化进程，而且确保了它们在文化、教育和社会服务等领域继续发挥重要作用

在上述四种改革路径的基础上，传媒改革的思路按照宏观、中观、微观三个层面展开。

在传媒改革的宏观层面，其总体目标是构建一个由党委领导、政府管理、行业自律和企事业单位依法运营共同构成的传媒制度。这一制度旨在明确党委、政府、行业协会和企事业单位的各自任务与职责，确保各方在传媒领域的协调和有效运作。为了实现这一目标，需要完善宏观调控体系，包括在投资、市场准入、监管、考核、评估、奖惩机制、市场退出策略和市场布局等关键环节建立有效的应对机制和政策规范。这些措施旨在对传媒行业进行有效的调节和引导，确保其健康、有序且可持续的发展。这样的宏观调控不仅可以促进传媒行业的稳定发展，而且保障了媒体内容的质量和多样性，同时满足了公众的信息需求和社会的整体利益。[①]

在传媒改革的中观层面，其基本策略可以概括为一系列阶段性步骤：政企分开、企事分开、管办分离、中介组织分开和培育三大主体。[②]具体实施措施包括：

第一，在传媒领域实施政府与企业、企业与事业的分离，政府的角色由直接经营转向依法监督管理，同时实现政府与市场中介机构的分离。

第二，制定清晰的分类标准，区分公益性与经营性媒体，明确企业与事业、传媒核心与非核心业务的界限。

---

① 参见柳斌杰：《解放和发展文化生产力——兼谈深化新闻出版改革的几个问题》，《中国出版》2006年第3期。

② 市场主体为经营性新闻单位；服务主体为公益性新闻单位；管理主体为政府、行业、单位/企业。

第三，明确市场主体，促使经营性媒体单位成为市场的真正参与者，推动传媒企业在追求经济效益的同时实现社会效益。改革路径从经营性单位开始，逐步过渡至转企改制、股份改造、公司制改造，最终组建集团或上市公司，建立现代企业制度。[①]

第四，明确服务主体，支持公益性传媒单位成为社会服务的核心，推动核心新闻业务与经营性业务的分离，企事分开，建立完善的公共文化服务体系。

第五，明确管理主体。政府负责宏观管理、政策调节和市场监管；行业协会负责维护行业利益和自律；新闻媒体的主管单位负责重要人事、项目审核和投资资产审批；媒体作为企事业法人，依法行使自主经营、自负盈亏和自我发展的权利，同时承担法定的管理、经营和服务职责。[②]

第六，通过政策调整和市场主体的作用，解决条块分割和行业分治的问题，促进传媒行业的整体发展和效率提升。

在传媒改革的微观层面，目标是促进传媒单位内部的健康发展和高效运营。为实现这一目标，主要采取以下策略：

第一，构建强大且具有规模效应的现代传媒集团。这些集团将依据合理的市场规则和现代企业制度进行自主运营，从而提高市场竞争力和业务效率。

第二，促进传媒集团的区域性扩张和国际化发展。通过跨地区的兼并重组和跨国收购活动，传媒集团不仅能扩大自身规模，还能提升其全球竞争力。

第三，推动传媒集团的上市和融资活动，实施股份制改造。这一措施旨在吸引更多多元化资本进入传媒行业，增强传媒单位的资本实力和市场适应性。

第二节　文化市场培育与政府职能转变

2000年，中国共产党第十五届中央委员会第五次全体会议通过的《中共中央关于制定国民经济和社会发展第十个五年计划的建议》，首次在中央层面的官方文件中提出了“文化产业”这一概念，这一重要举措标志着我国对文化产业的正式承认和对其地位的重视。[③]2003年，《国务院办公厅关于印发文化体制改革试点中支持文化产业发展和经营性文化事业单位转制为企业的

① 参见柳斌杰：《在改革开放中建设新闻出版强国》，《百年潮》2015年第8期。

② 参见柳斌杰：《在改革开放中建设新闻出版强国》，《百年潮》2015年第8期。

③ 参见范卫平：《新闻出版体制改革的实践与探索》，《中国出版》2012年第1期。

两个规定的通知》进一步强调了文化产业发展的重要性。[①]

在构建统一、开放、竞争、有序的现代文化市场体系的过程中,转型企业化、集团化发展以及探索资本多元化成为关键手段。同时,推动政府行政管理的改革也成为文化体制改革的重要目标和顺利推进的关键。

政府行政管理改革的主要思路涵盖了多个方面。首先,政府职能从直接参与市场经营转向对市场的监管。这包括政企分开、政事分开以及管办分离,旨在营造一个公平和公正的政策环境和市场环境。政府在这个过程中扮演着市场仲裁者的角色,而企事业单位则作为独立的生产经营主体,按照市场规则运行。其次,政府的行政审批流程被大幅简化,尤其是在中央层面的审批事项,将更多的决策权还给了企业。这一措施旨在推动政府审批项目的分层次、分级负责,同时规范和完善现行的法规。此外,政府还在逐渐明晰不同行政层次的职责,下放部分管理权限,确保中央行政部门不越权干预地方的行政管理工作。这样的做法有助于提高管理效率和政策的针对性。电子政务的加速发展则增强了行政过程的公开性和透明度,有利于提升政府工作的效率和公信力。最后,政府努力加强公共服务,推动从权力型政府向服务型政府的转变。这一转变强调提供更多以民为本的服务,以满足公众的需求和期望。[②]

这些改革措施共同构成了推动政府行政管理现代化的全面框架,旨在促进政府职能的有效转型和市场机制的良性运作。

一、转企改制从试点到铺开

自2002年起,中国党委政府出台的一系列政策明确指出,转企改制是传媒改革的中心议题,对于经营性传媒单位而言,这一过程是其成为市场主体的关键转折点。在这一系列改革中,国有企业的转型是一个重点。改革的核心在于将公有制主要通过混合所有制的方式实现,这意味着国有企业需要在产权制度上进行深入和创新性的改革。具体来说,这些政策指导下的转型可

---

① 参见《国务院办公厅关于印发文化体制改革试点中支持文化产业发展和经营性文化事业单位转制为企业的两个规定的通知》,2016年9月21日,https://www.gov.cn/zhengce/content/2016-09/21/content_5110267.htm。

② 参见柳斌杰:《树立发展理念　深化出版改革　提高管理水平》,《中国出版》2003年11月;柳斌杰:《解放和发展文化生产力——兼谈深化新闻出版改革的几个问题》,《中国出版》2006年第3期。

以分为两个层次和两种类型。[①]

两个层次可以概括为“事业转企业”和“独资转股份”。在“事业转企业”的过程中，计划经济体系下的传媒事业单位，特别是那些具有经营性质的单位，被转变为适应市场经济的企业。而在“独资转股份”的步骤中，已经完成企业化的传媒单位进一步转型，从单一的国有独资企业演变为资本结构更为多元化的股份制企业。

两种类别则可概括为“剥离转制”与“整体转制”。在“剥离转制”的模式下，传媒单位将其经营性部分与采编部分进行分离，进而将剥离出的经营性部分转变为独立的企业形式。与之相对应，“整体转制”则涉及传媒单位作为一个整体，从事业单位的形式直接转变为企业。在实际操作中，“剥离转制”成为传媒行业“转企改制”中的主流模式，这一模式适用于大多数报业集团。与此同时，“整体转制”则在较少的单位中进行试点，如《中国证券报》《中国保险报》《重庆电脑报》等。

文化体制改革采取“试点先行，从点到面，有组织有领导、分阶段分步骤地将改革逐步推开，引向深入”。[②]2003年6月，中央在调研的基础上提出了改革试点方案，确定了9个省市和35家文化单位，进行为期三年的试点，9个省市均以新闻出版行业为重点，35家文化单位中有21家新闻出版单位。[③]21家新闻出版单位中，有8家报业集团和报社（大众报业集团、新华日报报业集团、河南日报报业集团、深圳报业集团、北京青年报社、今晚报社、中国证券报社、电脑报社）[④]，7家出版集团与出版社，6家发行集团。[⑤]《北京青年报》、新

---

① 参见柳斌杰：《出版单位转制中的六个重要问题》，《传媒》2004年第6期；柳斌杰：《以改革为动力加快新闻出版业发展》，《青年记者》2005年第1期；唐绪军：《中国报业集团：在探索中前进》，崔保国主编：《2004—2005年：中国传媒产业发展报告》，社会科学文献出版社2005年版，第111—112页；孙向辉、黄炜、胡正荣：《2004年中国广电产业发展报告》，崔保国主编：《2004—2005年：中国传媒产业发展报告》，社会科学文献出版社2005年版，第61页。

② 参见《中共中央、国务院关于深化文化体制改革的若干意见》，2005年12月23日，http://www.reformdata.org/2005/1223/5419.shtml。

③ 参见柳斌杰：《中国新闻出版业改革创新40年》，《中国出版》2018年第20期。

④ 参见崔保国：《2004年中国报业发展报告》，崔保国主编：《2004—2005年：中国传媒产业发展报告》，社会科学文献出版社2005年版，第84页。

⑤ 参见柳斌杰：《一手抓发展　一手抓监管　为建设统一开放、竞争有序、健康繁荣的出版物大市场而奋斗》，《中国出版》2004年第2期。

华社的《中国证券报》、重庆的《电脑报》、天津的《今晚报》作为4家非党报类的报纸进行试点。[①]

在这轮传媒改革中，试点工作主要聚焦于地方新闻出版单位。地方政府在这个过程中拥有较多的集中决策权，这对于解决改革过程中遇到的各种问题极为有利。因此，中央政府制定的策略是首先在地方层面启动试点改革。这样做的目的是通过地方的实践经验，为后续在中央部委和各个部门的新闻出版体制改革提供参考和依据，从而确保整个改革过程顺利进行。

1993年，随着《中国证券报》的成立，它便以企业形式注册，充当专业技术报刊的角色。这种初期的企业化身份，在2003年文化体制改革试点工作会议上，为《中国证券报》实施"整体改制"提供了便利条件。作为改革的试点单位，作为新华社的国有独资企业，《中国证券报》享受到了一系列的政策优惠，包括募集股份的权利、国家税收支持、五年的所得税免征以及跨媒体和跨地区经营的灵活性。[②]

2005年4月，中国保险报业股份有限公司在北京成立，成为中国报业改革的一个重要里程碑。作为文化体制改革的试点，这是国内第一家全面实行股份制的新闻机构。其由中国再保险（集团）公司主导发起，联合中国人寿保险（集团）公司、北京畅想传媒投资集团有限公司等多方共同设立。其中，民营资本的参股比例约为15%。尽管主管部门对此表示积极评价，认为这是新闻出版体制改革的一个新进展，但《中国保险报》的改革仍面临挑战。该报的运营在很大程度上还是遵循计划经济时期形成的传统事业单位体制，包括固定的用人制度和统一的分配制度，这些因素成为制约其发展的主要瓶颈。[③]

在三年的试点期结束时，转制改制的传媒单位取得了显著成效。这些单位的国有资产实现了40%以上的增长，利润提高了20%以上，收入增长超过了15%，成功达成了中央政府设定的目标。[④]得益于这些积极的成果，2005

① 参见柳斌杰：《以改革为动力加快新闻出版业发展》，《青年记者》2005年第1期。

② 参见查国伟：《从〈中国证券报〉看报业改革中的行业报》，《传媒》2005年第3期。

③ 参见于都：《我国首家整体股份制媒体诞生》，《中华新闻报》2005年4月20日；卓宏勇：《中国保险报社整体转制挂牌》，《中国新闻出版报》2005年4月20日；唐绪军、于洪奇：《2005年中国报业之关键词》，崔保国主编：《2006年：中国传媒产业发展报告》，社会科学文献出版社2006年版，第94页；崔保国、卢金珠、李峰：《转型与创新——2006年中国传媒产业发展总报告》，崔保国主编：《2006年：中国传媒产业发展报告》，社会科学文献出版社2006年版，第16页。

④ 参见柳斌杰：《解放和发展文化生产力——兼谈深化新闻出版改革的几个问题》，《中国出版》2006年第3期。

年,传媒行业改革的试点范围开始扩大,逐步在全国推广。到2006年,国家新闻出版总署宣布,新闻出版领域的改革将从局部试点转向全国性的全面铺开,这标志着新闻出版行业改革进入了一个新的阶段。

2004年10月,时任中央政治局常委李长春在视察辽宁出版集团讲话时指出:"发展文化产业最大的障碍就是体制弊端,具体说就是事业单位性质是文化产业发展的最大体制弊端。这种事业体制……没有办法市场化运作;需要的人进不来,不需要的人出不去,'大锅饭'、'铁饭碗';没办法融资,不是市场主体,不是企业法人,无论是直接融资还是间接融资都实现不了,无法和市场体制接轨。"①

在广播电视媒体的改革方面,同样采取一系列动作。2003年7月,国家广电总局局长徐光春在全国广播影视局长座谈会上强调,广播影视改革的核心在于体制改革和机制创新。他分析了当前广播影视体制的问题,指出现行体制既不属于纯粹的行政单位,也不完全是事业或企业单位,而是一种行政、事业和产业混合的模式。他认为,这种旧体制限制了广播影视业的发展,改革的必要性和重要性因此显而易见。②

2003年12月,《国家广播电影电视总局关于促进广播影视产业发展的意见》明确提出广播电视应该将可经营的资产、资源和业务从现行的事业体制中分离出来,面向市场进行企业转制和重组。这意味着电台、电视台和广电集团(总台)的非新闻宣传类节目,如社会服务类和大众娱乐类节目,特别是影视剧的制作经营,将逐步从现有体制中剥离出来,按照产业发展方向和现代产权制度、企业制度的要求组建公司。在此基础上,实施所有权与经营权的分离,推行自主经营、自负盈亏和依法纳税的原则。对于前景较好、具备企业化条件的频道频率,如体育、交通、影视、综艺等,建议在确保国家资源和播出权的前提下,经批准组建公司,探索频道频率的企业化经营。③

在2004年初举行的中央电视台内部会议上,央视负责人提出了一项重要计划:除了保持新闻频道的性质,央视的其他频道将逐步转型为专业的商业经营频道。这一转型意味着这些频道将完全依靠市场核算运作,其节目生

① 转引自罗建华:《2004:报业集团在转制中释放新闻生产力》,《传媒观察》2005年第3期。

② 参见《2003年,国家广电总局的领导讲话拾粹》,2004年1月15日,http://tech.sina.com.cn/other/2004-01-15/1321282848.shtml。

③ 参见《国家广播电影电视总局关于促进广播影视产业发展的意见》,广发办字〔2003〕1407号,http://www.fsou.com/Html/text/chl/515/51538.html。

存和发展将主要依赖于广告收入,即实现电视频道的商业化管理。[①]同期,上海文广新闻传媒集团也采取了类似的举措,将其下属的财经、娱乐、体育、生活时尚等频道转变为公司化运营。这些公司化运营的频道取得了显著的成果,许多频道每年实现数亿元的营收,并获得可观的利润。到2008年,上海文广新闻传媒集团作为一个集广播、电视、报刊、网络等多媒体业务于一体的集团,实现了约60亿元的营收。2009年,上海文广新闻传媒集团进一步拆分为上海广播电视台和上海东方传媒集团有限公司,后者包含了除新闻外的所有制作资源,并进行了市场化运营。这标志着上海东方传媒集团成为国内首家获准实行制播分离的传媒集团,进一步推动了行业的市场化和专业化发展。[②]

在2004年7月举行的全国广播影视局长座谈会上,国家广电总局提出了广电系统内文化体制改革的关键举措——"三分离"策略。这次会议在上海召开,重点讨论的是广电集团(总台)内部改革的实施方案。具体而言,"三分离"包括将部分频道频率和资产在事业和产业之间进行分离、实现所有权与经营权的分离,以及推行制播分离。[③]这一策略的提出旨在推动广电系统内部结构的优化。

2006年7月,《新闻出版总署关于深化出版发行体制改革工作实施方案》中强调,自2003年起的新闻出版体制改革试点在多个方面取得了重要突破。然而,这些进展仍局限于部分领域和阶段性成果。方案指出,不少出版发行单位还未完全融入社会主义市场经济体制,缺乏必要的活力和竞争力,而制约新闻出版业健康快速发展的体制弊端和机制障碍依然存在。根据这一实施方案,未来的改革将按计划和步骤逐渐将中央国家机关和中央直属机关所属的在京出版社、报社和期刊社转变为企业形式,并针对中国计算机报社、机电商报社、中国国家地理杂志社和中国妇女杂志社等单位制定具体的改革试点方案。[④]2006年,农民日报社、科技日报社、中国社会科学杂志社和民族画报社被选为国家新闻出版总署首批副业单位的内部机制改革试点单位,而中

① 参见陆地:《2004年中国电视产业发展报告》,崔保国主编:《2004—2005年:中国传媒产业发展报告》,社会科学文献出版社2005年版,第233页。

② 参见林琦:《上海文广传媒首尝制播分离 将内容制作市场化运营》,2009年10月22日,https://www.reuters.com/article/idCNCHINA－905320091021。

③ 参见谢春林:《中国电视产业做强做大的路径选择——政府规制的视角》,复旦大学博士学位论文,2006年。

④ 参见《新闻出版总署关于印发〈新闻出版总署关于深化出版发行体制改革工作实施方案〉的通知》,《中国财经审计法规选编》2006年第18期。

国计算机报社、机电商报社、中国国家地理杂志社和中国妇女杂志社则被列为首批转企试点单位。[①]

在2006年10月举行的中国记协七届一次理事会分组讨论中，国家新闻出版总署报刊司的负责人提供了关于新闻出版业文化体制改革的重要信息。他指出，最初关于文化体制改革的讨论主要集中在“新闻出版体制改革”上。然而，经过两年多的试点实践，改革的焦点转变为“出版发行体制改革”。这一变化反映了在当时的文化体制改革语境中，新闻业并未被视为需要进行体制改革的领域。相反，新闻业被认为是党和国家的重要事业，应继续保持事业体制，并得到国家的扶植与支持，而不是转向企业化运作。[②]

2007年，中国农业机械化科学研究院所属的机电商报社被批准整体转制为文化企业，并成立北京卓众出版有限公司，拥有《机电商报》《汽车与驾驶维修》等一种报纸和十种期刊的出版权，这是国内首个集报刊主办、出版和经营于一体的出版企业。[③]2008年，上千种经营性报刊完成转企改制，占国内报刊社总数的1/10。[④]2009年3月，国家新闻出版总署发布的《关于进一步推进新闻出版体制改革的指导意见》提出，推进新闻出版体制改革的目标任务是，全面完成经营性新闻出版单位转制任务，建立现代企业制度。[⑤]

从2008年开始，中央决定经营性报刊分三个阶段进行改革：国有企业事业单位主办的报刊社排在第一阶段，行业协会等社会团体主办的报刊社排在第二阶段，部委所属报刊社排在第三阶段。[⑥]2008年，国家新闻出版总署对国内24家出版集团进行调查，17家完成转企改制的出版集团公司，平均总资产增长66.2%，利润总额增长25.3%，最多的翻了三番；而同期组建、尚未转制的7家出版集团无一例外均是负增长，平均负增长43%。[⑦]

---

① 参见肖景辉：《2006中国报业：奏响奋进的乐章》，《传媒》2007年第1期。

② 参见孙正一、柳婷婷：《2006年中国传媒业大事记》，崔保国主编：《2007年：中国传媒产业发展报告》，社会科学文献出版社2007年版，第468—469页。

③ 参见冯文礼：《机电商报社整体转制为北京卓众出版有限公司》，2007年9月28日，https://www.chinaxwcb.com/info/79963。

④ 参见柳斌杰：《中国新闻出版业的六大转变》，《人民日报》2007年9月13日。

⑤ 参见《关于进一步推进新闻出版体制改革的指导意见》，《中国出版》2009年第4期。

⑥ 参见柳斌杰：《全面深化新闻出版领域体制改革》，《中国编辑》2008年第5期。

⑦ 参见柳斌杰：《坚决贯彻中央部署　全力做好特别时期的新闻出版工作——在2008年全国新闻出版局长工作会议上的讲话》，《中国出版》2008年第7期。

2009年，传媒改革开始从面上推开。[①]当年发布的《关于进一步推进新闻出版体制改革的指导意见》将2008年提出的新闻出版体制改革的"时间表"与"路线图"的具体化，被称为"任务书"，这意味着国内新闻出版业的体制改革已经完成整体部署，开始进入攻坚阶段。根据"任务书"要求，党政机关所属新闻出版单位转制为企业后，原则上逐步与原主办主管的党政机关脱钩，已完成转制的新闻出版单位要按《公司法》要求，加快产权制度改革，完善法人治理结构，建立现代企业支柱，正式成为真正的市场主体。[②]2009年，49家党报党刊集团实现了宣传编辑和经营业务两分开。[③]11月，文化部直属的中国文化报社整体转企改制，成为中国文化传媒集团有限公司，为"任务书"上交了第一份答卷。[④]

2009年10月，中国的新闻网站领域迎来了一项重大改革。人民网、新华网和央视网这三家中央级重点新闻网站，以及北京千龙网、上海东方网、天津北方网、湖南华声在线、山东大众网、浙江在线和四川新闻网等七家地方级重点新闻网站，被选定为全国重点新闻网站转企改制的试点单位。作为新闻网站领域的"国家队"，改革的目标是通过试点来探索新闻网站如何在体制机制创新上取得突破，包括建立现代企业制度、实行股份制改造，并利用上市融资等经济手段来提升这些重点新闻网站的综合实力。改革旨在探寻一条既符合社会主义先进文化要求又适应互联网传播特性的发展道路，确保网站导向的正确性和充满活力，为未来进一步改革积累宝贵经验。[⑤]

2010年，中国新闻出版体制改革取得显著进展。该年度，共有1069家非时政类报刊成功实施了转企改制，这表明非时政类报刊的转企改革加速推进。同时，49家党报党刊集团实施了重大改革，剥离包括印刷、广告、发行等在内的经营性资产，并据此组建了专门的报业经营公司。[⑥]此外，党报集团以

---

① 参见朱伟峰：《新闻出版体制改革40年》，《中国出版》2018年第20期。

② 参见唐绪军、卓悦：《2009年中国报业关键词》，崔保国主编：《2010年：中国传媒产业发展报告》，社会科学文献出版社2010年版，第50—51页。

③ 参见柳斌杰：《万紫千红总是春——与时俱进的中国新闻出版业》，《求是》2009年第4期。

④ 参见唐绪军、卓悦：《2009年中国报业关键词》，崔保国主编：《2010年：中国传媒产业发展报告》，社会科学文献出版社2010年版，第50—51页。

⑤ 参见《全国重点新闻网站转企改制试点工作加快推进》，2010年5月17日，http://www.gov.cn/jrzg/2010-05/17/content_1607757.htm。

⑥ 参见柳斌杰：《开创新闻出版业改革发展新局面》，《求是》2010年第23期。

及政府所办的非时政类报刊和重点新闻网站的转企改制成为当时文化体制改革的重中之重。[①]然而，新闻出版体制改革中将报刊划分为时政类和非时政类的标准尚未达成共识。因此，相关主管部门委托研究机构加紧对报刊分类问题进行深入研究，以期找到更加合理的划分方案。[②]

2011年初，国内共1251家非时政类报刊出版单位转制或登记为企业法人，100多家新闻出版企业集团组建，45家新闻出版企业上市。[③]2011年5月8日，国家新闻出版总署下属的中国新闻出版报社进行整体转企改制，转企改制后其出资人、行政主管部门和国有资产监管方分别为国务院、国家新闻出版总署和财政部；2011年5月30日，辽沈晚报社完成整体转企改制，成立由辽宁报业传媒集团绝对控股的辽宁北方报业传媒股份有限公司，成为国内首家整体完成转企改制的晚报、都市类报纸出版单位；2011年12月，中国能源汽车传播集团有限公司成立，由人民日报社控股，在中国能源报社、中国汽车报社基础上组建而成。三家新闻类集团公司的成立，被认为是文化体制改革步入"深水区"的标志性事件。[④]

2011年5月，《中共中央办公厅、国务院办公厅关于深化非时政类报刊出版单位体制改革的意见》发布，明确了非时政类报刊出版单位的改革策略。该文件指出，不同性质和功能的非时政类报刊出版单位应按阶段分批进行转制。优先转制的对象包括省级、副省级和省会城市党委机关报刊所属的非时政类报刊出版单位，以及涉及文化、艺术、生活、科普等领域的非时政类报刊出版单位。同样，具有较强专业技术性的行业性报刊出版单位和隶属于企业法人的报刊出版单位也被列入优先转制范围。此外，文件还鼓励和支持其他非时政类报刊出版单位申请先行转制。另外，晚报、都市类和财经类报刊因其在舆论引导中的重要职责而被区别对待。中央部门和单位所属的都市类和财经类报刊，以及省级、副省级和省会城市党委机关报刊所属的晚报、都市类和财经类报刊等出版单位，只有在满足做大做强主流媒体的要求下，经过

---

① 参见柳斌杰：《政治体制改革必须坚持正确方向》，《中国出版》2010年第23期。

② 参见蓝皮书课题组：《中国报业发展概况》，崔保国主编：《2010年：中国传媒产业发展报告》，社会科学文献出版社2010年版，第32—33页。

③ 参见《我国新闻出版发展进入新阶段　李长春作重要批示》，2011年1月11日，https://www.gov.cn/ldhd/2011-01/11/content_1782422.htm。

④ 参见唐绪军、卓宏勇：《2011年中国报业关键词》，崔保国主编：《2012年：中国传媒产业发展报告》，社会科学文献出版社2012年版，第42页。

审批后,才可进行转制。[①]

2012年,国家新闻出版总署宣布将启动第二批非时政类报刊出版单位的转企改制工作,以及非独立法人报刊编辑部的体制改革。[②]在同年发布的《国家"十二五"时期文化改革发展规划纲要》中,政策进一步指向了一般时政类报刊社和公益性出版社等事业单位,提出要推动这些单位向企业化管理过渡。

截至2012年年底,国内应转企改制的3388种非时政类报刊中,已有3271种完成改革,占总数的96.5%。然而,整体上看,国家对事业单位的改革仍未实施,这导致一些业界领军人物对于报业改革的目标、步骤和范围等方面还未形成统一看法。尤其是一些被列入第二批转企改制名单的行业报,仍处于制定改革方案的初步阶段。[③]2013年,国家新闻出版总署明确表示,以党报党刊为主体的时政类报刊将暂时不进行转企改制,它们将剥离内部的印刷、发行、广告等经营性业务,组建经营公司,实现编辑业务和经营业务的分离,同时在改革深化过程中逐渐转向面向市场的竞争发展模式;此外,晚报、都市类和财经类报刊的转企改革将在获得批准后,按照批准的方案实施。[④]在文化体制改革中,关于都市报等报纸媒体应采取何种程度的改革,以及在改革的哪一阶段实施,尚无明确指导方针。

二、集团化战略的调整

自2002年文化体制改革正式提出以来,国内传媒集团的发展经历了四个显著阶段。[⑤]

报业集团化阶段:这一阶段始于1996年,标志性事件是广州日报报业集

---

① 参见《中共中央办公厅、国务院办公厅关于深化非时政类报刊出版单位体制改革的意见》,2014年3月12日,http://www.qhjc.gov.cn/Detail_1AC5FA6FAF3CA351.html。

② 参见柳斌杰:《落实党的十七届六中全会精神 推动新闻出版业跨越发展》,《中国出版》2012年第3期。

③ 参见唐绪军、卓宏勇:《2012年中国报业关键词》,崔保国主编:《2013年中国传媒发展报告》,社会科学文献出版社2013年版,第76页。

④ 参见柳斌杰:《关于我国报刊改革发展的几个问题》,《行政管理改革》2013年第3期。

⑤ 参见常永新:《我国传媒集团的发展及现状分析》,《广西社会科学》2003年第2期;柳斌杰:《行政捏合的出版集团违背改革的方向——柳斌杰谈新闻出版业改革》,《全国新书目》2004年第6期。

团的成立，拉开了报业集团化的序幕。

广电集团化阶段：2000年12月，湖南广播影视集团成立，成为国内首个省级广播电视现代媒体集团。紧随其后的2001年12月，中国广播影视集团成立，它整合了中央电视台、中央人民广播电台等重要媒体单位，成为国内规模最大的传媒集团。

资本市场融入阶段：自1994年上海东方明珠股份有限公司上市以来，传媒集团开始逐步进入资本市场，吸引更多的资本投入，开启了新的发展模式。

公司治理阶段：部分传媒集团开始模仿现代法人治理结构进行内部组织机构的调整。这些调整未触及国有产权制度的核心，且与现代法人治理结构还有一定差距。许多传媒集团受行政力量影响仍然较大，虽然已进行挂牌，但实质性变化有限，仍然保持着“翻牌公司”的性质。

传媒集团化作为国家自上而下推动的传媒业改革，体现了积极的探索精神。但这一过程中，行政驱动的方式不可避免地放大了现行制度的局限性，特别是在与市场经济环境的融合方面。关键问题包括：第一，权利与义务不对等。传媒单位被限制在一个单一的管理和经营模式中，这导致了权利和义务的不匹配。媒体既承担着事业单位的责任，却不能享有相应的权利；同时，它们也肩负着企业的职责，但却无法获得企业应有的利益。[①]第二，法人地位不明确。传媒单位在其法人性质上陷入困惑，不确定应当被视为“企业法人”还是“非企业法人”。如果被界定为企业法人，那么必须明确赋予其合法的经营地位和权利，尤其是经营自主权。而如果被视为非企业法人，就应当获得足够的事业经费支持，而不是被迫自力更生或面临财政的突然切断。[②]第三，管理与经营混淆。由于管理和经营未能有效分离，产生了产权和责任关系的混乱。例如，电台和电视台作为事业单位，必须遵循行政机构的设置方式，按照国家公务员管理办法管理人员。这限制了它们进行资本运作、贷款或开拓规范化节目交易市场的能力。[③]

事业性质和企业化管理的混合模式，造成了一种怪异的机制，既没有活力，又难以有效地推动事业发展，[④]同时也未能有效遏制市场化中的不良行

---

① 参见李良荣：《论中国新闻媒体的双轨制——再论中国新闻媒体的双重性》，《现代传播》2003年第4期。

② 参见陆地、黄泓、万珂：《中国电视产业大整合》，《新闻记者》2001年第1期。

③ 参见孙向辉、黄炜、胡正荣：《2004年中国广电产业发展报告》，崔保国主编：《2004—2005年：中国传媒产业发展报告》，社会科学文献出版社2005年版，第65页。

④ 参见柳斌杰：《解放和发展文化生产力——兼谈深化新闻出版改革的几个问题》，《中国出版》2006年第3期。

为。这样的双重标准——公开的规则和隐藏的利益追求——导致了传媒行业的混乱和宏观管理上的某种失控。[①]

国内传媒集团的成立最初目标是塑造中国新闻出版业的强大力量，以便与国际传媒巨头进行竞争。然而，实际上这一过程主要由行政推动，导致了多个地区性的、相对孤立的传媒集团的形成。这种方式并未如预期的那样促进生产力的解放，反而在一定程度上成为新的障碍。这些集团加剧了地域间的封闭性、分割性和垄断经营，这是在集团化过程中未能预见的结果。[②]这种行业和区域的垄断成为传媒集团保持竞争优势的基础。[③]与此同时，以互联网为基础的新媒体自一开始就瞄准了全国性的市场布局。它们打破了传统传媒的区域和行业限制，以强大的资源配置能力对全国市场造成冲击。新媒体的崛起不仅享受了巨大的市场红利，而且开始逐渐削弱传统媒体的垄断基础，使传媒的地域和行业界限变得模糊。这直接导致了基于垄断获得的传媒集团竞争优势逐渐难以持续。因此，传媒集团化过程中开始出现了对新发展思路的探索。[④]

2001年中央"第一次明确要求积极推进集团化建设，实行跨媒体、跨地区经营，把集团做大做强"[⑤]，作为文化体制改革的重点和突破口。[⑥]文化体制改革开始后，主管部门开始调整传媒集团化建设的思路，尝试通过市场机制、优化组合、调整机构，培育大型市场主体，打破条块分割，推动管办分离，实现工业化生产。[⑦]

2003年，《国家广播电影电视总局关于促进广播影视产业发展的意见》仍然明确提出，着力打造一批实力雄厚、主业突出、核心竞争力强的大型广播影

---

① 参见喻国明、苏林森：《中国媒介规制的发展、问题与未来方向》，《现代传播》2010年第1期。

② 参见柳斌杰：《行政捏合的出版集团违背改革的方向——柳斌杰谈新闻出版业改革》，《全国新书目》2004年第6期。

③ 参见朱春阳、谢晨静：《传媒业集团化17年：问题反思与发展方向——以上海报业集团组建为基点的讨论》，《新闻记者》2013年第12期。

④ 参见朱春阳、谢晨静：《传媒业集团化17年：问题反思与发展方向——以上海报业集团组建为基点的讨论》，《新闻记者》2013年第12期。

⑤ 喻国明、苏林森：《中国媒介规制的发展、问题与未来方向》，《现代传播》2010年第1期。

⑥ 参见范卫平：《新闻出版体制改革的实践与探索》，《中国出版》2012年第1期。

⑦ 参见柳斌杰：《以改革为动力加快新闻出版业发展》，《青年记者》2005年第1期。

视产业集团公司,作为产业骨干带动整个广播影视产业向前发展。[①]

2004年,全国已有68个报刊、出版、发行的集团[②],事业性广电集团、广播影视集团、文化广播影视集团则超过20个,除加剧区域垄断与表面规模有所扩大外,“已成立的事业集团中没有一家能拿出令人信服的证据证明由行政力量撮合的集团成立的必要性和先进性”。国家主管部门对广播电视集团化的热情随之降温,这一转变在一些领导人的讲话和文章中逐渐显现,集团化的话题开始被淡化甚至回避。[③]

此时,原先积极推行的广播电视集团化政策经历了突然的停顿。[④]在新中国第一个事业性广播电视集团成立五周年之际的2004年6月,国家广电总局举行了一次广播影视体制改革的座谈会。在此会议上,总局领导明确指出,事业性质的广播电视集团不利于广电行业和产业的发展,也不符合经济规律,因此总局不再批准成立此类集团。[⑤]

到了同年12月,在海南省博鳌举办的全国广播影视工作会议上,国家广电总局的一位副局长进一步阐明了政策的变化:今后将不再批准组建事业性质的广播电视集团。原因在于,这类集团易与产业集团概念混淆,尤其是对于电台和电视台这类喉舌性质的媒体机构来说。国家广电总局决定只允许组建事业性质的广播电视台或总台。已经成立的事业性质的广电集团,可以转型为总台,如果要继续保留事业性质,必须将经营性资产剥离,另行组建产业经营公司或集团。之后广电系统的事业和产业运营被明确分开。电台和电视台依旧由政府设立,遵循国有事业体制。而电影、电视、网络及大众娱乐类、社会服务类广播电视节目的制作经营则被界定为产业经营范畴,将面向市场运作,按照现代产权制度和企业制度要求组建市场主体进行产业化运营。政策还允许部分频道和频率以公司形式进行企业化运作,但社会资本占

---

① 参见《国家广播电影电视总局关于促进广播影视产业发展的意见》,广发办字〔2003〕1407号,http://www.fsou.com/Html/text/chl/515/51538.html。

② 参见柳斌杰:《行政捏合的出版集团违背改革的方向——柳斌杰谈新闻出版业改革》,《全国新书目》2004年第6期。

③ 参见陆地:《2004年中国电视产业发展报告》,崔保国主编:《2004—2005年:中国传媒产业发展报告》,社会科学文献出版社2005年版,第228页。

④ 参见喻国明、苏林森:《中国媒介规制的发展、问题与未来方向》,《现代传播》2010年第1期。

⑤ 参见陆地:《2004年中国电视产业发展报告》,崔保国主编:《2004—2005年:中国传媒产业发展报告》,社会科学文献出版社2005年版,第228页。

比不得超过49%。[①]

2004年，北京、广东、浙江、山东、上海、南京等地的广电集团，开始从事业体制中剥离电台、电视台中可经营的资产、资源和业务，面向市场进行企业转制和重组，变“事业制”为“公司制”，尝试改造成自主经营、自负盈亏、自我发展、自我约束的市场主体。[②]自此，国内不再成立新的广播电影电视集团，此后地方广播电视体制改革基本遵循“通过合并成立广播电视台即‘总台’，制播分离，下设节目制作、广告等组成传媒企业集团”的路径展开。[③]2006年年底召开的全国宣传部长会议明确指出，不能再组建事业单位性质的传媒集团。[④]

2005年，《中共中央、国务院关于深化文化体制改革的若干意见》提出，运用市场机制，以资本为纽带，实行联合、重组，重点培育发展一批实力雄厚、具有较强竞争力和影响力的大型文化企业和企业集团，使之成为文化市场的主导力量和文化产业的战略投资者。[⑤]

2012年2月，《新闻出版总署关于加快出版传媒集团改革发展的指导意见》发布。该指导意见重点强调出版传媒集团的兼并重组和数字化转型，旨在打破地区和行业限制，推动跨媒体、跨地区、跨行业、跨所有制、跨国界发展。目标是到“十二五”期末，进一步做强做优国家层面人文、教育、科技三大出版传媒集团，培育多个年销售收入超过200亿元的大型骨干出版传媒集团。[⑥]

在文化体制改革的过程中，传媒集团化的一个核心目的是培育遵循市场

---

① 参见周正平：《广电总局：不再批准组建事业性质的广电集团》，2004年12月22日，https://business.sohu.com/20041222/n223607592.shtml。

② 参见朱虹：《广播影视业：盘点2004　展望2005》，崔保国主编：《2004—2005年：中国传媒产业发展报告》，社会科学文献出版社2005年版，第53页。

③ 参见魏永征：《新闻传播法教程》，中国人民大学出版社2016年版，第228页。

④ 参见崔保国、朱春阳、王世蓉：《传媒的融合与创新——2007年中国传媒产业发展报告》，崔保国主编：《2007年：中国传媒产业发展报告》，社会科学文献出版社2007年版，第13页。

⑤ 参见《中共中央、国务院关于深化文化体制改革的若干意见》，2005年12月23日，http://www.reformdata.org/2005/1223/5419.shtml。

⑥ 参见《新闻出版总署关于加快出版传媒集团改革发展的指导意见》，2023年5月31日，https://www.nppa.gov.cn/xxgk/fdzdgknr/zcfg_210/gfxwj_215/201202/t20120227_4653.html。

规律的文化市场主体和战略投资者。截至2012年，国内已经成功组建了120多家不同类型的出版传媒集团，其中有49家新闻出版企业在国内外上市。尽管这标志着显著的进展，但在股份制、公司制改造上，以及建立真正的现代企业制度方面，仍有很长的路要走。[①]

三、投资主体趋向多元化

资本是市场发展的关键，尤其在传媒行业。国际传媒巨头的成功往往依赖于其与资本的紧密结合。然而，国内传媒行业长期以来并未实现与资本市场的充分对接，这限制了其规模和发展。为了解决这些问题，需要推动传媒行业与资本市场有效接轨，并引入投资者。[②]

2001年，《关于广播影视集团融资的实施细则（试行）》发布，规定广播影视集团可以通过多种渠道募集资金，但限制了外资和私人资本的引入。同年，《中央宣传部、国家广电总局、新闻出版总署关于深化新闻出版广播影视业改革的若干意见》也强调了新闻媒体由国家主办经营的原则，并规定了新闻宣传部门和经营部门的融资方式。

2003年，中共十六届三中全会提出了混合所有制经济的发展，这为传媒领域资本多元化提供了政府支持。紧接着，《国家广播电影电视总局关于促进广播影视产业发展的意见》允许各类所有制机构进入非新闻宣传的广播电视节目制作业，并探索股份制改造。

2003年年底，《文化体制改革试点中支持文化产业发展的规定（试行）》进一步放宽了对文化产业的资本引入政策，包括允许社会资本投资的范围扩大到新闻媒体的经营部分、国有发行集团、科技类报刊出版单位以及广播电视传输网络公司。

这一系列政策的发布，显示了中国传媒行业从严格控制向逐步开放资本市场的趋势。政策逐渐放宽，旨在激发传媒行业的活力，通过资本引入，促进传媒行业的规模化、专业化和国际化发展。

2004年之前，广播电视产业的核心业务如节目制作、有线电视网络建设和节目传输等，主要向广播电视系统内广播电视台之外的资本或机构以及系统外文化宣传部门与大型国有企业的资本或附属机构开放，但在2004年以

① 参见柳斌杰：《以改革创新为动力实现出版传媒集团新跨越》，《中国出版》2012年第19期。

② 参见柳斌杰：《加强研究当前我国传媒业重大理论问题》，《现代出版》2010年第5期。

后，民间资本和民营机构进入广播电视市场的业务范围和规模不断扩大，甚至新闻节目制作和频道运营，也逐渐被民营电视打开缺口。[①]

在中国文化体制改革的初期，新闻出版行业尤其是一些小型报刊，实际上已经涉及了多元投资，尽管这些投资在当时的政策法规下并不受到保护。所有新闻出版单位形成的财产被视为国有资产，必须遵守国有资产转制的规则。然而，到了2005年，随着新闻出版改革的深入和试点效果的显现，政策开始逐步放宽，允许不同形式的资本融合进传媒集团。这包括党报党刊在新闻出版业和国有企业中融资，非党报党刊面向社会融资，专业类节报刊可以吸收外资，而印刷和发行环节则完全开放，允许吸收各种合法投资。[②]

具体案例显示了这种政策变化的实际影响。2004年1月，贵州电视台和北京金天地影视文化公司、深圳泉来实业有限公司共同成立贵州金天地广告节目传播有限公司并正式开始运作，三者占股分别为40%、30%与30%，贵州金天地广告节目传播公司负责经营贵阳电视台一套和二套除新闻外的所有节目内容和两个频道的广告经营，负责节目的购销并具有编播建议权，但所有节目的审查权和编播权仍属贵州电视台，这意味着国内第一个股份制电视台经营模式的确立。[③]2004年3月，中青报业传媒发展有限公司注册成立，负责《中国青年报》的发行、广告、品牌经营及其他延伸性经营活动。在中青报业传媒发展有限公司中，中国青年报社占股60%，北大青鸟有限责任公司出资1亿元，占股40%。[④]2005年，浙江日报报业集团主办的杭州《新民生报》与养生堂公司合资经营，养生堂占49%股份，负责《新民生报》的广告、发行等业务。长江日报报业集团则与上海激动集团合作，注册资本3000万元，成立湖北省第一个合资传媒有限公司——武汉晨报传媒有限责任公司。[⑤]

2004年，香港TOM集团与重庆中科普传媒发展股份公司达成协议，TOM集团向中科普支付2亿多元，与后者旗下《电脑报》合组重庆电脑报经

---

① 参见陆地：《2004年中国电视产业发展报告》，崔保国主编：《2004—2005年：中国传媒产业发展报告》，社会科学文献出版社2005年版，第222页。

② 参见柳斌杰：《以改革为动力加快新闻出版业发展》，《青年记者》2005年第1期。

③ 参见陆地：《2004年中国电视产业发展报告》，崔保国主编：《2004—2005年：中国传媒产业发展报告》，社会科学文献出版社2005年版，第234页。

④ 参见崔保国：《2004年中国报业发展报告》，崔保国主编：《2004—2005年：中国传媒产业发展报告》，社会科学文献出版社2005年版，第84页。

⑤ 参见唐绪军：《中国报业集团：在探索中前进》，崔保国主编：《2004—2005：中国传媒产业发展报告》，社会科学文献出版社2005年版，第111—112页。

营有限责任公司，经营发行和广告，其中TOM集团占股份的49%。[①]这是继《计算机世界》后25年来经政府部门批准的国内首例报社合资项目。[②]据不完全统计，2005年，有外资介入的期刊已经达到30多家，其中以科技类、时尚类居多，主要集中在北京、上海、四川、重庆等经济文化较为发达的区域，其中北京最多，占3/4左右。[③]

在改革过程中，传媒单位在探索新发展模式的同时，也遇到了现实挑战。以北京青年报社的北青传媒股份有限公司为例，其2004年12月在香港联合交易所上市，标志着中国报业融资政策的重大突破，成为“中国传媒海外上市第一股”。北青传媒的筹资过程始于2001年8月《北京青年报》的上市辅导期，到2005年已经集资十几亿港元，其中《北京青年报》持股比例为87.9%。

北青传媒上市当日的交易额达到了5.9亿港元，但《北京青年报》及其旗下刊物的采编部门并不包含在上市范围内。根据协议，北青传媒从北京青年报社收到的所有广告费中抽取16.5%作为采编内容费用。2004年，北京青年报社的广告收入高达8亿元，按照16.5%的比例计算，采编费用约为1.3亿多元，而实际采编成本大约为1亿元，这意味着北京青年报社还能从中获得约3000多万元的额外收益。

但是，市场环境的变化，特别是房地产广告收入的下滑，给北青传媒带来了压力。2005年8月，北青传媒发布盈利预警，其股价随之下跌，跌破了发行价。2005年上半年，北青传媒的净利润仅为17万元人民币，较去年同期的6630.9万元下降了99.7%。同期，营业收入总计3.683亿元，较上年同期的5.138亿元下降28.32%，这也被视为全国报业经营危机的一个缩影。[④]

到2008年，北青传媒按照固定比例支付给北京青年报社的费用已经不足以支付采编成本，北京青年报社不得不从年分红中补贴这部分费用。由于上市时约定的比例无法调整，加之大股东在关联交易中的限制权力和对采编人力及版面成本缺乏控制权，北青传媒和北京青年报社之间的矛盾加剧。这

---

① 参见王国庆：《文化体制改革对中国报业改革和发展的影响》，崔保国主编：《2004—2005年：中国传媒产业发展报告》，社会科学文献出版社2005年版，第48页。

② 参见杨驰原：《深化管理变革　着力制度创新——石峰副署长谈报刊业改革与发展走势》，《传媒》2005年第3期。

③ 参见詹正茂：《2004年中国期刊产业趋势分析》，崔保国主编：《2004—2005年：中国传媒产业发展报告》，社会科学文献出版社2005年版，第147页。

④ 参见吴海民：《媒体变局：谁动了报业的蛋糕？——关于报业未来走势的若干预测》，《中国报业》2005年第11期。

一系列事件反映了当时中国报业经营面临的一些困境和挑战。[①]

2005年4月,《国务院关于非公有资本进入文化产业的若干决定》发布。该决定明确了非公有资本在文化产业中的参与范围和限制。根据这一决定,非公有资本可以投资参股下列领域国有文化企业:出版物印刷、发行,新闻出版单位的广告、发行,广播电台和电视台的音乐、科技、体育、娱乐方面的节目制作,电影制作发行放映。上述文化企业国有资本必须控股51%以上。非公有资本可以建设和经营有线电视接入网,参与有线电视接收端数字化改造,从事上述业务的文化企业国有资本必须控股51%以上。非公有资本可以控股从事有线电视接入网社区部分业务的企业。决定还强调了非公有资本在文化产业中的一些限制:非公有资本不得投资设立和经营通讯社、报刊社、出版社、广播电台(站)、电视台(站)、广播电视发射台(站)、转播台(站)、广播电视卫星、卫星上行站和收转站、微波站、监测台(站)、有线电视传输骨干网等;不得利用信息网络开展视听节目服务以及新闻网站等业务;不得经营报刊版面、广播电视频率频道和时段栏目;不得从事书报刊、影视片、音像制品成品等文化产品进口业务。[②]这一政策旨在鼓励非公有资本进入文化产业的某些领域,同时确保国家对关键文化领域的控制。

2005年年底,《中共中央、国务院关于深化文化体制改革的若干意见》发布。这一文件强调了国有文化事业单位转制的重要性,提出了一系列具体措施。转制企业需在清晰界定其资产和负债的基础上,合理确定产权归属。这一过程涉及资产评估和产权登记等关键步骤。文件还明确了出资人的身份,确保出资人的权利得到充分保障。此外,文件建议建立资产经营责任制度,对于条件成熟的单位,可采用资产授权经营的方式进行管理。[③]

至2005年,除时政新闻节目制作和播出市场外,中国电视产业的各个环节都不同程度地对社会或境外开放,且基本上都有一定的法规或政策依据。[④]2006年年底、2007年年初,国家广电总局接连查处八家非法网络电视

---

① 参见《中华新闻报成首个倒闭中央级报纸　报刊改制紧迫》,2009年9月14日,http://news.sohu.com/20090914/n266697807_2.shtml。

② 参见《国务院关于非公有资本进入文化产业的若干决定》,国务院公报2005年第16号,http://www.gov.cn/gongbao/content/2005/content_64188.htm。

③ 参见《中共中央、国务院关于深化文化体制改革的若干意见》,2005年12月23日,http://www.reformdata.org/2005/1223/5419.shtml。

④ 参见陆地:《2004年中国电视产业发展报告》,崔保国主编:《2004—2005年:中国传媒产业发展报告》,社会科学文献出版社2005年版,第222页。

台，也是在提醒非国有资本的传媒市场开拓要注意最基本的政策底线。①

2006年7月，《新闻出版总署关于深化出版发行体制改革工作实施方案》中规定，转制为企业的出版社、报社、期刊社和出版物进出口公司要坚持国有独资或国有绝对控股，实行特许经营或许可证管理。②

2007年3月，安徽日报报业集团与南非MIH传媒集团签署合作协议，投资逾6亿元人民币，组建新安文化有限公司，主要经营广告、发行、印刷等业务。③2007年，国内设立外商投资、合资、合作印刷发行企业2400多家。④

2009年和2010年，国家新闻出版总署分别发布了两个重要指导意见，旨在进一步推进新闻出版体制的改革和产业发展。

2009年3月的《关于进一步推进新闻出版体制改革的指导意见》强调了资本在新闻出版行业发展中的重要作用。该指导意见提出，在充分利用系统内国有资本的同时，开辟安全有效的新闻出版业融资渠道，有效地吸纳系统外社会资本和境外资本，实现以资本扩张带动业务扩张、规模扩张和效益扩张。⑤

紧接着，2010年1月的《新闻出版总署关于进一步推动新闻出版产业发展的指导意见》进一步阐述了非公有资本在新闻出版产业中的角色，提出引导和规范非公有资本有序进入新闻出版行业，解放和发展新兴的文化生产力；明确鼓励和支持非公有制文化企业从事印刷、发行等新闻出版产业的有关经营活动，鼓励和支持非公有制文化企业开拓境外新闻出版市场。⑥

2010年，非公有资本和外资已经全面进入印刷和发行领域，国内35.7万

---

① 参见崔保国、朱春阳、王世蓉：《传媒的融合与创新——2007年中国传媒产业发展报告》，崔保国主编：《2007年：中国传媒产业发展报告》，社会科学文献出版社2007年版，第25—26页。

② 参见《新闻出版总署关于印发〈新闻出版总署关于深化出版发行体制改革工作实施方案〉的通知》，《中国财经审计法规选编》2006年第18期。

③ 参见崔保国、张晓群：《2008：走向世界的中国传媒——2008年中国传媒产业发展总报告》，崔保国主编：《中国传媒产业发展报告(2007—2008)》，社会科学文献出版社2008年版，第9页。

④ 参见柳斌杰：《中国新闻出版业的六大转变》，《人民日报》2007年9月13日。

⑤ 参见《关于进一步推进新闻出版体制改革的指导意见》，《中国出版》2009年第4期。

⑥ 参见《新闻出版总署关于进一步推动新闻出版产业发展的指导意见》，国务院公报2010年第22号，http://www.gov.cn/gongbao/content/2010/content_1671253.htm。

家新闻出版企业中,非公有制单位超过32.4万家,占机构总数的90.8%,其中中外合资、合作或外商投资印刷企业2500多家、书报刊发行企业40多家。[①]

上市是传媒单位成为真正市场主体的一个重要途径,是完成公司制改造的重要标志,也是开放融资渠道的主要办法,多元化的上市公司投资者,也可以加强传媒行业与民间资本的合作。[②]

截至2010年,在中国沪深两市,众多传媒企业成功上市。其中,平面媒体领域的上市企业包括新华传媒、博瑞传播、*ST传媒、华闻传媒等;广播电影电视业的代表有中视传媒、东方明珠、华谊兄弟等;网络媒体方面,如乐视网、东方财富等也在列。特别值得一提的是,至2011年年底,共有七家以报业为主的公司成功上市,其中包括成都商报社的博瑞传播、人民日报社的华闻传媒、北京青年报社的北青传媒等。

浙江日报报业集团的浙报传媒在2011年上市。作为第一家通过借壳将媒体经营性资产整体上市的省级报业集团,浙报传媒的成功上市不仅具有标杆意义,还为后续报业集团的上市开辟了道路。此外,2012年浙报传媒收购游戏平台边锋和浩方,展示了其拓展新业务的尝试。

在监管层面,2011年中国证监会发布新规定,加强对上市公司重大资产重组的监管,使得借壳上市的难度与IPO接近,表明了监管机构对市场规范化的重视。这一变化对传媒行业的资本运作产生了深远影响。[③]

2012年2月,《新闻出版总署关于加快出版传媒集团改革发展的指导意见》提出“允许出版传媒集团控股或参股成长性较好的非公有文化企业,实现跨所有制发展”[④]。2012年6月,《新闻出版总署关于支持民间资本参与出版经营活动的实施细则》规定:“支持民间资本在党报党刊出版单位实行采编与经营‘两分开’后,在报刊出版单位国有资本控股51%以上的前提下,投资参股报刊出版单位的发行、广告等业务,提高市场占有率。”“支持民间资本通过国有出版传媒上市企业在证券市场融资参与出版经营活动,支持国有出版传

① 参见柳斌杰:《开创新闻出版业改革发展新局面》,《求是》2010年第23期。

② 参见柳斌杰:《以改革创新为动力实现出版传媒集团新跨越》,《中国出版》2012年第19期。

③ 参见喻国明、宋美杰:《跨界、整合与改制:社会视野下2011年中国传媒业发展关键词——基于传媒业相关文本的词频分析》,崔保国主编:《2012年:中国传媒产业发展报告》,社会科学文献出版社2012年版,第21页。

④《新闻出版总署关于加快出版传媒集团改革发展的指导意见》,2023年5月31日,https://www.nppa.gov.cn/xxgk/fdzdgknr/zcfg_210/gfxwj_215/201202/t20120227_4653.html。

媒企业通过上市融资的方式吸收民间资本,实现对民间资本的有序开放。”①

2011年,国务院新闻办公室下发《关于积极推进新闻网站转企改制和上市融资的意见》,明确提出要争取在2011年实现新闻网站在A股市场上零的突破。②2012年,近50家主流媒体网站加入了改制上市的大潮,其中人民网走在了最前列。③

2012年4月,被称为“中国官网第一股”的人民网在上海证券交易所上市,成为第一家在A股整体上市的媒体企业与第一家在国内A股上市的新闻网站。作为上市主体的人民网股份有限公司,经营范围涵盖第二类增值电信业务中的信息服务业务、网络信息服务业务、广告业务、公关业务等。④被寄予厚望的人民网,体量此时与其他上市的国内互联网巨头差距明显。2012年前三季度,人民网的总收入为4.56亿元人民币,而腾讯、百度、新浪、搜狐、网易分别为317.41亿、159.71亿、24.24亿、47.72亿、60亿元人民币;2012年前三季度,人民网的净利润为1.32亿元人民币,而腾讯、百度、新浪、搜狐、网易分别为93.14亿、76.61亿、1.83亿、5.28亿、26.29亿元人民币。⑤无论体量、利润还是影响力,新闻网站与互联网媒体的差异日益拉大。

四、“政企分开、政事分开、管办分离”

中国国有企业改革中存在着政府与国有企业之间角色与职能界限模糊的问题。政府既是国有企业的出资人,又是其监管者,这种双重身份导致了政府在对国有企业的管理中徘徊于放权与收权之间。同时,国有企业本身也扮演着“经济人”和“准政治人”的复杂角色,这使得它们在经营活动中可能会迷失方向。⑥

---

① 《新闻出版总署关于支持民间资本参与出版经营活动的实施细则》,2012年6月29日,http://www.gov.cn/zwgk/2012-06/29/content_2172870.htm。

② 参见樊攀、杨子川:《人民网上市后的发展现状分析》,《新闻世界》2013年第5期。

③ 参见唐绪军、卓宏勇:《2012年中国报业关键词》,崔保国主编:《2013年中国传媒发展报告》,社会科学文献出版社2013年版,第78页。

④ 参见《人民网股份有限公司首次公开发行A股股票上市公告书》,2012年4月26日,http://money.finance.sina.com.cn/corp/view/vISSUE_MarketBulletinDetail.php?stockid=603000&id=902338。

⑤ 参见郭全中、雷崔捷:《2012年中国传媒资本市场发展报告》,崔保国主编:《2013年中国传媒发展报告》,社会科学文献出版社2013年版,第319页。

⑥ 参见顾功耘、胡改蓉:《国企改革的政府定位及制度重构》,《现代法学》2014年第3期。

在传媒领域，这种“管办合一”的体制不仅阻碍了国内传媒的创新和发展，也成为传媒领域寻租和腐败的潜在诱因。[①]政企分开是现代企业制度的一个重要特征，但在实际操作中，如何确定分开的程度和范围，成为调整政府与国企关系时的一个重点问题。[②]

自1992年以来，中央政府通过机构改革试图实现政府与其企业、事业实体的分离。但国内传媒行业在这方面的改革较为滞后，仍存在“管办不分、政企不分”的现象。[③]许多国内传媒单位由行政部门通过行政手段创建，既不是事业法人也不是企业法人，缺乏作为独立机构的资格。

在新闻出版领域的改革中，政企分开主要指政府的出版管理机构与出版单位及发行单位的分离，确立它们之间独立的运营和管理体系。企事分开涉及出版社的运营模式改革，如果出版社无法通过融资改造或转为股份制，那么它们应与发行集团分离，形成两个独立的实体。虽然事业性质的出版集团可以对发行集团进行投资，但不再作为其上级机构。管办分离旨在改变新闻出版单位长期以来附属于党政机关行政部门的现状，促进其独立性和专业化发展。[④]

在广播电视领域的改革中，国家广电总局在2001年和2003年分别采取了重要举措，目标在于推进广播影视行业的集团化改革和产业发展。

2001年12月，国家广电总局发布的《关于积极推进广播影视集团化改革的实施细则（试行）》指出，广播影视集团作为党的重要喉舌和重要的思想文化阵地，应由广电行政主管部门负责组建。这一改革确立了在党委领导下的管委会负责制，允许行政主管部门领导成员与集团领导成员在一定范围内兼职，以确保广播影视集团作为事业法人实体有效运作。[⑤]

---

① 参见谢春林：《中国电视产业做强做大的路径选择——政府规制的视角》，复旦大学博士学位论文，2006年。

② 参见杨子平：《走出政企“真正分开”的误区——对政府与国有企业关系的再思考》，《当代经济研究》1999年第6期。

③ 参见柳斌杰：《一手抓发展　一手抓监管　为建设统一开放、竞争有序、健康繁荣的出版物大市场而奋斗》，《中国出版》2004年第2期。

④ 参见柳斌杰：《一手抓发展　一手抓监管　为建设统一开放、竞争有序、健康繁荣的出版物大市场而奋斗》，《中国出版》2004年第2期；柳斌杰：《论新闻出版业的五大创新》，《公共管理高层论坛》2006年第1期。

⑤ 参见谢春林：《中国电视产业做强做大的路径选择——政府规制的视角》，复旦大学博士学位论文，2006年。

随后在2003年,《国家广播电影电视总局关于促进广播影视产业发展的意见》提出了转变政府职能和强化政府监管的目标。这一政策指导下,广播影视产业的发展应逐步实现政企分开、政事分开、管办分离,从而促进行业的市场化和自主发展。广播影视主管部门的职能也将转向宣传调控、政策调节、市场监管、社会管理和公共服务等方面。①

2004年至2005年间,党和政府在新闻出版和文化广电领域实施了一系列重大改革,旨在进一步明确政府与媒体及文化机构之间的职能界限,推动行业向市场化和现代化转型。这些改革均集中在落实"管办分离"和"政企分开"的原则。

2004年,中央宣传部和国家新闻出版总署发布《关于对管办分离和划转报刊加强管理的通知》,提出了管办分离的具体措施,包括人员、财务和发行上的分离。这表明了政府对推进新闻出版行业独立性和自主性的决心。此外,同年8月,中办和国办要求将文化体制改革综合性试点省份的文化局、广播影视局、新闻出版局合并,并按照管办分离的原则,将电台、电视台等机构独立出来,以解决管理职能交叉、执法多头等问题。

2005年《中共中央、国务院关于深化文化体制改革的若干意见》中,明确提出了政企分开、政资分开和政事分开的要求,强调了政府职能的转变,从直接经营文化事业转向主要负责文化行政管理和监管。这一转变标志着政府从直接参与文化生产活动中抽身,转而专注于政策制定和市场监管。

2008年和2009年,新闻出版总署采取了一系列重要措施。

2008年,新闻出版总署分三批取消和下放了33项行政审批事项,并废止了200多个规范性文件。这一举措显著降低了政府对新闻出版领域的直接控制,增加了行业的灵活性和自主性。

同年,《国务院办公厅关于印发〈国家新闻出版总署(国家版权局)主要职责内设机构和人员编制规定〉的通知》发布。改革的重点在于打破按产品类型设置机构的传统模式,转而按服务环节设置业务机构,这有助于提供更高效和专业化的服务。国家新闻出版总署在这一过程中还率先建立了行政审批集中办理的工作机制,并探索了决策、执行和监督的相互分离与协调。②

进入2009年,国家新闻出版总署进一步发布《关于进一步推进新闻出版体制改革的指导意见》,强调继续推进政企分开、政事分开以及政府与市场中

---

① 参见《国家广播电影电视总局关于促进广播影视产业发展的意见》,广发办字〔2003〕1407号,http://www.fsou.com/Html/text/chl/515/51538.html。

② 参见柳斌杰:《解放思想　深化改革　推动新闻出版业大发展》,《中国出版》2008年10月。

介组织的分离。这些措施旨在确保政府更好地履行政策调节、市场监管、社会管理和公共服务的职能，符合建设服务政府、责任政府、法治政府和廉洁政府的要求。[①]

总的来说，这些改革反映了党和政府在优化新闻出版领域的管理结构、提高行业透明度和效率，以及增强政府监管职能方面的坚定决心。通过这些措施，旨在营造一个更加开放、高效和规范的新闻出版市场环境。

五、署局合并

2013年，党的十八届二中全会和十二届全国人大一次会议审议通过了具有里程碑意义的《国务院机构改革和职能转变方案》（以下简称《方案》），旨在解决长期存在的机构职能问题，提高行政效能。

《方案》诊断了国务院部门中存在的一系列问题，包括职能越位、缺位，职责交叉、权责脱节、争权诿责、机构设置不合理，以及对行政权力的制约监督机制不完善等。这些问题导致行政效能不高，以及贪污腐败等现象未能有效遏制。《方案》指出，这些问题需要通过深化体制改革、完善制度机制特别是职能转变加以解决。

在新闻出版与广播影视领域，为统筹资源并推进体制改革，《方案》提出，将新闻出版总署、广电总局的职责整合，组建国家新闻出版广播电影电视总局。这一举措旨在统筹规划新闻出版广播电影电视事业发展，监督管理新闻出版广播影视机构和业务以及出版物、广播影视节目的内容和质量，负责著作权管理等。同时，新成立的机构还将加挂国家版权局牌子。不再保留原有的广电总局和新闻出版总署。[②]

这次改革是自1982年以来国内传媒管理部门调整力度最大的一次，标志着新闻出版与广电系统的第二次重大整合。[③]此次改革顺应了全球发达国家“大部制体制”的趋势，借鉴了“无缝隙政府”理论和服务型政府理念，旨在减少行政程序，避免推诿现象，确保政府机构的管理更加规范、透明、高效、公平公正。[④]

---

① 参见《关于进一步推进新闻出版体制改革的指导意见》，《中国出版》2009年第4期。

② 参见《关于国务院机构改革和职能转变方案的说明》，2013年3月10日，http://www.gov.cn/2013lh/content_2350848.htm。

③ 参见吴锋、屠忠俊：《我国新闻出版与广电业行政管理体制改革的回顾与前瞻——2013年“署局合并”之透视》，《现代传播》2013年第5期。

④ 参见杜治洲：《大部制改革的理论基础、国际经验与推进策略》，《现代管理科学》2009年第3期。

第三节 传媒跨媒介与跨地区经营

文化体制改革的关键目标在于突破旧有的“条块分割”和“地区封锁”模式,这些是计划经济遗留下来的制约因素,它们基于行政级别、区域和部门划分来分配传媒资源和产品。改革的根本目的是构建一个全国范围内的统一、开放、具有竞争力、有序、健康且兴盛的现代化传媒市场体系。这样一个体系将促进生产要素的合理流动和资源的最优配置。[①]为实现这一目标,推动新闻媒体跨媒介和跨地区经营至关重要。这不仅有助于打破传统的媒体运营边界,而且促进信息资源的更广泛共享和流通。

2001年8月,《中央宣传部、国家广电总局、新闻出版总署关于深化新闻出版广播影视业改革的若干意见》明确提出了传媒集团跨媒介和跨地区经营的发展方向。该意见强调实行多媒体兼营的策略,允许广播电视集团兼营报刊、图书、音像电子出版和电影生产;同时,鼓励电影集团制作广播电视节目,甚至可以与电视台合作开办电影频道此外,还鼓励报业、出版和发行集团之间实行强强联合。

为了推动传媒行业的地域扩展和资源共享,该意见特别强调跨地区经营的重要性。出版、发行和电影集团被鼓励跨地区开展业务,并选择部分中央和省级的报业、广电集团实施跨地区运营。此类跨地区经营须经过审批,并主要采取兼并重组、合作联营等方式,注重内涵发展,避免重复建设。跨地区经营的集团须负责所属单位的宣传导向和经营方向,并接受当地党委和政府的属地管理。同时,各地方党委和政府部门应为这种经营模式提供支持和良好的环境。[②]

2003年,《国家广播电影电视总局关于促进广播影视产业发展的意见》出台,标志着中国电视产业政策环境的显著放宽。该意见提倡通过资产和业务整合,推进广播和电视经营性资源的区域整合和跨地区经营,以此培育和发展广播电视产业集团公司。这些集团公司作为广电集团(总台)或电台电视

---

① 参见柳斌杰:《推动新闻出版体制改革 “四个”突破构建市场体系》,《新疆新闻出版》2009年第5期;柳斌杰:《解放和发展文化生产力——兼谈深化新闻出版改革的几个问题》,《中国出版》2006年第3期;柳斌杰:《出版体制改革与改革中的出版业》,《出版科学》2007年第5期。

② 参见《中央宣传部、国家广电总局、新闻出版总署关于深化新闻出版广播影视业改革的若干意见》,https://chinacopyrightandmedia.files.wordpress.com/2001/08/untitled.pdf。

台的经营实体，主要从事广播电视节目和电视剧的专业化、规模化、集约化生产经营。①

这一时期，电视台跨地域、跨市场的经营限制开始解除，体现在多个重要的发展实践中。例如，2003年7月，上海东方广播电台的财经频率与上海电视台财经频道整合资源，共同推出了“第一财经”这一多元媒体品牌。②第一财经不仅是广播电视与报业混营的一个试点，也是新闻出版系统与广播电视系统两大传媒主管机构合作的产物。③

同时，中国国际广播电台创办了《世界新闻报》，中央人民广播电台开播了《家庭健康》付费电视频道。这些举措开始打破电台和电视台之间的界限，首次允许电台制作电视节目。2004年9月，浙江人民广播电台成立了浙江交通旅游传媒有限公司，将电台的宣传与经营剥离，建立交通旅游传媒品牌。④2005年1月，湖南长沙电视台的女性频道进入武汉有线电视网，成为湖南乃至全国首家跨省经营的城市电视机构。⑤

2003年，国家开始推行新闻出版集团跨区域办报的试点项目。到了2004年年初，国家新闻出版总署的相关负责人在一次采访中表示，计划进一步扩展这一试点范围。具体来说，将鼓励报刊社之间通过重组、联合、并购等方式跨地域办报和办刊，同时也将试点报纸创办地方版。⑥

2003年至2004年，中国的新闻出版领域经历了显著的跨区域扩张和合作，这一时期被视为跨区域办报的典型阶段。2003年，光明日报报业集团和南方日报报业集团借助于党报的政治实力和资本联合，在北京共同出版了

① 参见《国家广播电影电视总局关于促进广播影视产业发展的意见》，广发办字〔2003〕1407号，http://www.fsou.com/Html/text/chl/515/51538.html。

② 参见郭镇之、栾轶玫：《2004—2005年中国广播产业发展报告》，崔保国主编：《2004—2005年：中国传媒产业发展报告》，社会科学文献出版社2005年版，第295页。

③ 参见曹鹏：《展望2005：中国报业面临诸多新变局》，《中国报业》2005年第3期。

④ 参见郭镇之、栾轶玫：《2004—2005年中国广播产业发展报告》，崔保国主编：《2004—2005年：中国传媒产业发展报告》，社会科学文献出版社2005年版，第294页；崔保国、卢金珠、王叙虹：《改制与转折：2004—2005年中国传媒产业发展总报告》，崔保国主编：《2004—2005年：中国传媒产业发展报告》，社会科学文献出版社2005年版，第32页。

⑤ 参见陆地：《2006：中国电视产业大解码》，崔保国主编：《2006年：中国传媒产业发展报告》，社会科学文献出版社2006年版，第217页。

⑥ 参见崔保国：《2004年中国报业发展报告》，崔保国主编：《2004—2005年：中国传媒产业发展报告》，社会科学文献出版社2005年版，第83页。

《新京报》。该报被中央决策部门选定为跨地区合作办报的试点项目，要求相关部门进行跟踪调研并及时总结经验，以推动报业改革的进一步发展。[①]同年，文汇新民联合报业集团、新华日报报业集团和浙江日报报业集团在上海联合创办了《东方早报》。

2004年，法制日报社与安徽日报报业集团在北京合作出版了《世界报》，而解放日报报业集团与成都日报报业集团则合作出版了《每日经济新闻》。同年9月，国家新闻出版总署批准《上海经济报》更名为《第一财经日报》，其主管和主办单位发生重要变更，成为由上海文广新闻传媒集团、广州日报报业集团和北京青年报社三家联合主办的主要媒体。[②]

在报业集团积极探索跨地区经营的过程中，一些违规行为也随之浮现。具体来说，在2004年举行的"第三届全国地方报社管理先进单位"评选活动中，多个知名报业集团因违规运营地方版报纸而未能获选。这一事件凸显了报业集团跨地区扩张的过程中合规性与规范管理的重要性。[③]

在2005年的一个访谈中，国家新闻出版总署的相关负责人指出，虽然跨地区合作经营的四家报社已获批准并进入实验阶段，但在实际操作中仍面临许多问题，尤其是在管理体制方面。该负责人强调，如果跨地区经营削弱了对媒体的有效监管，那么这种模式就需要重新考量。他认为，报刊跨地区经营是改革发展的必然趋势，应该采取多样化的形式。然而，由于管理体制改革尚未完全到位，目前并不适宜全面推广这种模式。在任何情况下，跨地区经营都必须坚持一个原则，即属地管理。[④]

同年，中宣部相关负责人在深圳表明，鉴于跨地区办报过程中的属地管理问题尚未得到有效解决，因此决定暂停审批新的跨地区办报项目，但已获批的跨地区办报项目可以继续进行试点。[⑤]

2009年3月，国家新闻出版总署发布《关于进一步推进新闻出版体制改革的指导意见》，提出了推动跨媒体、跨地区、跨行业、跨所有制的战略重组的

---

① 参见漆亚林：《都市报异地扩张的不同范式》，《中国报业》2010年第10期。

② 参见崔保国：《2004年中国报业发展报告》，崔保国主编：《2004—2005年：中国传媒产业发展报告》，社会科学文献出版社2005年版，第94页。

③ 参见唐绪军：《中国报业集团：在探索中前进》，崔保国主编：《2004—2005年：中国传媒产业发展报告》，社会科学文献出版社2005年版，第111—112页。

④ 参见杨驰原：《深化管理变革　着力制度创新——石峰副署长谈报刊业改革与发展走势》，《传媒》2005年第3期。

⑤ 参见孙正一、柳婷婷：《2005：中国新闻业回望（上）》，《新闻记者》2005年第12期。

目标。该指导意见旨在开拓融资渠道,培育大型骨干出版传媒企业,并打造新型市场主体和战略投资者。同时,要求各级新闻出版行政部门严格执行相关法律法规,对于出版传媒企业合法的跨地区经营活动,不得以任何形式进行地区封锁,不得滥用行政权力,限制其进入本地市场经营。①

然而,尽管有政策的推动和许可,新闻出版领域在跨媒介、跨地区、跨所有制的并购和重组方面仍然面临诸多挑战。市场的分割、封锁、垄断、无序等问题尚未根本解决,导致市场流通受阻、交易成本过高、诚信体系不健全,这些问题依然制约着国内新闻出版产业的发展。②在广播电视领域,虽原则上允许跨地区经营,但在实际操作中遭遇了许多难题,如需获得所在地上一级党委宣传部和广电局的同意等。③

《京华时报》曾立下宏伟目标——打造一个覆盖全国的都市报刊群。在2002—2009年这段时间里,报社在全国范围内积极寻求与地方纸媒的投资合作机会,包括天津的《大众生活报》和《渤海早报》、上海的《上海青年报》,以及湖南、广西等地的媒体。《京华时报》甚至尝试收购人民日报系统内部的报刊,并与中央人民广播电台就创办"都市之声"频道进行谈判。然而,所有尝试最终都未能成功。④

《京华时报》在扩张过程中遇到了多重障碍。首先,虽然《京华时报》已完成企业化,但是许多目标媒体还未完成企业化,导致无法有效对接。其次,媒体的主管主办方直接参与了谈判,增加了交易的复杂性。最重要的是,刊号资源的流动性受到限制,这成为实现全国性都市报刊群目标的一个重大阻碍。这些困难反映出中国新闻出版行业在市场化和扩张过程中所面临的结构性挑战,尽管有广阔的愿景,但实际操作中的限制因素依然是不可忽视的重要问题。

2010年1月,《新闻出版总署关于进一步推动新闻出版产业发展的指导意见》明确指出,我国新闻出版产业仍处于发展的初级阶段,基础较差,规模较小,实力较弱,竞争力不强,突出表现在产业结构趋同,产业集中度低,资源

---

① 参见《关于进一步推进新闻出版体制改革的指导意见》,《中国出版》2009年第4期。

② 参见柳斌杰:《攻坚克难 真抓实干 进一步推动我国新闻出版产业又好又快发展》,《中国出版》2009年第8期。

③ 参见谢春林:《中国电视产业做强做大的路径选择——政府规制的视角》,复旦大学博士学位论文,2006年。

④ 参见《中华新闻报成首个倒闭中央级报纸 报刊改制紧迫》,2009年9月14日,http://news.sohu.com/20090914/n266697807_2.shtml。

配置不尽合理，市场条块分割、资源分散和地区封锁依然严重。为了应对这些挑战，该指导意见强调必须坚持打破条块分割、地区封锁、城乡分离的封闭格局，努力建设统一开放、竞争有序、健康繁荣的大市场；鼓励和支持新闻出版骨干企业跨媒体、跨行业、跨地区、跨国界和跨所有制重组，在三到五年内重点培育六七家资产超过百亿元、销售超过百亿元的国内一流、国际知名的大型新闻出版企业，努力打造具有国际竞争力的跨国出版传媒集团。①

在政策推动下，新闻出版行业的产业结构调整和资源优化配置积极进行，目标是提升整个行业的市场影响力和国际竞争力。这一过程中，资本实力雄厚且具备扩张意识的报业集团和都市报纸开始在自身所在城市或行政区划之外，通过市场化手段如并购或联合等，加快报纸的创办或发行，形成了省内扩张和省外扩张两种主要模式。省内扩张指的是主管单位在中心城市的报纸向该城市以外的其他城市或地区进行战略性扩张，主要包括异地发行和在异地办报（如创办新报纸或地方版）。而省外扩张则是报业集团在省级行政区外扩大规模的经济活动，通常采取单边主体模式，即以合作媒体中的一方为主导，或联合主体模式，即由两个或更多合作媒体共同主导报纸的运营。②

2011年9月，由人民日报社主管主办的《京华时报》和由光明日报报业集团及南方报业传媒集团联合主办的《新京报》的主管和主办单位发生了变更，转为由北京市委主管主办。这一举措被业内专家视为属地管理原则的重要落实。③

综观中国传媒行业跨媒介与跨地区的尝试过程可以看出，尽管政策支持存在，新闻出版行业的实际改革和发展仍然面临诸多挑战。为了实现行业的真正开放和市场化，需要更有效的策略和执行力度，以应对市场分割、管理体制等方面的难题。这一过程不仅考验了行业的创新能力，也对监管机制提出了新的要求，以确保改革健康和有序进行。

第四节　传统媒体危机与应对

2005年，一篇名为《媒体变局：谁动了报业的蛋糕？——关于报业未来走

① 参见《新闻出版总署关于进一步推动新闻出版产业发展的指导意见》，国务院公报2010年第22号，http://www.gov.cn/gongbao/content/2010/content_1671253.htm。

② 参见漆亚林：《都市报异地扩张的不同范式》，《中国报业》2010年第10期。

③ 参见漆亚林：《都市报异地扩张的不同范式》，《中国报业》2010年第10期。

势的若干预测》的文章引发了广泛的社会关注和激烈讨论。该文章由一位资深媒体人撰写,深刻指出中国报业在经历了20年的快速发展之后正面临着一场严峻的经营危机。文章将2005年标记为报业发展的"拐点",指出传统报纸的增长势头在多年的连续上升后开始急剧下滑,进入了一条下降的抛物线轨道。这一转变的显著标志是广告增长率的大幅下降,这一趋势伴随着年轻读者的流失和发行市场的缩减。文章还强调,以网络为代表的新兴媒体在过去十余年间经历了指数级的增长,已经接近了"临界点"。预计在未来两三年内,网络媒体将呈现出爆炸式的发展态势。这种变化预示着媒体环境和格局将发生更加深远的变化。[①]文章的发表不仅引起了社会各界的广泛关注,也在传媒行业内部和学术界引发了热烈的讨论,成为那一时期中国媒体领域的一个重要话题。

同一年,国内报业经历的激烈发行竞争,暴露了传统媒体面临的深刻危机。这场发行大战中,各报纸采用了一系列不正当的竞争手段,包括低价倾销(如报纸全年订价仅为45~55元,其中70%~80%的收入支付给了发行商)、赠品促销(赠品范围从日常用品到现金券,甚至汽车和房产)、发布虚假信息(如欺诈性广告大量出现)以及互相攻击(报社采编人员和管理层互相针对,使用自家报纸作为舆论工具攻击竞争对手,甚至威胁要曝光那些订阅竞争对手报纸的企业的负面新闻)。[②]

这些恶性竞争不仅损害了新闻媒体的声誉,而且阻碍了报刊行业的健康发展。为了应对这一问题,中宣部、国务院纠风办和国家新闻出版总署决定在全国范围内规范报刊发行秩序。2005年8月,三个部门联合发布了《关于开展规范报刊发行秩序工作的通知》,要求相关部门采取有效措施规范发行秩序,同时要求报刊出版单位严格自律。[③]各地报纸相继签署了竞争自律协议,但一些报业集团的负责人对签署自律协议后可能出现的违约行为表示担忧,这反映出恢复行业内部秩序的复杂性和挑战性。[④]

---

① 参见吴海民:《媒体变局:谁动了报业的蛋糕?——关于报业未来走势的若干预测》,《中国报业》2005年第11期。

② 参见赵华:《规范报刊发行秩序座谈会召开 不正当竞争被叫停》,2005年9月11日,http://www.gov.cn/jrzg/2005-09/11/content_30816.htm。

③ 参见许煜:《中央叫停报刊发行恶性竞争 提出规范秩序的措施》,2005年9月12日,https://business.sohu.com/20050912/n240370994.shtml。

④ 参见柳斌杰:《加快新闻出版业发展方式转变是当务之急——在新闻出版总署党组中心组理论学习会上的讲话》,《中国出版》2010年7月。

在这一阶段,传统媒体界的许多精英人才纷纷转向体制外的网络媒体领域,这一人才、资金和资源的转移加速了传统媒体的危机。[①]互联网公司对传统媒体内容的侵权行为,以及传统媒体对自身内容的低价出售,成为传统媒体衰弱的另一个显著特征。新闻出版业正逐渐成为现代文化产业的核心,扮演着信息"内容服务商"或"内容提供商"的角色,并成为信息服务业的基础部分。[②]然而,许多新闻出版单位对新技术反应迟缓,缺乏在发展高新技术和推动产业升级方面的动力,创新能力不足。[③]

2005年,网络媒体以极低的价格即可获得一家报纸的内容使用权,导致不少报纸资源被低价出售。为了改变这种被动局面,2005年11月,中国都市报研究会总编辑年会发布了保护新闻知识产权的《南京宣言》。2006年1月,解放日报报业集团向全国39家报业集团发出《发起全国报业内容联盟的倡议书》,旨在抵制网络媒体低价收购平面媒体原创内容的做法。然而,这一倡议最终未能实现,成为一个反面案例。平面媒体在网络媒体面前处于较低的地位,承担了全部内容制作成本,但其利润却被支付很低内容成本的门户网站等分割。平面媒体的内容被门户网站、搜索引擎等新兴媒体转发、整合和再开发,实际上是其利润被分割、转移的过程。[④]2006年7月,《信息网络传播权保护条例》的正式实施标志着中国网络版权保护进入一个新的阶段。这一法规明确界定了网络版权的基本原则和具体要求,其中规定除法律、行政法规另有规定的外,任何组织或者个人将他人的作品、表演、录音录像制品通过信息网络向公众提供,应当取得权利人许可并支付报酬。[⑤]

这一法规的颁布可以视作报刊行业自《南京宣言》后持续不懈努力的成果之一。《信息网络传播权保护条例》旨在解决报纸和网络之间的版权纠纷,同时促进了传统媒体与互联网行业之间的相互理解和合作。自此以后,传统

---

① 参见朱春阳、谢晨静:《传媒业集团化17年:问题反思与发展方向——以上海报业集团组建为基点的讨论》,《新闻记者》2013年第12期。

② 参见柳斌杰:《加速新闻出版业发展　努力服务我国经济发展方式转变大局》,《新疆新闻出版》2010年第3期。

③ 参见柳斌杰:《加快新闻出版业发展方式转变是当务之急——在新闻出版总署党组中心组理论学习会上的讲话》,《中国出版》2010年7月。

④ 参见谭晓雨:《传媒业进入注资成长高峰期——2006年传媒业投资分析》,崔保国主编:《2007年:中国传媒产业发展报告》,社会科学文献出版社2007年版,第57页。

⑤ 参见《信息网络传播权保护条例》,2006年5月29日,http://www.gov.cn/zwgk/2006-05/29/content_294000.htm。

媒体与互联网行业之间开始出现越来越多的“战略同盟”和“合作伙伴”。[①]这不仅有助于解决长期以来的版权冲突，也为两者之间的协同发展开辟了新的路径。

2006年8月，《北京宣言》的发表象征着传统媒体向数字化的大举进军，而同年11月的《香山宣言》则聚焦于数字报业经验的共享。这两项宣言标志着传统媒体对网络媒体的态度由最初的排斥转向积极学习和适应。[②]2006年，国内众多传统媒体与百度签订了“泛媒体联盟”合作协议，南方报业集团收购了奥一网，还有许多报业集团与腾讯合作，共同打造区域性网站。

在推进国内报业数字化转型的过程中，2006年，国家新闻出版总署报纸期刊出版管理司发起了“中国数字报业实验室计划”。首批参与该计划的有10家报业集团、2家IT专业媒体集团、2家地方都市类报社和1家行业报社。[③]这一计划被纳入国家新闻出版总署发布的《全国报纸出版业“十一五”发展纲要（2006—2010）》，被视为对传统报业的一项“拯救计划”。[④]2008年，烟台日报传媒集团创立了中国首家全媒体新闻中心，为报业数字化转型树立了典范。2009年，宁波日报报业集团投资近3000万元建设的数字报业技术平台项目顺利通过了国家新闻出版总署的验收，成为国内第一家集成多媒体内容生产、全媒体信息传播以及全集团经营管理与决策的复合型数字平台。[⑤]

2010年，新闻出版总署新闻报刊司负责人深刻指出中国报业发展所面临的关键问题，包括规模小、产业集中度低，经营方式粗放，同质化和低水平重复严重，以及长期形成的部门所有、条块分割等。这些成为制约报刊发展的

---

① 参见崔保国、朱春阳、王世蓉：《传媒的融合与创新——2007年中国传媒产业发展报告》，崔保国主编：《2007年：中国传媒产业发展报告》，社会科学文献出版社2007年版，第3页。

② 参见崔保国、朱春阳、王世蓉：《传媒的融合与创新——2007年中国传媒产业发展报告》，崔保国主编：《2007年：中国传媒产业发展报告》，社会科学文献出版社2007年版，第3页。

③ 参见《中国黄金报社成为“中国数字报业实验室计划”首期单位》，2006年8月10日，http://www.sasac.gov.cn/n2588025/n2588124/c3876969/content.html。

④ 参见《数字报业实验进入第二阶段　报业转型迫在眉睫》，2007年1月1日，https://www.chinabgao.com/info/518.html。

⑤ 参见胡敏：《宁报集团数字报业技术平台通过验收》，2009年6月12日，http://news.cnnb.com.cn/system/2009/06/12/006134686.shtml。

根本性障碍。[①]

为推动上述问题的解决，2010年1月，《新闻出版总署关于进一步推动新闻出版产业发展的指导意见》发布。该指导意见强调了发展数字出版等非纸质介质的战略性新兴出版产业的重要性，并积极推动音像制品和电子出版企业向数字化、网络化的转型。指导意见中还提出了积极发展数字出版、网络出版、手机出版等以数字化内容、数字化生产和数字化传输为主要特征的战略性新兴新闻出版业态。同时，支持新闻出版企业利用互联网平台，以图文、音频、视频等多种形式对出版内容资源进行全方位、立体式、深层次的开发利用。此外，该指导意见还支持电子纸、电子阅读器等新闻出版新载体的技术开发、应用和产业化，以提高数字阅读设备的质量、使用便利性以及版权保护水平。[②]

在这一时期，中国的广电传媒行业经历了重要的转型，从一个相对垄断的阶段逐渐过渡到全面竞争的阶段。这一转变不是仅仅局限于区域性的有限竞争，而是扩展到了全国范围的竞争，并且竞争的方式也由以电视台为基础转变为以频道和频率为基础。[③]

此过程中，利用宽带有线电视网或电信运营商的宽带网络为用户提供包括数字电视在内的多种交互式视频节目服务的网络电视（IPTV）得到了重要的发展。[④]2003年，上海文广新闻传媒集团的"东方宽频"率先推出了网络电视业务。2004年，中国网通推出了"天天在线"网络电视平台，中央电视台开办了"央视网络电视"，新华社推出了"新华网络电视"。上海文广与"天天在线"合作，开通了"上海宽频"网络电视。湖南广播影视集团也与湖南电信合作，推出了"金鹰宽频"。

此外，2004年11月，阳光365多媒体控股有限公司与中国网通天天在线有限公司正式签署了电视媒体与宽带通信传媒合作的协议，推出了全新的宽带电视"互动秀"直播节目。12月，中国第一家由广播媒体创办的网络电视平

---

① 参见王国庆：《新闻出版总署新闻报刊司：脚踏实地促转变》，《中国新闻出版报》2010年3月2日。

② 参见《新闻出版总署关于进一步推动新闻出版产业发展的指导意见》，国务院公报2010年第22号，http://www.gov.cn/gongbao/content/2010/content_1671253.htm。

③ 参见孟建、刘成付：《构建中国广电集团发展的新模式——关于上海文广新闻传媒集团发展战略的若干思考》，《广播电视大学学报》（哲学社会科学版）2005年第2期。

④ 参见陆地：《2004年中国电视产业发展报告》，崔保国主编：《2004—2005年：中国传媒产业发展报告》，社会科学文献出版社2005年版，第226页。

台“北京网视”频道也正式开播，提供北京人民广播电台广播节目的电视版。[①]

第五节　传媒平台发展与舆论场复杂化

进入21世纪，互联网的全球版图经历了根本性的变化，其中中国迅速崛起，成为全球焦点。中国开始挑战美国在互联网领域的主导地位，国内激发的互联网创新和企业家精神，与改革开放的浪潮密切相连，共同推动了中国的迅速崛起。[②]

在这一时期，互联网和传媒领域的融合领域如网络新闻、即时通信、在线视频等领域迅速发展。例如，即时通信应用不仅提供新闻更新和社交功能，还引入了视频点播等服务。社交媒体平台也逐渐加入新闻发布和视频交互等服务，加深了网络媒体与传统媒体的融合。[③]

同时，互联网已成为社会交流的主要平台，作为新兴的“第四媒体”，在社会舆论的形成和传播上扮演着关键角色。特别是在突发事件的网络舆情演变中，展现了其动态、复杂和不断变化的特征，这进一步凸显了网络媒体在现代社会中的重要性和影响力。[④]

一、日渐平台化的互联网媒体

在文化体制改革正式启动的初期，中国的新闻网站已经形成了一个由中央到地方的三级布局体系，包括中央重点新闻网站、省级重点新闻网站，以及中心城市（省会城市和计划单列城市）的新闻网站。这些网站不仅承担着引导网络舆论的重要任务，也经历了身份和地位的重大转变。以人民网为例，

---

① 参见郭镇之、栾轶玫：《2004—2005年中国广播产业发展报告》，崔保国主编：《2004—2005年：中国传媒产业发展报告》，社会科学文献出版社2005年版，第303页；陆地：《2004年中国电视产业发展报告》，崔保国主编：《2004—2005年：中国传媒产业发展报告》，社会科学文献出版社2005年版，第225页。

② 参见方兴东、潘可武、李志敏、张静：《中国互联网20年：三次浪潮和三大创新》，《新闻记者》2014年第4期。

③ 参见吕宇翔、熊澄宇：《2011年中国互联网传媒产业发展分析》，崔保国主编：《2012年：中国传媒产业发展报告》，社会科学文献出版社2012年版，第215页。

④ 参见方付建：《突发事件网络舆情演变研究》，华中科技大学博士学位论文，2011年。

2004年6月，它从《人民日报》编辑部的内设机构转型为报社的直属机构。在这一转型过程中，人民网被选为报社岗位管理的试点单位，实施了全员聘用制，取消了行政级别，从而实现了从身份管理到岗位管理的根本转变。[①]这一改革不仅是对人民网自身身份的重塑，而且反映了中国新闻网站在文化体制改革中所扮演的重要角色以及面临的挑战和机遇。

2002年，博客作为一种新兴的网络出版和文章发表形式，开始在中国广泛传播，吸引了众多民众的关注。经过两年的发展，到2004年，国内的博客形式主要分为三种：第一种是托管博客，博客作者无须自行注册域名、租用网络空间或编制网页；第二种是自建独立网站的博客，拥有独立的域名、网络空间和个性化的页面风格；第三种是附属博客，即作为某一网站的一个栏目或频道存在。博客作为个人媒体的典型代表，具备了多种优势：能够实现内容的完整性积累、网络互动性强、动态更新方便等。它首次将自我传播、人际传播、组织传播与大众传播等多个层次的传播方式综合在一起，从根本上开始解决网络时代传媒产业面临的三大基本矛盾：商业化垄断与非商业化自由之间的冲突、大众化传播与个性化（分众化、小众化）传播之间的平衡，以及单向传播与双向传播之间的转换。[②]这些变化标志着博客在中国传媒领域的重要地位和影响力。

2003年8月，中共中央办公厅和国务院办公厅联合发布了《关于进一步改进和加强国内突发事件新闻报道工作的通知》。该通知不仅延续了此前发布的文件中关于突发事件新闻报道的分类处理和归口管理机制，还特别强调了建立和完善信息报告、新闻发布和应急协调机制的必要性。此外，通知还明确提出实行责任追究制度，并首次强调了发挥新闻媒体在预警和服务方面的功能。为了更有效地处理突发事件，通知指出有必要采取非常措施，并争取在报道中取得先入为主的效果。特别值得注意的是，通知高度重视互联网在报道突发事件中的作用。[③]

2006年第十六届中国新闻奖首次将网络新闻纳入评奖范围，这标志着互

---

① 参见闵大洪：《2004年中国网络媒体发展研究》，崔保国主编：《2004—2005年：中国传媒产业发展报告》，社会科学文献出版社2005年版，第373页。

② 参见方兴东：《2004年中国博客发展分析报告》，崔保国主编：《2004—2005年：中国传媒产业发展报告》，社会科学文献出版社2005年版，第385—387页。

③ 参见《关于进一步改进和加强国内突发事件新闻报道工作的通知》，2023年4月6日，https://www.zgbk.com/ecph/words?SiteID=1&ID=511242&Type=bkzyb&SubID=212269。

联网已经成为国内新闻传播活动无法忽略的活动空间，优秀的网络新闻作品开始具有突出和鲜明的导向和示范价值。①

2006年9月13日，《国家"十一五"时期文化发展规划纲要》（以下简称《纲要》）发布，这是新中国成立以来颁布实施的第一个国家文化发展纲要。②9月14日，中宣部、国家发展改革委、财政部、文化部、国家广电总局、国家新闻出版总署负责人就《纲要》的有关问题在接受《人民日报》记者采访时表示，推进我国新闻事业发展要把握三个重点：一是要加大对党报、党刊、通讯社、电台、电视台、重点新闻网站和时政类报刊等重点新闻媒体的扶持力度，特别是要加大对中央和省级主要新闻媒体的扶持，充分发挥舆论主阵地、主力军作用；二是按照突出重点、合理布局、整合资源、办出特色的总体要求，加快建设一批综合实力强、在国内外有广泛影响的新闻网站；三是充分发挥主流媒体在信息、人才等方面的资源优势，发展手机网站、手机报刊、IP电视、移动数字电视、网络广播、网络电视等新兴传播载体。③

2008年11月，中央领导在中央电视台调研时指出，要把办好网络电视台作为一项重要战略任务，加快建设体现国家水平、在国际上具有重要影响力的网络电视台。2009年12月，中国网络电视台（CNTV）正式开播，域名为www.cntv.cn，首期上线的内容包括首页、客户端、新闻台、体育台、综艺台、爱西柚（播客台）及爱布谷（搜视台），"打造最具公信力的新媒体传播平台"是其使命。④

2009年，微博开始红遍大街小巷，2010年更是被称作"微博元年"，众多传统媒体开始在新浪、腾讯、搜狐等商业网站开通法人微博。微博以文本碎片化、半实时交互、草根性突出、个体化私语化叙事为特征，不仅削弱了博客中精英的话语权，更是在一定程度上削弱了专业媒体的话语权。⑤

---

① 参见邓炘炘：《中国网络新闻传播跨越重要的临界点——解读中国新闻奖首次评选优秀网络新闻作品》，《新闻与写作》2006年第8期。

② 参见《文化部关于贯彻落实〈国家"十一五"时期文化发展规划纲要〉的通知》，2006年10月13日，https://zwtw.mct.gov.cn/flagship/zcfg/zcfgDetail?uuid=264；《国家"十一五"时期文化发展规划纲要（全文）》，2006年9月13日，http://www.gov.cn/jrzg/2006-09/13/content_388046.htm。

③ 参见刘永恒、明四新、姚志峰：《2006中国新闻界十件大事评出》，《中华新闻报》2007年1月10日。

④ 参见汪文斌：《中国网络电视台的战略构想与实践》，《新闻战线》2010年第2期。

⑤ 参见孙卫华、张庆永：《微博客传播形态解析》，《传媒观察》2008年第10期。

2011年1月,腾讯正式推出微信,作为一款基于智能手机,可以实现通过网络快速发送语音短信、视频、图片和文字,支持多人群聊的移动通信软件,其传播的内容具有个人私密性和准实名制的特征,传播范围主要局限于用户的微信朋友之间,在增加相应插件的前提下,可以接受腾讯新闻、公众账号信息推送、腾讯微博和朋友圈信息等。[①]微信的信息传播模式也被众多研究者看作代表了未来社交平台发展的走向。[②]微博和微信成为国内主要的两大信息源,并扮演着社会舆论场域的意见制造者和社会动员力量的角色。[③]

截至2012年6月底,中国网民数量达到5.38亿,互联网普及率为39.9%;其中通过手机接入互联网的网民数量达到3.88亿,相比之下台式电脑为3.8亿,手机成为国内网民的第一大上网终端。2012年上半年,中国网民人均每周上网时长为19.9小时。[④]2013年,移动互联网正式进入第一媒体的序列,全面抢走了传统互联网的风光,而移动互联网的媒介化转型更增加了其自身的黏合力,移动互联网用户也更习惯于使用新闻客户端来阅读新闻。[⑤]

二、新闻生产与舆论模式变革

2003年,“黄碟案”“刘涌案”“黄静案”“日本人珠海‘买春’案”“孙志刚事件”在网络空间掀起了一波波巨大的舆论浪潮,这一年也被称作“网络舆论年”,学界真正意义上对网络舆论传播规律的重视和研究也始于这一年。[⑥]网络舆论的形成主要是通过网站以多种形式集中报道以及网民新闻跟帖、论坛发帖等手段来实现的,主流新闻媒体的适时介入,则将网络舆论的影响进一

---

① 参见方兴东、石现升、张笑容、张静:《微信传播机制与治理问题研究》,《现代传播》2013年第6期。

② 参见党昊祺:《从传播学角度解构微信的信息传播模式》,《东南传播》2012年第7期。

③ 参见李彪、郑满宁:《社交媒体时代的网络舆情——生态变化及舆情研究现状、趋势》,《新闻记者》2014年第1期。

④ 参见《第30次中国互联网络发展状况统计报告》,2012年7月23日,https://www.cnnic.net.cn/NMediaFile/old_attach/P020120723477451202474.pdf。

⑤ 参见陈鹏、许双六:《移动互联网的媒介化变革与影响》,崔保国主编:《中国传媒产业发展报告(2014)》,社会科学文献出版社2014年版,第265页。

⑥ 参见周葆华、徐发波主编:《网络舆情概论》,中国人民大学出版社2023年版,第7页。

步扩大。[①]

2004年,欧雷利媒体公司(O'Reilly Media)负责在线出版及研究的副总裁戴尔·多尔蒂(Dale Dougherty)在公司的一次会议上将互联网的新动向定义为Web2.0。在该公司的推动下,Web2.0作为概念以不可思议的速度在全球传播开来。与Web1.0相比,Web2.0的优势在于参与性、自组织性、真实性、免费性、开放性、黏性、去中心化、聚合性、微内容等。Web2.0时代的典型应用包括博客(Blog)、维基(Wiki)、互动标签(Tag)、社会性网络服务(SNS)等。[②]Web2.0的本质是参与式架构,最重要的特点就是以用户为中心,充分激发用户的主动性和原创能力,并真正形成网上网下互动。Web2.0时代的"用户"与Web1.0时代的"受众"的最大区别在于前者不再只参与消费信息产品,还能够参与生产与传播信息,"新闻业的形态正在由演说变成研讨会和对话"[③]。

2002年6月,国家新闻出版总署、信息产业部发布《互联网出版管理暂行规定》,对国内在互联网上开展的出版活动进行管理,将个人和团体通过互联网进行内容创作、编辑、传播活动纳入正式管理,其中规定:未经批准,任何单位或个人不得开展互联网出版活动。[④]但随着互联网信息内容生产与传播平台的兴起,互联网用户对内容的生产与互联网出版活动的界限并不明确,在国内管理实践中,无论是管理依据、范畴界定还是技术操作,对用户生成内容的依法管理一直都较难实现。

微博、微信等社交媒体账号的运行主体不断增多,除个人外,可以细分为政务类,传统媒体和网络媒体类,企业类,社团、商会等组织类等。[⑤]在互联网上从事新闻内容生产的用户主要包括互联网企业聘用的负责内容生产的员工、互联网站工作人员、新闻单位采编人员之外的个人或团体。用户中不乏专业的新闻内容生产者,如改行的传统媒体新闻记者和编辑、科学家、律师、

---

① 参见闵大洪:《2004年中国网络媒体发展研究》,崔保国主编:《2004—2005年:中国传媒产业发展报告》,社会科学文献出版社2005年版,第378页。

② 参见喻国明:《关注Web2.0:新传播时代的实践图景》,《新闻与写作》2007年第1期。

③ 参见匡文波:《2006新媒体发展回顾》,《中国记者》2007年第1期。

④ 参见《互联网出版管理暂行规定》,国务院公报2003年第8号,http://www.gov.cn/gongbao/content/2003/content_62636.htm。

⑤ 参见黄楚新、王丹:《微信公众号的现状、类型及发展趋势》,《新闻与写作》2015年第7期。

作家等。这些群体的加入,也让自媒体的专业化程度日益提高。[①]对于传统媒体新闻工作者来说,自己的作品若无法在新闻媒体平台发表,自己开设的微信公众号便提供了另一种可能,直击社会"热点"与"痛点"的高质量作品产生的高点击量、高转发量,为传统媒体人带来的是传统媒体时代难以体会到的满足感与荣誉感,这又推动传统媒体人利用社交媒体平台进行更多的内容生产。微信、微博等平台也不断利用资本、流量等为平台内容创作者"赋能",以提高内容创作者的积极性。

作为平台上最为活跃的一类账号,传统媒体和网络媒体账号分别依托于报刊、电视、广播等传统媒体和四大门户网站等优势新媒体而生,提供新鲜的新闻资讯、独家的观点评论及丰富的线下活动。[②]社交媒体为新闻传播带来了显而易见的变革:在新闻生产方面进一步深化了与用户的协作,采取更加细分式、精准性的新闻推送模式,让用户真正把握新闻接收的主动权,通过用户反馈为公众号平台上的新闻媒体提供更多的受众资源。[③]

依托Web2.0技术的发展,"用户生成内容"(user generated content,UGC)在2005年被网络出版和新媒体出版界提出。[④]用户生成内容泛指以任何形式在网络上发表的由用户创作的文字、图片、音频、视频等内容。[⑤]经济合作与发展组织曾于2006年概括了用户生成内容的三个主要特征:互联网上公开可用的内容、具有某种创新性、非专业人员或权威人士创作。[⑥]"用户生成内容早在互联网产生之前便已经存在。电话谈话、编辑部通信、通知留言板、分类广告、电子邮件等都可以被认为是前互联网时代的用户生成内容,但其作为一个完整的概念被提出,还是在互联网出现并快速发展之后。"[⑦]在

① 参见彭兰:《网络传播概论》,中国人民大学出版社2017年版,第135页。

② 参见黄楚新、王丹:《微信公众号的现状、类型及发展趋势》,《新闻与写作》2015年第7期。

③ 参见蔡雯、翁之颢:《微信公众平台:新闻传播变革的又一个机遇——以"央视新闻"微信公众账号为例》,《新闻记者》2013年第7期。

④ 参见李鹏:《Web2.0环境中用户生成内容的自组织》,《图书情报工作》2012年第16期。

⑤ 参见赵宇翔、范哲、朱庆华:《用户生成内容(UGC)概念解析及研究进展》,《中国图书馆学报》2012年第5期。

⑥ 参见李鹏:《Web2.0环境中用户生成内容的自组织》,《图书情报工作》2012年第16期。

⑦ 金兼斌、林成龙:《用户生成内容持续性产出的动力机制》,《出版发行研究》2017年第9期。

国内,个人不能开办新闻媒体,加之用户生成内容本身便是一个互联网概念,因此在国内语境中的“用户生成内容”也特指在互联网中用户创作、分发的内容。

金兼斌等研究者将用户生成内容的动机划分为三类:内部动机、外部动机和技术动机。内部动机涉及个人兴趣和价值观,包括利用自由时间进行创作、利他主义、表达个人情感、追求文化价值相符性等。外部动机则包括精神奖励,如名声提升、网络平台地位晋升,以及物质奖励如广告收入和投资等。技术动机包括网络平台的易用性、内容生产的个人价值感知,以及在网络社区中的归属感。这些动机共同驱动着用户在网络上创作和分享内容。①

赵宇翔等研究者总结了四种用户生成内容的模式:独立式、累积式、竞争式和协作式。在独立式模式下,用户能独立完成创作、发布和分享,如撰写博客、发布微博和分享视频。累积式模式则强调用户之间以及内容之间的关联性,例如用户为资源添加标签以帮助其被更清晰地描述和展示。竞争式模式突出了用户行为的独立性和结果的竞争性,例如平台对排名靠前的内容创作者给予奖励。协作式模式则要求通过用户间的协作来完善内容,如维基百科用户共同修订和改进词条。这四种模式共同构成了用户生成内容的多样化生态。②

2004年9月,党的十六届四中全会通过的《中共中央关于加强党的执政能力建设的决定》特别强调了互联网等新型传媒对社会舆论的影响。该决定提出,必须加快建立法律规范、行政监管、行业自律、技术保障相结合的管理体制,加强互联网宣传队伍建设,形成网上正面舆论的强势。③这一决策标志着中国在互联网发展的十年后首次明确提出了涵盖法律规范、行政监管、行业自律、技术保障的全面互联网管理方针。④

2007年厦门PX项目事件是此阶段民众网上参与和网下参与相结合的社会热点事件的典型代表。2007年3月,105位全国政协委员联名的关于厦

① 参见金兼斌、林成龙:《用户生成内容持续性产出的动力机制》,《出版发行研究》2017年第9期。

② 参见赵宇翔、范哲、朱庆华:《用户生成内容(UGC)概念解析及研究进展》,《中国图书馆学报》2012年第5期。

③ 参见《中共中央关于加强党的执政能力建设的决定》,2004年9月19日,http://cpc.people.com.cn/GB/64162/71380/102565/182138/10326365.html。

④ 参见闵大洪:《“十六大”以来党对互联网的建设、利用和管理》,《信息网络安全》2008年第4期。

门PX项目迁址建议的议案，让厦门PX项目成为国内瞩目的焦点，但PX项目的建设进程并未因此停顿，随后5月“新媒体时代的民意表达”，以及6月初厦门市民理性、和平的“散步”事件，让当地政府启动公众参与程序，最终促使多方利益博弈达到共赢的结果。[①]在政府机构和新闻媒体等传统参与渠道受阻的情况下，互联网改变了公众参与的形态，为普通民众提供了直接面向公共空间表达意见的机会，以及与政府和官员直接沟通、直接发声的渠道，具有“赋权”意义。[②]此一阶段，多次民众网上参与和网下参与相结合的事件证明，面对舆论风暴，若承担舆论引导重任的政府部门有意封锁消息、刻意回避媒体，便会主动放弃舆论引导的主阵地和主导权，导致谣言传播，民众情绪相互感染，一些处于萌芽状态的矛盾可能最终演化为严重的群体性事件。[③]

2011年7月23日20时30分，甬温线浙江省温州市境内，由北京南站开往福州站的D301次列车与杭州站开往福州南站的D3115次列车发生动车组列车追尾事故，造成40人死亡、172人受伤。[④]此次事故是一起由微博首发的重大突发公共事件。网络平台让每个人都有可能成为信息发布者及意见领袖，在此次事故中，微博意见领袖包括当事者及其亲属、媒体从业者（如报纸杂志的主编、记者、编辑、评论员等）、企业家、作家、明星、学者等，他们借助互联网渠道，对现实产生了广泛的影响。[⑤]新华社原总编辑南振中曾提出现实生活中存在着两个并不完全重叠的“舆论场”：一个是主流媒体着力营造的“媒体舆论场”，一个是人民群众议论纷纷的“口头舆论场”。[⑥]在社交媒体发轫之前，民间舆论场更多是作为主流媒体舆论场的补充，是边缘化的存在。而社交媒体时代，两者之间的张力越来越大，“主流媒体舆论场的主导地位不仅被

---

① 参见《背景资料：保卫厦门发起者讲述厦门PX事件始末》，2015年4月6日，https://china.huanqiu.com/article/9CaKrnJJCI7。

② 参见周葆华：《突发公共事件中的媒体接触、公众参与与政治效能——以“厦门PX事件”为例的经验研究》，《开放时代》2011年第5期。

③ 参见李伟：《新媒体时代群体性事件舆论引导研究》，中共中央党校博士论文，2013年。

④ 参见《“7·23”甬温线特别重大铁路交通事故调查报告》，2011年12月25日，http://www.gov.cn/gzdt/2011-12/29/content_2032986.htm。

⑤ 参见王平、谢耘耕：《突发公共事件中微博意见领袖的实证研究——以“温州动车事故”为例》，《现代传播》2012年第3期。

⑥ 参见南振中：《把密切联系群众作为改进新闻报道的着力点》，《中国记者》2003年第3期。

民间舆论场逐步蚕食,而且其影响空间也不断被挤压”。[1]温州动车事故再次证明,在互联网时代,“严密封锁”重大突发事件已然不可能,传统媒体和主管部门若不能及时发布消息,“数以万计的网民便会通过各种渠道不断地‘爆料’,炒得满城风雨,到了那时候传统媒体再发消息,就成了放马后炮”[2]。

作为此阶段横空出世的爆款应用,微博和微信均成为构建人与人关系的社会网络:微博作为相对开放、流动的关系圈子,为信息的真伪鉴别、价值判断、筛选过滤及自我纠正带来了可能;微信作为相对封闭的系统,朋友圈和微信群更多强调了同质性,也形成对异质信息与意见的排斥或抑制,信息的单一化流动也增加了信息优化的难度。[3]微信基于私密朋友圈和微信群,侧重于圈群传播,圈群持续制造社会信息和社会意见,并向整个社会话语场域不断输送,扮演着社会信息后台的角色,形成了微信圈子看似分离却又统一的“舆论场”。[4]微信的私密化决定了其难以直接生成舆论,而是借助圈子议题小范围内产生意见并扩散传播,多元聚合后形成微信舆论场,进而间接并隐含式推动舆情的产生与发展。[5]

此一阶段,随互联网发展而来的舆论多元化,也带来显著问题。例如舆论的娱乐化、庸俗化趋势明显,明星绯闻、个人隐私与色情信息成为各种舆论场中的“最佳调味品”;凡涉及“官”与“商”、“权力”与“腐败”、“贫”与“富”及敏感事件时,舆论炒作大行其道,产生轰动效应;一些舆论常常持有“非黑即白”的态度,缺乏理性分析与探讨。[6]由于“极少数网民在网上散布各类谣言的情况不时出现,有的拼接图片诽谤他人,还有一些所谓‘大V’账号以‘求辟谣’‘求证’等方式故意扩散谣言,让一些不明真相的网民跟风”,国家互联网信息

---

① 参见李彪、郑满宁:《社交媒体时代的网络舆情——生态变化及舆情研究现状、趋势》,《新闻记者》2014年第1期。

② 陈芳:《再谈“两个舆论场”——访外事委员会副主任委员、全国人大常委会委员、新华社原总编辑南振中》,《中国记者》2013年第1期。

③ 参见彭兰:《移动互联网元年的“入口”之争》,崔保国主编:《中国传媒产业发展报告(2014)》,社会科学文献出版社2014年版,第262—263页。

④ 参见李彪、郑满宁:《社交媒体时代的网络舆情——生态变化及舆情研究现状、趋势》,《新闻记者》2014年第1期;王玉珠:《微信舆论场:生成、特征及舆情效能》,《情报杂志》2014年第7期。

⑤ 参见王玉珠:《微信舆论场:生成、特征及舆情效能》,《情报杂志》2014年第7期。

⑥ 参见赵宬斐:《多元舆论场中党的舆论引导能力研究》,《政治学研究》2014年第1期。

办公室于2013年开始在全国范围内集中部署打击利用互联网造谣和故意传播谣言行为,此次行动也被归纳为“集中打击‘大V’账号故意传谣”。[①]

三、舆论监督与信息公开的发展

都市报、晚报等市场化媒体以及互联网的发展,在这一阶段无论是在媒体实践还是管理政策层面,都推动了舆论监督的明显进步。2003年“非典”疫情暴发时期,互联网媒体快速成为关键的新闻信息传播渠道。在制度规制下,大众传媒的“沉默”几乎摧毁了它们的信誉和影响力。有鉴于此,党中央果断决策,及时放宽了当时的传播管制,从而有效地振奋了社会风气,帮助社会从危机中恢复。[②]这也成为推动中国信息公开制度建设的重要因素。在互联网环境下,新闻的发布不再是专业新闻工作者的专属领域。公民发布的新闻通常在集体合作中相互验证、补充、纠正和延伸,使得大多数社会真相暴露在社会成员的集体关注下。这种模式打破了少数人和专业媒体对社会信息传播和真相的垄断,对大型媒体在社会传播领域的主导地位构成了挑战。[③]

2003年发生的孙志刚事件在21世纪的中国新闻史与法制史上均有重要意义,一个公民的非正常死亡经由《南方都市报》等新闻媒体广泛报道后,又在互联网上激起了公共热议与网络舆论,从而演变成一起轰动全国的公共事件。[④]该事件的影响迅速发酵,不仅直接推动了中国收容制度的改革,而且推动了中国合宪性审查的进程。对这一事件的报道也被新闻界当作中国舆论监督发挥重要作用的典型案例。

2003年12月,中共中央颁布了《中国共产党党内监督条例(试行)》,该条例明确规定在党的领导下,新闻媒体要按照相关规定和程序,通过内部反映或公开报道,发挥舆论监督的作用。党的各级组织和党员领导干部应当重视和支持舆论监督,听取意见,推动和改进工作。此外,新闻媒体应当坚持党性

---

① 参见《国信办打击网络谣言　集中打击微博“大V”故意传谣》,2013年5月3日,https://www.chinanews.com.cn/cul/2013/05-03/4782775.shtml。

② 参见喻国明:《中国传媒业30年发展逻辑与现实走势》,崔保国主编:《2009年:中国传媒产业发展报告》,社会科学文献出版社2009年版,第51页。

③ 参见喻国明:《中国传媒业发展与选择的关键——关于2011年中国传媒产业发展关键词》,崔保国主编:《2011年:中国传媒产业发展报告》,社会科学文献出版社2011年版,第21—24页。

④ 参见张志安、甘晨:《作为社会史与新闻史双重叙事者的阐释社群——中国新闻界对孙志刚事件的集体记忆研究》,《新闻与传播研究》2014年第1期。

原则,遵守新闻纪律和职业道德,把握舆论监督的正确导向,注重舆论监督的社会效果。[①]这项条例的出台,确保了新闻媒体在监督中的正当作用,同时强调了新闻媒体在执行舆论监督职责时应遵循的原则和标准。

2004年12月,深圳市第三届人民代表大会常务委员会第三十五次会议通过了《深圳市预防职务犯罪条例》,该条例首次以法规形式明确加强了新闻媒体对职务行为的监督力度。《深圳特区报》引用了当地检察院专家的观点,指出仅靠打击手段无法完全遏制职务犯罪,新闻媒体的监督作用至关重要。[②]

该条例第十九条规定,广播、电视、报刊等新闻媒体应当及时宣传、报道预防职务犯罪工作,通过多种形式,营造廉洁诚信的社会舆论氛围。新闻媒体依法对国家工作人员履行职务的行为进行舆论监督,并对其宣传报道负责。有关单位和国家工作人员应当自觉接受新闻媒体的监督。新闻工作者在宣传和报道预防职务犯罪工作过程中依法享有进行采访、提出批评建议和获得人身安全保障等权利。该条例第二十三条规定,国家机关、国有企业、事业单位、人民团体阻碍新闻媒体依法开展舆论监督,造成恶劣影响的,由上级机关或者主管部门给予通报批评、责令限期整改;情节严重的,由监察部门或者主管部门对单位主要负责人和直接责任人员给予行政处分;构成犯罪的,依法追究刑事责任。[③]这是中国地方法规中首次明确确立了新闻媒体的舆论监督权。[④]

对于中国新闻媒体来说,由于存在无法批评同级党委的限制,异地监督成为其特征之一。许多市场化媒体纷纷成立深度报道部门,专注于对本省以外地区的舆论监督。2005年3月,中共中央办公厅发布了《关于进一步加强和改进舆论监督工作的意见》,明确指出基层单位不得封锁消息、隐瞒事实、干涉舆论监督,不得以行贿、说情等手段对舆论监督进行干预。有关地方和部门应当对舆论监督作出积极反应,对媒体揭露的问题应当及时调查处理,

---

① 参见《中国共产党党内监督条例(试行)》,http://www.gov.cn/test/2005-06/27/content_9940.htm。

② 参见吴德群:《〈深圳市预防职务犯罪条例〉下月起施行 新闻监督职务犯罪有法依》,《深圳特区报》2005年3月26日。

③ 参见《深圳市预防职务犯罪条例》,2005年4月1日,http://www.sz.gov.cn/zfgb/2005/gb432/content/post_4996399.html。

④ 参见孙正一、柳婷婷:《2005:中国新闻业回望(上)》,《新闻记者》2005年第12期。

并通过媒体公开处理结果。要认真总结舆论监督工作的经验，把舆论监督与党内监督、法律监督、群众监督有机结合起来。[①]

2005年12月，在中宣部举行的全国省级媒体总编辑会议上，中央相关负责人提出，为了贯彻实施《关于进一步加强和改进舆论监督工作的意见》，计划近期对跨地区办报现象进行清理整顿，以更好地实施媒体属地化管理原则。[②]

为了贯彻中共中央办公厅《关于进一步加强和改进舆论监督工作的意见》和中宣部《加强和改进舆论监督工作的实施办法》，2005年5月，国家广电总局印发《关于切实加强和改进广播电视舆论监督工作的要求的通知》。该文件强调，舆论监督要注重社会效果，着眼于解决实际问题，跟踪报道处理结果，向积极的方面引导，不恶意炒作，不报道现阶段没有条件解决的问题。要遵守新闻纪律，恪守新闻职业道德，拿不准的问题要请示，涉及重要、敏感问题的稿件要送审，不宜公开报道的问题可通过内参反映。要增强大局意识，根据大局发展的实际需要，对广播电视舆论监督的口径、分寸、内容、数量进行适时适量的调控，预防和克服舆论监督中可能产生的负面效果和不良影响。广播电视舆论监督工作必须通过合法途径和正当方式获取新闻素材，不得采取非法和不道德的手段进行采访报道。不搞隐蔽拍摄和录音。[③]

2006年11月，国务院发布《北京奥运会及其筹备期间外国记者在华采访规定》，其中规定，2007年1月1日至2008年10月17日，在向中国驻外使领馆或者外交部授权的签证机构申请办理签证后，外国记者只需征得被采访单位和个人的同意便可自行开展采访。[④]

2007年6月，《突发事件应对法》草案在全国人大常委会会议第二次审议时，删除了原先专门针对新闻媒体的一些禁止性规定。[⑤]

---

① 参见《中共中央办公厅印发〈关于进一步加强和改进舆论监督工作的意见〉的通知》，2016年5月26日，https://topics.gmw.cn/2016-05/26/content_20276565.htm。

② 参见崔保国：《2006年中国报业的反思与展望》，崔保国主编：《2006年：中国传媒产业发展报告》，社会科学文献出版社2006年版，第89页。

③ 参见《关于切实加强和改进广播电视舆论监督工作的要求的通知》，2020年10月29日，http://gdj.shaanxi.gov.cn/info/2075/24403.htm。

④ 参见《北京奥运会及其筹备期间外国记者在华采访规定》，2006年11月1日，http://www.gov.cn/zhengce/content/2008-03/28/content_6478.htm。

⑤ 参见《法制办负责人谈突发事件应对法草案信息发布规定》，2006年7月3日，http://www.gov.cn/jrzg/2006-07/03/content_326412.htm。

国务院法制办公室相关负责人在7月的新闻发布会上明确表示："这部法律没有哪一个条款，也没有哪个负责人讲过，突发事件发生过程中不让媒体参加。……从突发事件的发生到突发事件最后的妥善处置，甚至是善后处理，都是要借助或者是依托于新闻媒体。不存在不让媒体报道这些事的规定，没有这个意思。"①

2007年10月，党的十七大报告中首次明确了人民的知情权、参与权、表达权、监督权，强调"发挥好舆论监督作用，增强监督合力和实效"②。

2008年5月，《中华人民共和国政府信息公开条例》的施行，结束了中国缺少专门的信息公开法的历史，标志着中国信息公开制度的正式建立和全面运作。经过2008年《国务院办公厅关于施行〈中华人民共和国政府信息公开条例〉若干问题的意见》、2010年《国务院关于加强法治政府建设的意见》、2011年《关于深化政务公开加强政务服务的意见》的不断完善，政府信息公开制度体系基本形成。③

2008年，在河北省张家口市蔚县李家洼煤矿矿难事故、山西霍宝干河煤矿事故中，事故负责人向部分记者支付"封口费"被曝光，使得"封口费"从民间说法上升为官方语言，国家新闻出版总署在正式通报中使用了该词汇，中宣部和国家新闻出版总署还为此召开了电视电话会议。④

2008年5月，国内媒体对汶川地震的新闻报道，因及时、透明、全面、丰富的信息发布而成为灾难新闻报道的标志性范本。⑤

2009年，《关于人民法院接受新闻媒体舆论监督的若干规定》由最高人民法院发布。

从1987年党的十三大开始，舆论监督被纳入中国共产党全国代表大会报告之中。

---

① 唐绪军、卓悦：《2007年中国报业八大关键词》，崔保国主编：《中国传媒产业发展报告(2007—2008)》，社会科学文献出版社2008年版，第42页。

② 参见陈建云、吴淑慧：《舆论监督三十年历程与变革》，《当代传播》2009年第4期。

③ 参见魏永征：《新闻传播法教程》，中国人民大学出版社2016年版，第28页；姜明安：《中国政府信息公开制度的发展趋势》，《比较法研究》2017年第2期。

④ 参见唐绪军、卓悦：《2008年中国报业关键词》，崔保国主编：《2009年：中国传媒产业发展报告》，社会科学文献出版社2009年版，第69—70页。

⑤ 参见董天策、蔡慧：《我国灾难新闻报道模式的转变与突破——以汶川地震报道为例》，《江南社会学院学报》2009年第4期。

第六节　互联网传媒管理日渐完善

在中国互联网发展的早期阶段,主管部门并未过多关注互联网在新闻信息传播方面的功能。然而,随着社会对公共讨论的关注和文化多元化意识的增强,特别是互联网讨论所引发的群体性事件日益频繁地出现,各方开始注意到互联网不仅仅是经济利益的来源,更是具有重要社会影响和构建能力的平台。因此,主管部门开始加强对互联网新闻传播活动的管理,以应对其在社会沟通和公共议题上日益显著的作用。2004年7月,国家广电总局发布《互联网等信息网络传播视听节目管理办法》,其中规定,国家对从事信息网络传播视听节目业务实行许可制度。[①]到2004年年底,国家广电总局便发放了80多个"网上传播视听节目许可证"。[②]

2005年9月,国务院新闻办公室和信息产业部联合发布了《互联网新闻信息服务管理规定》,这是首次对中国互联网新闻内容的边界进行明确规定。其中"新闻信息"是指时政类新闻信息,包括政治、经济、军事、外交等社会公共事务的报道、评论,以及有关社会突发事件的报道、评论。[③]该定义为"非时政类新闻信息"留下了一定的空间,但在实际操作中,时政类与非时政类新闻信息之间的边界存在模糊性,这给商业互联网媒体在从事新闻信息活动和服务时提供了一定的操作空间。

根据《互联网新闻信息服务管理规定》,互联网新闻信息服务被分为三类:通过互联网登载新闻信息、提供时政类电子公告服务和向公众发送时政类通讯信息。同时,互联网新闻信息服务单位也被分为三种类型:第一类为新闻单位设立的登载超出本单位已刊登播发的新闻信息、提供时政类电子公告服务、向公众发送时政类通讯信息的互联网新闻信息服务单位;第二类为非新闻单位设立的转载新闻信息、提供时政类电了公告服务、向公众发送时政类通讯信息的互联网新闻信息服务单位;第三类则是新闻单位设立登载本单位已刊登播发的新闻信息的互联网新闻信息服务单位。

---

① 参见《互联网等信息网络传播视听节目管理办法》,国务院公报2005年第17号,http://www.gov.cn/gongbao/content/2005/content_64200.htm。

② 参见陆地:《2004年中国电视产业发展报告》,崔保国主编:《2004—2005年:中国传媒产业发展报告》,社会科学文献出版社2005年版,第225页。

③ 参见《互联网新闻信息服务管理规定》,2005年9月29日,http://www.gov.cn/flfg/2005-09/29/content_73270.htm。

《互联网新闻信息服务管理规定》第十六条规定,非新闻单位设立的互联网新闻信息服务单位不得登载自行采编的新闻信息。依此规定,第一类服务单位需申请一类资质,限省级以上及省会城市直属新闻单位申请,获得一类资质的网站可自行采编发布新闻信息,并且其记者可申领记者证。第二类服务单位则需申请二类资质,例如腾讯、新浪、搜狐、网易等商业网站,但持有二类资质的网站不能自行采编发布新闻信息,也不能申领记者证。

2007年12月,国家广电总局和信息产业部共同发布了《互联网视听节目服务管理规定》。该规定明确指出,互联网视听节目服务单位不得允许个人上载时政类视听新闻节目,在提供播客、视频分享等上载传播视听节目服务时,应当提示上载者不得上载违反本规定的视听节目;任何单位和个人不得转播、链接、聚合、集成非法的广播电视频道、视听节目网站的节目。①

根据前述法规,虽然网民被禁止上传时政类新闻信息,但互联网上仍充斥着网民采集和上传的用户生成内容,其中许多内容实质上属于新闻题材。这种情况不断增多,给政府在新闻信息生产方面的管理带来了更大的挑战。2009年3月,《广电总局关于加强互联网视听节目内容管理的通知》发布。该通知明确要求互联网视听节目服务单位要完善节目内容管理制度和应急处理机制,聘请高素质业务人员审核把关,对网络音乐视频MV、综艺、影视短剧、动漫等类别的节目以及"自拍""热舞""美女""搞笑""原创""拍客"等题材要重点把关,确保所播节目内容不违反本通知第一、二条规定,同时对网民的投诉和有关事宜要及时处置。②

从2009年2月起,国家新闻出版总署启动了全国范围内的新闻记者证(第四版)统一换发工作,涵盖报纸、期刊、通讯社、广播电台、电视台、新闻电影制片厂等各类新闻单位,共接收了超过20万份记者证的申请,涉及6000多家新闻单位。国家新闻出版总署新闻报刊司负责人在回答记者提问时明确表示,支持国家重点媒体运营的新闻网站,如人民网、新华网等,在依托其传统媒体的基础上申领新闻记者证。相反,商业网站由于不具备合法采访和首发新闻的资质,只能转发新闻,而没有自主采编新闻的能力,因此这类网站不会被发放新闻记者证。目前,市场上所称的"网络记者"并没有合法的身份

① 参见《互联网视听节目服务管理规定》,2007年12月29日,http://www.gov.cn/flfg/2007-12/29/content_847230.htm。

② 参见《广电总局关于加强互联网视听节目内容管理的通知》,2009年4月2日,http://www.gov.cn/gzdt/2009-04/02/content_1275431.htm。

认证。[①]

2011年5月,中国设立了首个专门负责互联网信息内容管理的主管机构——国家互联网信息办公室,作为国务院新闻办公室的一个加挂部门。国家互联网信息办公室的主要职责如下:落实互联网信息传播的相关方针政策和推动互联网信息传播的法制建设;指导、协调、督促有关部门加强互联网信息内容管理;负责网络新闻业务及其他相关业务的审批和日常监管;指导有关部门做好网络游戏、网络视听、网络出版等网络文化领域业务布局规划;协调有关部门做好网络文化阵地建设的规划和实施工作;负责重点新闻网站的规划建设;组织、协调网上宣传工作;依法查处违法违规的网站;指导有关部门督促电信运营企业、接入服务企业、域名注册管理和服务机构等做好域名注册、互联网地址(IP地址)分配、网站登记备案、接入等互联网基础管理工作;在职责范围内指导各地互联网有关部门开展工作。[②]

---

① 参见《新闻记者证换发将结束　商业网站没有新闻采访权》,2010年2月22日,http://news.sohu.com/20100222/n270363965.shtml。

② 参见《国家互联网信息办公室就办公室设立及其职责答问》,2011年5月5日,http://www.gov.cn/jrzg/2011-05/05/content_1858131.htm。

第四章　2014年至今：互联网影响下的适应性调整

2014年是中国媒介融合的起始年。这一年，习近平总书记在中央全面深化改革领导小组第四次会议上强调，推动传统媒体和新兴媒体融合发展，要遵循新闻传播规律和新兴媒体发展规律，强化互联网思维，坚持传统媒体和新兴媒体优势互补、一体发展，坚持先进技术为支撑、内容建设为根本，推动传统媒体和新兴媒体在内容、渠道、平台、经营、管理等方面的深度融合，着力打造一批形态多样、手段先进、具有竞争力的新型主流媒体，建成几家拥有强大实力和传播力、公信力、影响力的新型媒体集团，形成立体多样、融合发展的现代传播体系。[①]随后，《关于推动传统媒体与新兴媒体融合发展的指导意见》出台，将媒体融合提升为国家层面的战略。

国内的主流媒体积极响应国家政策，同时为了自身的转型，开始了媒体融合的进程。在这一阶段，互联网、广播电视、新闻出版的产业边界逐渐交融，新闻内容生产和分发领域的界限变得模糊。在意识形态领域，互联网被视为舆论斗争的主战场，直接关联到国家政权安全和意识形态安全。[②]与此同时，传统媒体和新闻网站在传播力、公信力、影响力及经营绩效等方面相较于商业互联网内容生产分发平台明显衰退，其综合实力与互联网媒体形成了显著的差异。

综上所述，这一时期中国新闻管理制度的变革可以被视作在互联网的影响下进行的自上而下的“适应性调整”。

---

① 参见《学习语丨推进媒体融合向纵深发展》，2023年1月13日，http://politics.people.com.cn/n1/2023/0113/c1001-32605690.html。

② 参见柳斌杰：《加快融合发展　壮大主流阵地》，《中国记者》2015年第1期。

第一节　媒体融合的提出与推进

在媒体融合之前,传统媒体与电信业进行结合的尝试已经进行了多年,例如开办手机报、WAP网页、电子报等,虽然一些传统媒体从中实现获利,但这些尝试很快便被互联网新技术淹没。媒体融合成为国家战略后,"两微一端"、"中央厨房"、县级融媒体成为战略推进过程中的代表。

媒体融合就是传统主流媒体的互联网化,要通过"互联网+"来深化媒体融合转型,实现传统媒体与新兴媒体"融为一体,合而为一"。[①]广义的媒体融合是传媒与经济、传媒与文化、传媒与技术、传媒与资本、传媒业态之间的融合。[②]从发展态势来看,传统媒体和新媒体、媒体与社会文化方面发展的不协调,需要通过融合发展来优势互补,形成新的媒体集团,主导新闻舆论的传播。但在实际推进过程中面临众多体制障碍:一是体制改革不到位,传统媒体由党委、政府部门主办,出资人是国家,新媒体则由社会多元资本构成,两种主体难以在资本层面融合;二是管理模式上,新闻媒体隶属于某单位或地区,较难以独立实体的身份打破条块分割,与互联网媒体融合。[③]

国内语境下的媒体融合是传统媒体向互联网和新兴媒体的单向靠拢,"传统媒体"作为主体,融合方向与目标为"新媒体",融合方式则是传统媒体从技术能力、话语形态、组织结构、人事制度、股权架构等各方面,向以商业性网络平台为代表的现代传媒体系和传播模式进行制度性学习与转化的过程。[④]虽然媒体融合战略的本意是传统媒体作为融合主体,但从2015年开始,由互联网企业发起的收购兼并传统媒体的"反向融合"逐渐成为趋势。[⑤]商业互联网企业掌握技术、资本、用户、数据,在媒体融合过程中占据明显的主动,除国家政策保护外,传统媒体在媒体融合中鲜有优势。

---

① 参见宋建武、黄淼、陈璐颖:《平台化:主流媒体深度融合的基石》,《新闻与写作》2017年第10期。

② 参见柳斌杰:《大传媒时代的传媒融合之路》,《传媒》2013年第5期。

③ 参见柳斌杰:《媒体融合,首先要推动改革》,《青年记者》2014年第34期。

④ 参见周逵:《反向融合:中国大陆媒体融合逻辑的另一种诠释》,《新闻记者》2019年第3期;丁和根:《反向融合:传统媒体衰退背景下新闻业的边缘化与未来进路》,《西北工业大学学报》(社会科学版)2019年第1期。

⑤ 参见柳斌杰:《人才和技术:影响未来传媒的力量》,《传媒》2016年第5期。

一、从“两微一端”到“中央厨房”

媒体融合战略提出伊始，“两微一端”（微博、微信、客户端）成为中央和地方传统媒体进军新媒体的主要手段。根据学者在2016年的统计调查，国内110家主流媒体（25家为中央媒体、85家为地方媒体，主要包括网站、报纸、杂志、电视、广播五类媒体单位）中，共有106家开通了官方微博，105家开通了官方微信，66家开设了客户端，60%的媒体完成了“两微一端”布局，同时开设了微博、微信的媒体有105家。[①]对于传统媒体来说，“两微一端”终不是传统媒体自己所拥有的，而是建立在他人的商业平台之上。[②]

“中央厨房”被视为继“两微一端”之后进一步的媒介融合战略，它是新时期挽救传统传媒业在技术变革冲击下的生存危局的又一重要设计，曾经的“报网融合”及“两微一端”的阻碍主要来源于新旧两种媒体不同的新闻生产方式和理念，以及高昂的信息采集成本。[③]“中央厨房”的本质就是融媒体中心[④]，以新闻媒体现有媒介形态为基础，结合互联网与新媒体技术实现自有媒介形态的融合。“中央厨房”虽然涉及传媒跨媒介形态整合，却依然未打破条块分割的现状与格局。

2005年，南方报业传媒集团曾提出构建“新闻数码港”的设想，由于条件不具备并未付诸实践。[⑤]国内传媒对“中央厨房”模式的探索始于2007年6月，彼时广州日报报业集团成立了“滚动新闻部”，作为《广州日报》纸质版与新媒体的合作平台，滚动采访、滚动传播，主要职能是组织催促报纸记者向滚动新闻部发稿，然后将稿子传递到集团内各个渠道，虽具备了“中央厨房”的雏形，却仍依附于报纸，并未形成针对新媒体平台的运营流程与规范；2008年7月，烟台日报传媒集团的“中央厨房”式全媒体新闻中心投入使用，正式开启

① 参见向安玲、沈阳、罗茜：《媒体两微一端融合策略研究——基于国内110家主流媒体的调查分析》，《现代传播》2016年第4期。

② 参见孙时联：《“两微一端”成为沟通对话新通道　打通两个舆论场》，2016年9月9日，http://www.xinhuanet.com/zgjx/2016-09/09/c_135674257.htm。

③ 参见何瑛、胡翼青：《从“编辑部生产”到“中央厨房”：当代新闻生产的再思考》，《新闻记者》2017年第8期。

④ 参见《刘奇葆：推进媒体深度融合　打造新型主流媒体》，2017年1月12日，http://www.xinhuanet.com//zgjx/2017-01/12/c_135975745.htm。

⑤ 参见范以锦：《“中央厨房”产品不是终极产品》，《新闻与写作》2016年第3期。

了国内传统媒体的全媒体实践。[①]

2014年，在媒体融合发展大潮下，“中央厨房”的理念被重新积极付诸实践；10月，成都传媒集团数字采编中心开始运营；12月，广州日报报业集团在之前“滚动新闻部”基础上创新成立了“中央编辑部”。[②]2015年3月全国“两会”期间，《人民日报》设立“中央厨房统筹组”，负责两会期间全媒体平台机制的试运行，实现新闻稿件一次采集、多次生成、多元传播，共推出113条文字类和可视化的新闻产品。[③]2016年，《人民日报》启动“融媒体工作室”计划，旨在盘活人民日报社和社属子报刊的资源，提高报道质量。[④]

2015年7月，新华社全媒报道平台启动，“平台由社总编室组织协调、各编辑部和技术人员共同组成专业团队，进行跨部门、跨媒介、跨终端全媒体新闻产品的生产、发布和监测评估”，被视为国家通讯社积极推进传统媒体与新兴媒体融合发展的“关键一步”。[⑤]2017年扩容升级后，新华社全媒报道平台初步形成了资源整合、融合加工、舆情监测、业务管理、影响力评估、远程指挥等六大功能。[⑥]

2016年全国“两会”期间，中央电视台首次设立“融媒体编辑部”，统筹报道资源，打通前方采访与后方编辑、分发与推广，对原有报道流程进行数字化、集约化改造。

2017年1月，中宣部号召“推进媒体深度融合，‘中央厨房’是标配、是龙头工程，一定要建好用好”；“各媒体要从自身条件出发，坚持基本标准，不断充实和完善‘中央厨房’建设的内容”。[⑦]此后国内新闻媒体进入了“中央厨

---

① 参见姚丽亚：《基于“中央厨房”模式的新闻生产理念创新》，《新闻界》2015年第14期；陈国权：《中国媒体“中央厨房”发展报告》，《新闻记者》2018年第1期。

② 参见陈国权：《中国媒体“中央厨房”发展报告》，《新闻记者》2018年第1期。

③ 参见《2015年人民日报社“两会”报道的创新实践及经验启示》，2015年4月21日，http://media.people.com.cn/n/2015/0421/c192374-26880112.html。

④ 参见李天行、周婷、贾远方：《人民日报中央厨房“融媒体工作室”再探媒体融合新模式》，《中国记者》2017年第1期。

⑤ 参见《新华社全媒报道平台　开启“中央厨房”新模式》，2015年7月8日，http://dz.jjckb.cn/www/pages/webpage2009/html/2015-07/08/content_7615.htm。

⑥ 参见《我国媒体融合步入深水区　各媒体“中央厨房”建设一览(2)》，2017年8月11日，http://media.people.com.cn/n1/2017/0811/c14677-29464293-2.html。

⑦《刘奇葆：推进媒体深度融合　打造新型主流媒体》，2017年1月12日，http://www.xinhuanet.com//zgjx/2017-01/12/c_135975745.htm。

房”大发展时期，从中央到各省地市媒体，甚至一些地方宣传部门，都开始积极建设运营“中央厨房”式的采编系统。[①]

2017年2月，经济日报“中央厨房”全媒体中心启动试运行，分为策划指挥、新闻编发、值班调度、多功能会议室等功能区，致力于实现报纸、网站、“两微一端”采编业务以及经济信息产品加工的全面融合，从而实现“一次采集、多元生成、多渠道传播”的工作格局。[②]

“中央厨房”使一些媒体增强了新闻时效性，提高了新闻统筹协调水平，重构了新闻生产流程，丰富了新闻传播层次，也拓展了主流媒体传播阵地，但也存在众多问题，例如与预期相反的新闻生产成本上升、新闻内容同质化等。[③]“中央厨房”可能切断了编辑与记者间的有机联系，为了缩短新闻生产时间而“浪费”了记者的专业优势。在现实操作中，由于记者享有“独家稿件”“署名”“深度调查”的权益，因此许多优质新闻资源尤其是独家新闻和深度报道无法进入“中央厨房”。[④]许多传统媒体发现，缺乏良好的平台和渠道，“中央厨房”难以形成理想的传播影响力，而且通过一般性的全媒体记者培训活动培训出来的全媒体记者专业能力并不强，什么都包揽却什么都不专。[⑤]

在从“滚动新闻部”到“全媒体平台”、从“中央厨房”到“融媒体中心”的过程中，虽然不乏一些成功案例，但依然存在很多问题：媒体融合中节约人力成本的理念与众多传媒人力冗余的现状相悖；大多数媒体组织机构与采编流程远未达到理性化“融媒体中心”的流畅与成熟程度；“中央厨房”在实际运作中往往耗费大量人力、物力，一些重要、大型活动甚至举全社、全台之力，此种运作方式难以适合常态化报道。[⑥]

二、新闻媒体的跨介质整合

十多年来，国内传媒格局的变迁轨迹鲜明：2011年为平面、广电、互联网、

---

① 参见陈国权：《中国媒体“中央厨房”发展报告》，《新闻记者》2018年第1期。

② 参见《我国媒体融合步入深水区　各媒体“中央厨房”建设一览(5)》，2017年8月11日，http://media.people.com.cn/n1/2017/0811/c14677-29464293-5.html。

③ 参见陈国权：《中国媒体“中央厨房”发展报告》，《新闻记者》2018年第1期。

④ 参见何瑛、胡翼青：《从“编辑部生产”到“中央厨房”：当代新闻生产的再思考》，《新闻记者》2017年第8期。

⑤ 参见范以锦：《“中央厨房”产品不是终极产品》，《新闻与写作》2016年第3期。

⑥ 参见陈国权、张渝：《2021年中国报纸产业发展报告》，崔保国、赵梅、丁迈主编：《中国传媒产业发展报告(2022)》，社会科学文献出版社2022年版，第95页。

移动互联网“四分天下”；2013年则为传统媒体、互联网及移动互联网“三足鼎立”；2017年后，移动互联网的发展势头愈发迅猛，占据近一半的市场份额，传统媒体仅占20%，其中报刊、图书等平面媒体的市场份额约为6%。[①]

国内传统媒体(包括报刊、电视、电台、传统户外在内)广告市场的全面下滑始于2012年，当年传统媒体广告市场增速从2011年的12.9%急剧下滑到4.4%，2013年虽回升到6.4%，但2015年依然没有摆脱下降的命运，降幅为1.7%，进入2015年降幅急剧扩大到7.2%。[②]2016年降幅为6%，2017年经历先抑后扬终于恢复到0.2%的增速。[③]2018年下降1.5%。[④]2019年，传统媒体广告刊登额下降10.4%。[⑤]

报纸是传统媒体日渐衰弱的典型代表。国内报业广告刊登额下降始于2012年，当年下降了7.3%，2013年又下降了8.1%，到2014年降幅达到两位数，为18.3%，2015年则大降35.4%，可以说是“断崖式”跳水。与2011年时相比，2015年报纸广告累计降幅达55%。[⑥]2015年，全国各类报纸的零售总量与2014年相比下滑了41.14%，其中都市报类下滑幅度最大，达到50.8%。[⑦]2016年再降38.7%，此时报纸广告市场规模不足六年前的30%。[⑧]2017年，报纸广告降幅为32.5%。[⑨]2018年，报纸广告降幅为

---

① 参见崔保国：《2017—2018年中国传媒产业发展报告》，崔保国主编：《中国传媒产业发展报告(2018)》，社会科学文献出版社2018年版，第12—13页。

② 参见姚林：《中国报业经营在广告“断崖式”下降中的转型》，崔保国主编：《中国传媒产业发展报告(2016)》，社会科学文献出版社2016年版，第92—93页。

③ 参见姚林、毛继萍：《2017年中国报纸及期刊产业发展报告》，崔保国主编：《中国传媒产业发展报告(2018)》，社会科学文献出版社2018年版，第84页。

④ 参见姚林、毛继萍：《2018年中国报纸及期刊产业发展报告》，崔保国、徐立军、丁迈主编：《中国传媒产业发展报告(2019)》，社会科学文献出版社2019年版，第132页。

⑤ 参见姚林：《2019年中国报纸与期刊产业发展报告》，崔保国、徐立军、丁迈主编：《中国传媒产业发展报告(2020)》，社会科学文献出版社2020年版，第178页。

⑥ 参见姚林：《中国报业经营在广告“断崖式”下降中的转型》，崔保国主编：《中国传媒产业发展报告(2016)》，社会科学文献出版社2016年版，第93页。

⑦ 参见崔保国、邵鹏：《传媒产业发展与未来媒体趋势》，崔保国主编：《中国传媒产业发展报告(2016)》，社会科学文献出版社2016年版，第6页。

⑧ 参见姚林、金文恺：《2016年中国报刊产业发展报告》，崔保国主编：《中国传媒产业发展报告(2017)》，社会科学文献出版社2017年版，第148页。

⑨ 参见姚林、毛继萍：《2017年中国报纸及期刊产业发展报告》，崔保国主编：《中国传媒产业发展报告(2018)》，社会科学文献出版社2018年版，第85页。

30.3%。[①]2019年报纸广告下降24.8%。[②]到2021年，报纸广告收入只剩2011年的1/15左右。[③]2021年，国内报业广告经营额从2011年的488亿元下降到39.1亿元。[④]

从2011年开始，虽然广播电视广告收入总额仍持续增长，但从2011年起增幅持续下滑，从2011年的15.6%下降到2015年的3.1%。[⑤]2022年，全国广播电视广告收入3342.32亿元，同比增长8.54%。其中，广播广告收入73.72亿元，同比下降28.09%；电视广告收入553.23亿元，同比下降19.11%；广播电视和网络视听机构通过互联网取得的新媒体广告收入2407.39亿元，同比增长20.28%。[⑥]

2014年，上海报业集团所属的《新闻晚报》宣布停刊，在许多传媒人与学者眼中，这意味着都市报"黄金时代"的终结。这一年，虽然全国各级新闻网站中42%以上的新闻内容依然来自报纸，但商业门户网站转载报纸媒体内容比例仅有15%，新闻视频化趋势不断降低商业门户网站对报纸媒体的依赖程度。[⑦]2016年，政府开始动用财政资金支持报业发展，以巩固新闻舆论主阵地，例如广州日报报业集团收到市财政局3.5亿元的财政专项资金，用于印刷和发行；深圳报业集团得到连续6年、每年1亿元的财政资助；《羊城晚报》《文汇报》《南方日报》《解放日报》等也得到政府财政各种形式的补贴：给予转型中的传统媒体一定程度的财政支持成为常态。[⑧]

---

① 参见姚林、毛继萍：《2018年中国报纸及期刊产业发展报告》，崔保国、徐立军、丁迈主编：《中国传媒产业发展报告(2019)》，社会科学文献出版社2019年版，第132页。

② 参见姚林：《2019年中国报纸与期刊产业发展报告》，崔保国、徐立军、丁迈主编：《中国传媒产业发展报告(2020)》，社会科学文献出版社2020年版，第177页。

③ 参见崔保国、陈媛媛：《2021—2022年中国传媒产业发展报告》，崔保国、赵梅、丁迈主编：《中国传媒产业发展报告(2022)》，社会科学文献出版社2022年版，第5页。

④ 参见艾瑞咨询：《中国网络广告年度洞察报告——产业篇(2021年)》，https://pdf.dfcfw.com/pdf/H3_AP202109151516401226_1.pdf?1631724956000.pdf。

⑤ 参见胡正荣、李继东、黄炜：《2015年中国电视产业发展报告》，崔保国主编：《中国传媒产业发展报告(2016)》，社会科学文献出版社2016年版，第17页。

⑥ 参见《2022年全国广播电视行业统计公报》，2023年4月27日，https://mp.weixin.qq.com/s/fcloiI2hpO_T3rIXC-nUmQ。

⑦ 参见田珂、蔡正鹏：《2014年报业新媒体影响力报告》，崔保国主编：《中国传媒产业发展报告(2015)》，社会科学文献出版社2015年版，第56—58页。

⑧ 参见姚林、金文恺：《2016年中国报刊产业发展报告》，崔保国主编：《中国传媒产业发展报告(2017)》，社会科学文献出版社2017年版，第149页。

面对衰退,传统媒体不再局限于入驻微信、微博、今日头条等平台打造传媒矩阵,开始尝试积极拥抱互联网。从接入"两微一端",到自建客户端,报业媒体不断扩大传播路径,与互联网平台合作,寻求资源的整合利用,报业在新媒体领域逐渐形成了"东澎湃,南并读,西封面,北无界,中九派"的局面。[①]报业的新媒体业务呈现出明显的资本多元化特征。

2013年10月,原解放日报报业集团和文汇新民联合报业集团整合重组成立上海报业集团,提出了"三新一高"(新技术的运用、新媒体的发展、新领域的拓展以及高水平服务保障)的发展战略。"上海观察""澎湃新闻""界面新闻"这三个项目也成为上海报业集团新媒体领域的主打产品。[②]

2014年7月,由《东方早报》转变而来的澎湃新闻正式上线,成为全国首个由传统媒体向新媒体全面转型的产品,聚合优质时政、思想、财经、文化类内容。[③]2014年9月,新闻晨报、新闻报社对澎湃新闻进行天使轮投资。[④]2016年12月,上海久事(集团)有限公司下属全资子公司上海久事投资管理有限公司、上海精文投资有限公司、上海东浩兰生国际服务贸易(集团)有限公司、百联集团有限公司、上海仪电(集团)有限公司、锦江国际(集团)有限公司等六家国有独资或全资企业对澎湃新闻网运营主体——上海东方报业有限公司战略入股,增资总额为6.1亿元,上海报业集团对东方报业有限公司的持股比例由100%变更为82.2%。[⑤]2018年9月,久事投资、精文投资、上海仪电、东浩兰生集团、锦江旅行+、百联股份、锦江国际进行A+轮投资;2022年8月,上海文化产业基金进行4亿元的B轮投资。[⑥]

2014年9月,上海报业集团联手11家互联网、金融、传媒资本推出界面新闻,作为原创财经类新媒体和社交类平台。[⑦]2014年9月,人民创投、卓尔传媒、国泰君安创投、新闻晨报、小米集团、奇虎360、海通开元、弘毅投资对界面

---

① 参见崔保国:《中国传媒产业十年发展的成就与生态之变》,《传媒》2022年第21期。

② 参见陈昌凤:《媒体融合中的全员转型与生产流程再造——从澎湃新闻的实践看传统媒体的创新》,《新闻与写作》2015年第9期。

③ 参见《关于澎湃》,https://www.thepaper.cn/about_paper。

④ 参见《澎湃新闻》,https://pitchhub.36kr.com/project/1958576020935683。

⑤ 参见《澎湃新闻获上海国资6.1亿战略入股,推出视频和英文两大项目》,2016年12月28日,https://app.lanjinger.com/d/26977。

⑥ 参见《澎湃新闻》,https://pitchhub.36kr.com/project/1958576020935683。

⑦ 参见《界面新闻》,https://pitchhub.36kr.com/project/2144776432780548。

新闻进行了9700万元人民币的A轮投资；2015年7月，蓝色光标、华映资本进行3500万元人民币A＋轮投资；2016年7月，昆仑信托进行3亿元人民币的B轮投资；2016年11月，元达信资本、天风天睿、昆仑信元基金进行战略融资；2017年5月，人民网、广汽资本进行B＋轮投资；2017年12月，财联社、晟道投资、君和资本、众源资本、Peng社交进行战略融资；2020年8月，中网投、徐汇国投、华闻传媒、国鑫创投进行超过5亿元人民币的C轮投资。[①]

2015年4月，南方报业集团与广东南华智闻科技有限公司推出“并读新闻”，尝试打造“新闻、社交、分成”的业务模式；9月，财讯集团、阿里巴巴和新疆维吾尔自治区政府合作打造的“无界新闻”上线，长江日报报业集团推出“九派新闻”；10月，四川日报集团与阿里巴巴成立“封面传媒”，携手打造一个强调“个性化定制”的新型主流媒体[②]；11月，河南广电的大象融媒体集团推出“猛犸新闻”，重庆日报报业集团推出“上游新闻”。此时，移动互联网市场的快速崛起让传统门户网站的转型变得迫在眉睫，腾讯、网易较早展开门户网站的转型，而新浪、搜狐则因为难以适应快速的行业变化而陷入困境。[③]

除报业发力外，全国各地传统媒体也开始进行跨媒介整合以及平台化的尝试。例如，2016年6月，上海广播电视台、上海文化广播影视集团有限公司成立上海广播电视台融媒体中心。通过整合上海东方卫视新闻团队和上海广播电视台新闻团队的资源，融媒体中心出品了上海广播电视台官方新闻客户端——“看看新闻Knews”，凭借短视频在自建平台上不断深化“多屏幕”“全网络”的生态布局，寻求可持续发展之道。[④]2017年6月，营口新闻传媒中心成立，营口广播电视台、营口日报社、营口晚报社、营口新闻网等市直媒体合而为一。[⑤]2018年7月，辽宁报刊传媒集团（辽宁日报社）正式挂牌成立，由原辽宁日报报业集团、原辽宁党刊集团等17家事业单位组成，所属6张报纸、

---

① 参见《界面新闻》，https://pitchhub.36kr.com/project/2144776432780548。

② 参见《四川日报集团与阿里联合成立“封面传媒”》，2015年11月3日，http://www.xinhuanet.com/politics/2015-11/03/c_128389641.htm。

③ 参见崔保国、邵鹏：《传媒产业发展与未来媒体趋势》，崔保国主编：《中国传媒产业发展报告（2016）》，社会科学文献出版社2016年版，第8页。

④ 参见聂鑫焱：《“做活棋眼”：以短视频推动融合发展——以上海广播电视台“看看新闻Knews”为例》，《传媒》2021年第4期。

⑤ 参见《营口入选全国媒体融合试点！辽宁仅两家！》，2022年6月28日，http://www.yingkou.gov.cn/001/001001/20220628/38392ea9-b311-4f35-b9d6-7a6dfdfe6073.html。

14本杂志、4家网站以及多家新媒体平台。[①]2018年8月，大连市将报业、广播、电视、门户网站、出版社、京剧院等11家单位、5000余人整合到一起，组建大连新闻传媒集团，完成“物理融合”。[②]2018年4月，天津市委常委会审议通过海河传媒中心组建方案，11月正式挂牌运行。在此之前，天津市级媒体相关业务主要分布在天津日报社、今晚报社、天津广播电视台、天津广电传媒集团、中国技术市场报社、天津报业印务中心6家单位，干部、职工总计1.2万余人，有子报子刊16家、广播电视频率频道20个、新闻网站6个、新闻客户端8个、手机报2份，“两微”自媒体账号334个。长期以来，各媒体资源分散、管理粗放、低水平重复、同质化竞争的问题十分严重，几家主要新闻单位经营发展集体遭遇前所未有的寒冬，受众和收入持续“断崖式”下滑。[③]海河传媒中心组建后，天津日报社、今晚报社、天津广播电视台、天津广电传媒集团4个正局级和中国技术市场报社、天津报业印务中心2个副局级机构被撤销，局级领导职数由8正32副大幅削减为2正11副，内设机构由改革前的117个压缩至57个，处级干部职数由改革前的433名压缩至197名。[④]2019年3月，鄂州日报社、鄂州广播电视台成立鄂州市融媒体中心，成为湖北省第一家地级市融媒体中心。[⑤]4月，绍兴日报社、绍兴广播电视总台成立绍兴市新闻传媒中心（传媒集团），成为浙江省首家报社和广电合并的市级媒体。[⑥]4月，以原珠海报业集团和珠海广电集团为基础，珠海传媒集团、珠市新闻中心正式挂牌，整合珠海市其他国有传媒类资源，组建了国内首家全媒体国有文化传媒企业集团。[⑦]2010年，湖南电视台与湖南广播影视集团合并，组建了湖南广播电视

---

① 参见《辽宁报刊传媒集团（辽宁日报社）媒体社会责任报告（2021年度）》，2022年6月10日，http://news.lnd.com.cn/system/2022/06/10/030324823.shtml。

② 参见李鹏宇：《全媒融合　全业创新　开创大连新闻传媒事业新局面》，《中国记者》2019年第4期。

③ 参见《媒体深度融合　打造传媒旗舰——访天津海河传媒中心党委书记、总裁王奕》，《中国记者》2019年第4期。

④ 参见《媒体深度融合　打造传媒旗舰——访天津海河传媒中心党委书记、总裁王奕》，《中国记者》2019年第4期。

⑤ 参见《湖北首家地级市融媒体中心在鄂州挂牌》，2019年3月21日，http://www.hubei.gov.cn/hbfb/rdgz/201903/t20190321_1673987.shtml。

⑥ 参见《整合报社和广电，绍兴喝上市级媒体融合改革“头口水”》，2021年2月19日，https://www.zj.gov.cn/art/2021/2/19/art_1554469_59084039.html。

⑦ 参见《传媒湃｜以珠海报业、珠海广电为基础组建珠海传媒集团》，2019年4月30日，https://baijiahao.baidu.com/s?id=1632252025183861141&wfr=spider&for=pc。

台；2015年，湖南省将湖南广播电视台相关可剥离经营性资产和芒果传媒有限公司整合，组建新的湖南广播影视集团有限公司[①]；2019年，湖南广播影视集团提出“芒果生态圈”的概念，湖南卫视和芒果TV是其双平台；2020年，湖南广电推出“主流新媒体集团”战略目标之后，其谋篇布局也从“两翼齐飞”转变为“多元一体”，更强调芒果系内部多元主体更为密切的协同发展，即以湖南卫视、“芒果超媒”为两大引擎，以湖南卫视和芒果TV为“双平台”，打通地面频道、移动频道等多个渠道，促进内容公司的系统性协同，建构融媒大生态矩阵。[②]2020年5月，上海报业集团和上海东方网股份有限公司宣布“联合重组”，实现合并，这是国内媒体融合历史上第一次出现省级报业集团和省级新闻网站（集团）实现重组合并。[③]

中国传媒的跨媒介整合以及平台化动作并非只限于国内，主流媒体也不断加大海外传播力度，布局海外社交平台。例如，截至2020年年底，中央广播电视总台在YouTube、Facebook开设账号超过240个，账号累计订阅量3.7亿个；中央广播电视总台旗下CGTN已建成一网、一端、一集群国际传播矩阵，在Facebook、Instagram、Twitter等17个平台开设了CGTN主账号。地方广电和互联网视听机构也积极布局海外，芒果TV、爱奇艺、优酷、抖音、快手相继推出国际版App。[④]越来越多的广电媒体将海内外平台、传统广播电视平台和新媒体平台统一纳入考评范围，将融合要求细化到每一级管理者的绩效考核中，自上而下促进深度融合，例如上海广播电视台将2/3以上的员工归入融媒体序列，采用“固定岗位考核指标＋额外贡献值”的动态调整方式，以激发员工工作积极性。[⑤]

作为基础技术，数字化是当前一切新闻传播业态创新的根基，大数据、下一代智能皆是如此，5G技术依靠无线宽带，扩充了数字传播的容量，提高了

---

① 参见王昶、李芊：《开辟增长的第二曲线：从湖南卫视到芒果TV的战略创业》，《清华管理评论》2020年第10期。

② 参见王超群：《广电主流媒体深度融合的创新实践——以湖南广电全媒体平台“芒果生态圈”为例》，《媒体融合新观察》2023年第1期。

③ 参见徐立军、王玉飞：《中国媒体融合创新发展报告》，崔保国、徐立军、丁迈主编：《中国传媒产业发展报告（2020）》，社会科学文献出版社2020年版，第31页。

④ 参见徐立军：《2020年中国媒体融合创新发展报告》，崔保国、徐立军、丁迈主编：《中国传媒产业发展报告（2021）》，社会科学文献出版社2021年版，第26页。

⑤ 参见姜涛、刘牧媛、肖子南：《2021年中国媒体融合创新发展报告》，崔保国、赵梅、丁迈主编：《中国传媒产业发展报告（2022）》，社会科学文献出版社2022年版，第35页。

数字传播的速度，扩展了数字传播的范围。[①]5G技术为媒体的跨媒介融合提供了新一波机遇。

2019年2月，新华网和中国信息通信研究院签署战略合作协议，以各自资源优势为基础联合共建5G新媒体实验室，共同探索5G时代通信行业与媒体行业跨界合作的全新模式，推动5G、物联网、大数据、人工智能等新兴技术与传媒领域的深度融合。[②]2019年6月，工业和信息化部向中国电信、中国移动、中国联通、中国广电发放5G牌照，中国正式进入5G商用元年。[③]2019年11月，作为国内首个国家级5G新媒体平台，中央广播电视总台"央视频"5G新媒体平台正式上线，成为总台基于"5G＋4K/8K＋AI"等技术全新打造的综合性视听新媒体旗舰。[④]

我国短视频行业自2013年开始起步，到2016年年底，移动短视频用户规模已超1.5亿，此时短视频行业内专业生产内容(professional generated content，PGC)过少，无法彻底消化庞大的资本注入，而行业内绝大多数UGC质量参差不齐，仅靠单打独斗，很难获得注重回报率的投资方青睐，于是致力于孵化并运营短视频IP、打造短视频全产业链服务框架的多频道网络(multi—channel network，MCN)公司如雨后春笋一般，从2016年到2017年大量涌现，开始抢夺流入短视频行业内的资本。[⑤]MCN作为内容生产者(网红)、平台方、广告方等之间的中介组织，通过将众多能力相对薄弱的内容生产者聚合起来建立频道，并帮助内容生产者更好地实现分发和商业价值变现。[⑥]2017年2月，三大主流媒体不约而同推出与直播有关的新平台，如《人民日报》与

---

① 参见柳斌杰、郑雷：《新媒体环境下中国新闻管理与舆论引导问题、趋势分析》，《国际新闻界》2019年第2期。

② 参见陈华、王武彬：《新华网与中国信通院达成战略合作　共建5G新媒体实验室》，2019年2月27日，http://www.caict.ac.cn/xwdt/ynxw/201902/t20190227_195220.htm。

③ 参见《中国进入了5G商用元年　各地加速推进5G建设》，2019年6月7日，http://www.cac.gov.cn/2019-06/07/c_1124594137.htm?from=timeline&isappinstalled=0。

④ 参见《中央广播电视总台"央视频"5G新媒体平台正式上线》，2019年11月20日，http://news.cctv.com/2019/11/20/ARTIJLwQRjm4Bv3VbbMaBsDv191120.shtml。

⑤ 参见李梦楠：《MCN模式在中国短视频行业内的兴起》，《新媒体研究》2017年第3期。

⑥ 参见郭全中：《MCN机构发展动因、现状、趋势与变现关键研究》，《新闻与写作》2020年第3期。

微博、一直播共同推出的全国移动直播平台;央视开发并有37家省级、计划单列市广电机构入驻的央视新闻移动网;新华社推出的有102家中央媒体、地方媒体、地方党政机关同步入驻的"现场云"全国服务平台。[①]从2018年开始,湖南娱乐频道、成都广电开始在MCN领域开始布局,随着浙江广电、山东广电、黑龙江广电等省级广电加入,广电MCN范围进一步扩大,2021年初,全国至少有20家广电机构已向MCN机构转化。[②]

2019年7月,黑龙江广电成立融媒创新中心——龙广电MCN,开启短视频之路,成立了全国省级媒体第一家媒体类MCN、全国首批在互联网端注册"媒体MCN机构"的省级媒体,以广电优势为核心背书,以互联网端短视频内容(红人)为载体,对互联网平台、外部MCN机构、广告主、供应链及省内优质资源进行整合。[③]为此,黑龙江广播电视台200多名主持人签约龙广电MCN,运营人员按照他们的不同特点划分不同的短视频垂类进行孵化,通过多层次培训、样片制作、账号跟踪等不同方式来赋予主持人"网感"。[④]2019年7月,中央广播电视总台新闻新媒体中心推出短视频栏目《主播说联播》。该栏目时长通常在两分钟,联播主持人结合当天重大消息、突发事件或热点新闻,用通俗、个性化的语言出镜口播进行评述,传递主流的价值、观点和态度,栏目话语方式呈现四种转向:话语语境的场景化转向、话语基调的情绪化转向、话语修辞的形象化转向、话语风格的流行化转向。[⑤]2019年12月,山东广播电视台闪电MCN-Lightning TV成立,吸收全省主要广电媒体机构及主持人、记者、专业领域达人等139个内容创作账号入驻。[⑥]作为四川广播电视台媒体融合的重要平台,2020年"四川观察"在短视频平台出圈,一个月涨粉超

---

① 参见彭兰:《2016年新媒体发展关键词》,崔保国主编:《中国传媒产业发展报告(2017)》,社会科学文献出版社2017年版,第37—38页。

② 参见唐瑞峰:《超20家广电机构借MCN弯道超车,广电MCN向产业化、生态化演变》,《电视指南》2020年第23期。

③ 参见王朝明:《专访黑龙江广播电视台融媒创新中心副主任马威·解码富有广电特色MCN运营之策》,《电视指南》2020年第8期。

④ 参见李黎、姜垌羽:《龙广电MCN:掀起"龙江老铁"新风口——黑龙江广播电视台试水直播带货的思考》,《新闻战线》2020年第10期。

⑤ 参见强月新、梁湘毅:《短视频新闻评论话语方式的四种转向——以央视〈主播说联播〉为个案分析》,《现代传播》2021年第4期。

⑥ 参见MCN-Lightning TV官网,http://mcn.iqilu.com。

过1500万，成为现象级的出圈案例。[①]2022年1月，"四川观察"成立四川观察合创新媒体发展有限公司，开启了公司化的运营模式，着力打造"互联网品牌全链路服务平台"，以"四川观察"IP为核心开展多业态布局，提供融媒体产品传播运营、短视频运营、客户端及官方网站运营、技术集成开发、广电特色MCN账号达人池建设、微综微剧内容创作、全域整合营销在内的全链路服务。[②]截至2022年年初，国内广电媒体开设的MCN机构超过30家、融媒体工作室超过300家，通过按岗定酬等措施设置多元化激励机制，尝试以"体制内市场化"的方式激发人才创新活力。[③]

2022年6月，中宣部、财政部、国家广电总局共同发布《推进地市级媒体加快深度融合发展实施方案的通知》，在全国范围内选定60个市级融媒体中心作为建设试点。这一举措标志着"广电＋报社"改革进程进一步加速，但关于这种改革是否能为重塑传媒体制机制提供历史机遇，还是与媒体融合发展趋势不符，业内观点仍存分歧。在实践中，推动广电与报社的合并不仅需要解决合并带来的媒体关闭、机构精简、干部安置、人员分流和管理整合等现实问题，还需应对媒体融合、体制改革、经营转型、机制创新、人才培养和管理提升等多方面的发展挑战。这是一项充满挑战和风险的重大系统性改革工程，涉及多方面的综合考量和精心策划。[④]

三、县级融媒体的部署

2018年8月，习近平总书记在全国宣传思想工作会议上指出，"扎实抓好县级融媒体中心建设，更好引导群众、服务群众"，从国家战略层面提出了县级融媒体建设的发展方向。[⑤]这是县级融媒体中心的概念首次在中央级会议

① 参见陶忻玥：《新闻客户端的内容生产策略探析——以〈四川观察〉为例》，《西部广播电视》2022年S1期。

② 参见苗慧：《品牌型媒体的构建——以"四川观察"为例》，《中国记者》2023年第1期。

③ 参见姜涛、刘牧媛、肖子南：《2021年中国媒体融合创新发展报告》，崔保国、赵梅、丁迈主编：《中国传媒产业发展报告(2022)》，社会科学文献出版社2022年版，第35页。

④ 参见杨冰：《"广电＋报社"改革，如何才能取得好的成效？》，上海娱华公众号，2022年12月16日。

⑤ 参见张丽萍：《加快推进县级融媒体中心建设》，2019年2月19日，http://www.xinhuanet.com/zgjx/2019-02/19/c_137833053.htm。

上提出，由此掀起了县级融媒体中心建设热潮。[①]9月，中宣部在浙江省湖州市长兴县召开县级融媒体中心建设现场推进会，对在全国范围推进县级融媒体中心建设作出部署安排，确定了县级融媒体中心建设的具体目标和实现路径，要求2018年先行启动600个县级融媒体中心建设，2020年年底基本实现在全国的全覆盖。[②]11月，中央全面深化改革委员会第五次会议审议并通过了《关于加强县级融媒体中心建设的意见》。会议指出，组建县级融媒体中心，有利于整合县级媒体资源、巩固壮大主流思想舆论。要深化机构、人事、财政、薪酬等方面改革，调整优化媒体布局，推进融合发展，不断提高县级媒体传播力、引导力、影响力。要坚持管建同步、管建并举，坚持正确政治方向、舆论导向、价值取向，坚守社会责任，把社会效益放在首位。[③] 11月，首届全国县级融媒体中心建设高峰论坛在北京大学举行，论坛由国家互联网信息办公室网络评论工作局指导，北京大学新媒体研究院主办，来自党委政府、学界业界的200余位代表参会。[④]以县级融媒体中心建设的提出为标志，以行政力量主导的自上而下的媒介融合行动进入第二阶段，与第一阶段以大传媒集团"中央厨房"模式为主要特征相比，长期处于行业边缘地带的县级媒体终于有机会进入政策关注的焦点区域。[⑤]

中宣部、国家网信办、国家广电总局多部门合作与推动，加速了县级融媒体中心的建设进程。[⑥]县级融媒体中心的推进，完善了中央、省、市媒体和县融媒体四级融合发展布局，也被视为打通媒体融合的"最后一公里"。[⑦]2019年1月，中宣部和国家广电总局联合发布了《县级融媒体中心建设规范》《县

---

① 参见崔保国：《中国传媒产业十年发展的成就与生态之变》，《传媒》2022年第21期。

② 参见张丽萍：《加快推进县级融媒体中心建设》，2019年2月19日，http://www.xinhuanet.com/zgjx/2019-02/19/c_137833053.htm；《县级融媒体中心扎根地方　重构边界》，2019年5月21日，http://www.cac.gov.cn/2019-05/21/c_1124522261.htm。

③ 参见《县级融媒体中心扎根地方　重构边界》，2019年5月21日，http://www.cac.gov.cn/2019-05/21/c_1124522261.htm。

④ 参见宋琢：《以融合谋创新　以引导促服务——首届全国县级融媒体中心建设高峰论坛在京举行》，2018年11月22日，https://snm.pku.edu.cn/info/1025/1483.htm。

⑤ 参见朱春阳：《县级融媒体中心建设：经验坐标、发展机遇与路径创新》，《新闻界》2018年第9期。

⑥ 参见《国家网信办：县级融媒体中心挂牌超过2400个》，2021年3月30日，https://acin.org.cn/4771.html。

⑦ 参见魏永征：《新闻传播法教程》，中国人民大学出版社2022年版，第327—328页。

级融媒体中心省级技术平台规范要求》，为县级融媒体中心省级技术平台规定了操作指南和建设规范。[①]2019年4月，由中共中央宣传部新闻局、国家广播电视总局科技司制定的《县级融媒体中心网络安全规范》[②]《县级融媒体中心运行维护规范》[③]《县级融媒体中心监测监管规范》[④]发布。

从中央到地方，主流媒体开始为县级融媒体建设提供聚合类服务平台。2019年2月，中央广播电视总台"全国县级融媒体智慧平台"暨央视网新版全终端上线，该平台基于央视新闻移动网的平台应用，在其客户端"央视新闻＋"开设"最前沿县级融媒体"入口，从节目研发、技术支撑、内容分发、媒资共享等方面赋能，助力县级融媒体形成移动传播矩阵。[⑤]在地方，黑龙江广播电视台的"极光新闻"开设极光号整合县域融媒体中心账号；四川广播电视台建设服务平台，使县域融媒体中心能够直接"拎包入住"，并在"四川观察"客户端设置市州圈版块，为市、县域融媒体内容发布提供渠道；山东广播电视台以"闪电新闻"为依托，聚集省内136家县域融媒体中心力量，将全省的省市县三级媒体资源打通，共谋发展。[⑥]

我国目前有2800多个县级行政区域。[⑦]2021年，县级融媒体中心挂牌超过2400个，这些中心正在成为乡村基层主流舆论阵地。[⑧]浙江安吉县融媒体

---

① 参见张丽萍：《加快推进县级融媒体中心建设》，2019年2月19日，http://www.xinhuanet.com/zgjx/2019-02/19/c_137833053.htm。

② 参见《县级融媒体中心网络安全规范》，2019年4月9日，http://www.nrta.gov.cn/module/download/downfile. jsp? classid＝0&filename＝588563c1cc6443829efc480fc0257729.pdf。

③ 参见《县级融媒体中心运行维护规范》，2019年4月9日，http://www.nrta.gov.cn/module/download/downfile. jsp? classid＝0&filename＝fa7b91b466574686865e67e5786a9f55.pdf。

④ 参见《县级融媒体中心监测监管规范》，2019年4月9日，http://www.nrta.gov.cn/module/download/downfile. jsp? classid＝0&filename＝905e59c706264ba7b3769e75ffec80fb.pdf。

⑤ 参见《中央广播电视总台"全国县级融媒体智慧平台"暨央视网新版全终端上线》，2019年2月19日，http://www.xinhuanet.com/politics/2019-02/19/c_1124136938.htm。

⑥ 参见姜涛、刘牧媛、肖子南：《2021年中国媒体融合创新发展报告》，崔保国、赵梅、丁迈主编：《中国传媒产业发展报告（2022）》，社会科学文献出版社2022年版，第35页。

⑦ 参见魏永征：《新闻传播法教程》，中国人民大学出版社2022年版，第327页。

⑧ 参见《国家网信办：县级融媒体中心挂牌超过2400个》，2021年3月30日，https://acin.org.cn/4771.html。

成为县级融媒体中心的发展样板，2022年全年营收达到4.87亿元人民币。[①] 2014年安吉县便率先提出新闻融合，整合县域媒体资源，完成第一轮体制机制改革；2021年在全国县媒融合基本完成之时，又率先启动第二轮体制机制改革，正式明确事业单位性质企业运作实质的运行机制；2022年11月，《安吉县融媒体中心（安吉新闻集团）发展战略规划（2023—2028）》发布，成为全国首个县级融媒体五年发展战略规划。[②]

四、特殊管理股的试点

随着媒体融合战略的推进，特殊管理股成为管理国内商业互联网媒体的一项重要尝试。这一股权制度起源于19世纪80年代欧洲国有企业的民营化过程中的"后控制"问题，其核心思想是政府（或企业创始人、核心管理层）通过保留或赋予适度的控制权，对企业的股权结构和公司治理产生影响。这种做法旨在确保政府（或企业创始人、核心管理层）的政策目标得以实现。特殊股权结构的设计主要有两种模式：第一种是双层股权结构设计；第二种是具有"终极否决权"特征的股权结构，通常被称为黄金股。这种权利一般由政府行使，在国有企业实行混合所有制改革之后，政府通过保留一股或少量特殊股份，保持在某些关键事务上拥有超级投票权和终极否决权。[③]这使得政府能够在保持企业运营的商业件和灵活性的同时，对企业的关键决策产生重大影响。

2013年，党的十八届三中全会通过的《中共中央关于全面深化改革若干重大问题的决定》提出："完善文化市场准入和退出机制，鼓励各类市场主体公平竞争、优胜劣汰，促进文化资源在全国范围内流动。继续推进国有经营性文化单位转企改制，加快公司制、股份制改造。对按规定转制的重要国有传媒企业探索实行特殊管理股制度。"[④]2014年2月，中央全面深化改革领导小组第二次会议审议通过了《深化文化体制改革实施方案》，将传媒企业实行

---

① 参见《浙江宣传丨这家县级融媒体何以年营收4.87亿》，2023年2月23日，https://zjnews.zjol.com.cn/zjxc/202302/t20230223_25456906.shtml。

② 参见《安吉发布全国首个县级融媒体五年发展战略规划》，2022年11月15日，https://www.sohu.com/a/606106486_120302。

③ 参见潘爱玲、郭超：《国有传媒企业改革中特殊管理股制度的探索：国际经验与中国选择》，《东岳论丛》2015年第3期。

④《中共中央关于全面深化改革若干重大问题的决定》，2013年11月15日，http://www.gov.cn/jrzg/2013-11/15/content_2528179.htm。

特殊管理股制度试点作为2014年着力推进的改革任务。[①]在打破传媒领域跨地区跨行业壁垒，改变以部门系统、行政级次设计的传媒格局，提升传媒业规模化、集约化、专业化水平方面，特殊管理股被寄予厚望。[②]

2014年10月，国家新闻出版广电总局推出了一项重要举措，开启了非公有制文化企业参与对外专项出版业务的试点项目，并随之发布了《非公有制文化企业参与对外专项出版业务试点办法》。非公有制文化企业参与对外专项出版业务，是指以具有主管主办资质、外文出版能力的国有出版单位拥有特殊管理股为前提，允许其与国有出版单位共同投资设立有限责任公司，投资比例双方约定，允许非公有制文化企业绝对控股，给予新设立公司从事对外出版的专项出版权。在这一模式中，国有出版单位保留出版物内容的最终审核权，并有权决定新公司出版物的发行与否。此外，股权转让、引进战略投资者等重大投融资事项，以及主要经营管理人员的聘用，均需要得到国有出版单位的同意。[③]这一举措旨在促进国有与非国有文化企业之间的合作与融合，同时确保国有出版单位在内容审查和重要决策中保持关键影响力。

2015年8月发布的《中共中央、国务院关于深化国有企业改革的指导意见》，旨在完善现代企业制度。该指导意见明确提出推进公司制股份制改革。加大集团层面公司制改革力度，积极引入各类投资者实现股权多元化，大力推动国有企业改制上市，创造条件实现集团公司整体上市。根据不同企业的功能定位，逐步调整国有股权比例，形成股权结构多元、股东行为规范、内部约束有效、运行高效灵活的经营机制。允许将部分国有资本转化为优先股，在少数特定领域探索建立国家特殊管理股制度。[④]

2016年5月，国家新闻出版广电总局召开会议，建议国资特殊管理股比例至少1%，拥有董事席位，对内容有一定审查权。[⑤]

---

① 参见徐京跃、隋笑飞：《深化文化体制改革任务展望——访中央文化体制改革和发展工作领导小组办公室主任、中宣部副部长孙志军》，2014年3月11日，http://cpc.people.com.cn/n/2014/0311/c64102-24606100.html。

② 参见柳斌杰：《把握大势　融合创新　构建传媒新格局》，《传媒》2014年第5期。

③ 参见《非公有制文化企业参与对外专项出版业务试点工作启动》，2014年10月13日，http://www.xinhuanet.com/zgjx/2014-10/13/c_133711610.htm。

④ 参见《中共中央、国务院关于深化国有企业改革的指导意见》，2015年9月13日，http://www.gov.cn/zhengce/2015-09/13/content_2930440.htm。

⑤ 参见金雪涛：《我国传媒领域有效推进特殊管理股制度的思考》，《中国发展观察》2016年第21期。

2017年1月，国内移动资讯平台ZAKER宣布，2016年已获得C轮数亿元融资，领投方是广东南方媒体融合发展投资基金，江苏聚合资本、深圳报业集团、江苏现代快报传媒有限公司、北京鑫和泰道投资管理有限公司、深圳市国融文化产业管理企业跟投，同时，引入深圳报业集团作为特殊管理股试点，ZAKER创始人兼CEO李森和表示，“这为ZAKER与传统机构媒体的合作在内容、渠道、平台、经营、管理等方面的基础上，进一步开放股权，实现从业务融合向资本融合的提升扫清了障碍，也为重要国有传媒企业探索实行特殊管理股提供了试点”。①

同年，一点资讯成为中国互联网领域特殊管理股的试点企业。② 10月，一点资讯获得国家网信办颁发的《互联网新闻信息服务许可证》，成为2017年《互联网新闻信息服务管理规定》施行后首家获得该许可证的资讯平台。③北京市国有文化资产监督管理办公室持有一点资讯运营主体北京一点网聚科技有限公司1.16%的股权。④

2019年8月，国家网信办向ZAKER的运营主体广州坚和网络科技有限公司颁发《互联网新闻信息服务许可证》，ZAKER也成为继一点资讯后的第二家获得该许可证的民营移动资讯平台，ZAKER和一点资讯引入特殊管理股试点对获得互联网新闻信息服务资质至关重要。⑤

2017年1月，中共中央办公厅和国务院办公厅联合发布《关于促进移动互联网健康有序发展的意见》，强调在互联网新闻信息服务、网络出版服务、信息网络传播视听节目服务等领域开展特殊管理股试点。大力推动传统媒体与移动新媒体深度融合发展，加快布局移动互联网阵地建设，建成一批具有强大实力和传播力、公信力、影响力的新型媒体集团。⑥

---

① 参见《ZAKER宣布获得C轮融资》，2017年1月5日，http://jjckb.xinhuanet.com/2017-01/05/c_135957845.htm。

② 参见郭全中：《2018年中国传媒企业资本运作发展报告》，崔保国、徐立军、丁迈主编：《中国传媒产业发展报告(2019)》，社会科学文献出版社2019年版，第259页。

③ 参见张子龙：《一点资讯获网络新闻信息服务许可证，分发平台或再度洗牌》，2017年10月31日，https://news.lanjinger.com/d/79033。

④ 数据来自天眼查，查询时间为2023年5月20日。

⑤ 参见郭全中：《为什么是ZAKER?》，2019年8月27日，https://static.nfapp.southcn.com/content/201908/27/c2565073.html?colID=3091。

⑥《中共中央办公厅　国务院办公厅印发〈关于促进移动互联网健康有序发展的意见〉》，国务院公报2017年第4号，http://www.gov.cn/gongbao/content/2017/content_5165765.htm。

2017年5月，国家网信办发布《互联网新闻信息服务管理规定》，提出："符合条件的互联网新闻信息服务提供者实行特殊管理股制度，具体实施办法由国家互联网信息办公室另行制定。"[①]

2017年8月，人民网股份有限公司发布公告，与北京铁血科技股份公司(以下简称"铁血科技")签署了框架协议，人民网将以7.89元/股的价格，认购铁血科技发行的91.33万股非限售流通股股票，占发行后铁血科技总股本的1.5%。发行完成后，人民网将向铁血科技推荐一名董事，该董事确定编委会成员候选人后，向董事会提出提名或解聘提案，铁血科技主要股东同意采取必要措施以保证该类提案在董事会上可以顺利通过。另外，铁血科技将与人民网签署内容审核服务合同，由人民网负责铁血科技的内容审核工作，铁血科技支付相应的审核费用。[②]

2018年9月，时为中国第二大移动内容聚合平台的趣头条在美国纳斯达克上市。[③]此时，作为资讯阅读应用的趣头条并未取得《互联网新闻信息服务许可证》和《互联网视听节目传输许可证》。在此之前，趣头条在8月17日递交的首次公开募股招股书中称，考虑向国有公司派发具有特殊权利的股份，以促进《互联网新闻信息服务许可证》的取得。[④]2018年8月，人民网旗下基金、澎湃新闻成为趣头条的战略投资者，其中澎湃新闻以5500万美元入股趣头条。购买股权协议还规定，澎湃新闻有权向趣头条的董事会指定一名董事。趣头条新版招股书称，趣头条准备以澎湃新闻作为国有股东去申请《互联网新闻信息服务许可证》。[⑤]上海新湃管理咨询有限公司(为上海东方报业有限公司所有)持有趣头条运营主体上海基分文化传播有限公司1%的股份。[⑥]2019年年底，上海基分文化传播有限公司由国家互联网信息办公室颁

---

① 《互联网新闻信息服务管理规定》，2017年5月2日，http://www.cac.gov.cn/2017-05/02/c_1120902760.htm。

② 参见《人民网参股铁血社区母公司铁血科技 负责内容审核》，2017年8月23日，https://tech.huanqiu.com/article/9CaKrnK4QJx。

③ 参见李程程：《趣头条黯然退市纳斯达克，"网赚"模式走向末路|钛媒体焦点》，2023年3月22日，https://www.tmtpost.com/6457872.html。

④ 参见万珮、闫丽娇：《上市前夕给澎湃发1%"特殊股"，趣头条能过"牌照关"吗?》，2018年9月14日，https://m.bjnews.com.cn/detail/155153248814495.html。

⑤ 参见万珮、闫丽娇：《上市前夕给澎湃发1%"特殊股"，趣头条能过"牌照关"吗?》，2018年9月14日，https://m.bjnews.com.cn/detail/155153248814495.html。

⑥ 数据来自天眼查，查询时间为2023年5月20日。

发《互联网新闻信息服务许可证》，准许其从事互联网新闻信息转载、传播平台服务。[①]

2020年6月，网投通达（北京）科技有限公司出资560.6万元，成为北京微梦创科网络技术有限公司股东，持股比例为1%。后者为新浪微博在国内主要的子公司，网投通达（北京）科技有限公司为中国互联网投资基金管理有限公司100%拥有的企业，中国互联网投资基金管理有限公司的股东分别为国家计算机网络与信息安全管理中心、中信国安集团有限公司、中邮人寿保险股份有限公司、中国移动通信集团有限公司。[②]2021年12月，网投中文（北京）科技有限公司出资200万元，成为北京抖音信息服务有限公司股东，持股比例为1%，网投中文（北京）科技有限公司的股东分别为中国互联网投资基金管理有限公司、北京市国有文化资产监督管理办公室与央视频融媒体发展有限公司。[③]

五、互联网公司的传媒布局

商业互联网巨头们通过资本、用户基础、技术能力以及数据资源等多个层面积极进军传媒行业。其中，阿里巴巴集团作为这一趋势的典型代表，展示了多个“逆向融合”的典范案例。这种逆向融合不仅体现了商业互联网公司如何有效地利用其在资本市场的影响力，还展示了它们如何通过巨大的用户群体、先进的技术手段和丰富的数据资源来重塑传统传媒领域的格局。

2013年4月，阿里巴巴对由中国社会科学院主管，中国社科院美国研究所、社会科学文献出版社主办的《商业评论》杂志进行战略投资，此次投资传统媒体被认为是阿里巴巴开始加入推动传统媒体变革的新行列。[④]

2014年3月，阿里巴巴以62.44亿港元战略投资文化中国，获得文化中国60%的股份，后者拥有《京华时报》的主要经营权。[⑤]

2014年4月，阿里巴巴联合云峰基金，以12.2亿美元收购优酷土豆A类普通股7.21亿股，其中阿里巴巴持股比例为16.5%，云锋基金持股比例为

① 参见陆一夫：《趣头条获颁发〈互联网新闻信息服务许可证〉》，2019年11月27日，https://baijiahao.baidu.com/s?id=1651336339575075227&wfr=spider&for=pc。

② 数据来自天眼查，查询时间为2023年5月20日。

③ 数据来自天眼查，查询时间为2023年5月20日。

④ 参见《阿里巴巴集团战略投资〈商业评论〉杂志》，2013年4月9日，http://people.techweb.com.cn/2013-04-09/1288444.shtml。

⑤ 参见谢惠茜：《阿里巴巴斥62亿投资文化中国传播》，2014年3月13日，http://finance.ce.cn/rolling/201403/13/t20140313_2473016.shtml。

2%。[①]2014年7月，优酷土豆的母公司合一信息技术（北京）有限公司（以下简称“合一信息”）与国广控股、华闻传媒和国广东方签署了战略投资协议，合一信息向中国国际广播电台新媒体服务运营商国广东方增资5000万元，持有国广东方16.6667%的股权。[②]

2014年4月，杭州云溪投资合伙企业认购华数传媒非公开发行的2.87亿股，涉及金额65.36亿元。交易完成后，云溪投资持有华数传媒20%的股权。阿里巴巴和华数传媒达成战略合作，双方将共同参与原创内容、视频通信、游戏、音乐、教育、云计算、大数据等领域的布局和并购，共同拓展文化传媒产业链上下游。[③]2014年6月，阿里巴巴旗下的云鑫投资对新媒体虎嗅网进行投资。[④]

2015年，非公有资本在政策支持下进入传统媒体。[⑤]这一年，除投资封面传媒与无界新闻外，阿里巴巴在传媒领域动作不断。5月，阿里巴巴与北京青年报社签署战略合作备忘录，双方将在物流、O2O等方面展开战略合作。[⑥]6月，阿里巴巴以12亿元入股上海文广集团旗下的第一财经，后者拥有第一财经电视、《第一财经日报》、《第一财经周刊》、第一财经广播、一财网等媒体，是上海文广集团旗下专业化的财经媒体集群，业内称阿里巴巴投资“一财”意在打造中国的彭博社。[⑦]6月，旗下拥有《博客天下》《财经天下》《人物》的博雅天下获得阿里巴巴数千万元的A轮投资。[⑧]10月，阿里巴巴旗下蚂蚁金服战略

---

① 参见《阿里入股优酷土豆》，2014年4月29日，http://www.infzm.com/contents/100280。

② 参见《国广东方的大格局——华闻传媒（000793.SZ）深度分析第二季》，2014年9月9日，https://pdf.dfcfw.com/pdf/H3_AP201409100006946212_1.pdf?1601213590000.pdf。

③ 参见《阿里巴巴65.36亿入股华数传媒》，2014年4月9日，https://tech.china.com/news/it/11146618/20140409/18437685.html。

④ 参见《消息称阿里巴巴投资虎嗅网》，2014年6月6日，http://www.techweb.com.cn/news/2014-06-06/2044249.shtml。

⑤ 参见唐绪军、王琪：《2015年中国报纸产业发展报告》，崔保国主编：《中国传媒产业发展报告（2016）》，社会科学文献出版社2016年版，第90页。

⑥ 参见吴琳琳：《阿里与北青签署战略合作备忘录　双方将在线上线下展开多层次的合作》，《北京青年报》2015年5月12日。

⑦ 参见《阿里巴巴12亿元入股第一财经　欲打造中国版彭博社》，2015年6月5日，http://media.people.com.cn/n/2015/0605/c40606-27106938.html。

⑧ 参见《博雅天下获得阿里巴巴数千万元A轮投资》，https://m.itjuzi.com/investevent/14612。

投资新媒体36氪。[①]12月，阿里巴巴集团宣布收购南华早报集团旗下的媒体资产，包括《南华早报》的纸质和网络版、杂志和户外媒体等业务。[②]

2016年，阿里巴巴旗下蚂蚁金服对财新传媒投资2000万元，占股5.62%。[③]2017年4月，新华网及新华社旗下的新媒文化和中国经济信息社，与杭州阿里创业投资公司及其作为有限合伙人的杭州数问云投资合伙企业一同成立新华智联科技公司，注册资本4.9亿元，其中新华网系占比51%，阿里巴巴占比49%。[④]2020年6月，阿里巴巴投资浙江信安数智科技有限公司。该公司旗下拥有衢州新闻网等，主打新闻品牌，以文字、图片和音视频相结合，全方位报道衢州本地和国内外重大新闻信息。阿里巴巴入股后，该公司企业类型也发生变更，由其他有限责任公司变更为有限责任公司（外商投资企业与内资合资）。[⑤]2020年10月，中国广电网络股份有限公司正式揭牌成立，阿里巴巴以100亿元入股，占股9.88%。[⑥]同样以100亿元入股的还有国网信息通信产业集团，这也标志着中国有线电视网络"全国一网"取得了重大进展。[⑦]2020年12月，阿里创投以62亿元入股湖南卫视旗下芒果超媒，占股5.01%。[⑧]

早在2013年4月，阿里巴巴就斥资5.86亿美元入股新浪微博，获得18%

---

① 参见马文婷：《蚂蚁金服入股36氪布局股权众筹　互联网金融巨头隐现》，2015年10月22日，http://money.people.com.cn/n/2015/1022/c392426-27726609.html。

② 参见杨弘扬：《阿里巴巴宣布收购〈南华早报〉　蔡崇信称将免费开放网络付费内容》，2015年12月11日，https://www.jiemian.com/article/471578.html。

③ 参见《阿里巴巴要出售微博30%股权？接盘方或是上海文广集团》，2022年1月1日，https://www.163.com/dy/article/GSL47IB90519QQUP.html。

④ 参见《出资2亿元！新华网与阿里合资成立云计算公司》，2017年4月12日，https://developer.aliyun.com/article/73624。

⑤ 参见《阿里巴巴再次布局媒体　新增对外投资衢州新闻网》，2020年6月24日，https://finance.sina.cn/stock/relnews/us/2020-06-24/detail-iirczymk8836991.d.html?wm=3049_0032。

⑥ 参见《阿里又出手，中国广电网络股份有限公司揭牌成立》，2020年10月12日，https://new.qq.com/rain/a/20201012A058K900。

⑦ 参见郭全中、郭凤娟：《2020年中国传媒业资本运作报告》，崔保国、徐立军、丁迈主编：《中国传媒产业发展报告（2021）》，社会科学文献出版社2021年版，第193页。

⑧ 参见《重磅！阿里系突然清仓芒果超媒：买入不到一年，从赚25亿到浮亏23亿》，2021年9月24日，https://finance.sina.com.cn/tech/2021-09-24/doc-iktzscyx5987865.shtml。

的股份。[①]2014年4月，微博在美国纳斯达克上市，根据约定，阿里巴巴以4.49亿美元将其在微博公司的全稀释摊薄后的股份比例提高至30%；9月，阿里巴巴向美国证券交易委员会（SEC）递交文件，披露向新浪微博相关高管团队成员购入后者所持的总计300万股微博股票，占微博总流通股本的1.4%，交易总价为1.35亿美元，本次交易完成后，阿里持有微博的股权由30.1%增加至31.5%。[②]2020年4月，微博上出现了阿里巴巴一名高管出轨的猜测及大量相关帖子，很快用户发现这些帖子开始被清除，引发了关于阿里巴巴利用微博操纵舆论的热议。6月，国家互联网信息办公室指导北京市互联网信息办公室，约谈新浪微博负责人，针对微博在此舆论事件中干扰网上传播秩序，以及传播违法违规信息等问题，责令其立即整改，暂停更新微博热搜榜一周，暂停更新热门话题榜一周，严肃处理相关责任人，同时要求北京市互联网信息办公室对新浪微博依法从严予以罚款。[③]2021年1月至11月，国家互联网信息办公室指导北京市互联网信息办公室，对新浪微博实施44次处置处罚，多次予以顶格50万元罚款，累计罚款1430万元；12月，国家互联网信息办公室负责人约谈新浪微博主要负责人、总编辑，针对新浪微博及其账号屡次出现法律、法规禁止发布或者传输的信息，责令其立即整改，严肃处理相关责任人，北京市互联网信息办公室对新浪微博运营主体北京微梦创科网络技术有限公司依法予以共计300万元罚款的行政处罚。[④]

2020年微博事件后，种种迹象表明，阿里开始收缩其媒体帝国。[⑤]

2020年，阿里巴巴退出博雅天下。[⑥]2021年9月，芒果超媒发布公告表示，公司第三大股东杭州阿里创业投资有限公司拟将其所持公司5.01%的股

---

① 参见《阿里巴巴入股新浪微博　出资5.86亿美元占股18%》，2013年4月30日，http://www.jjckb.cn/2013-04/30/content_442256.htm。

② 参见《阿里1.35亿美元增持微博1.4%股份　持股增至31.5%》，2016年9月10日，https://m.yicai.com/news/5098091.html。

③ 参见《国家网信办指导北京市网信办依法约谈处罚新浪微博》，2020年6月10日，http://www.cac.gov.cn/2020-06/10/c_1593350719478753.htm。

④ 参见《国家网信办依法约谈处罚新浪微博》，2021年12月4日，http://www.news.cn/2021-12/14/c_1128161516.htm。

⑤ 参见李亦辉：《阿里巴巴要放弃微博？消息称正与买家接触》，2022年1月1日，https://new.qq.com/rain/a/20211231A0E0RI00。

⑥ 参见《阿里拟退出，博雅天下何去何从?》，2020年3月3日，https://www.163.com/dy/article/F6QCQ12G05198R91.html。

份进行协议转让，协议转让完成后，阿里创投将不再持有公司股票，此次不足一年的投资，让阿里巴巴浮亏23亿元。[①]2021年10月，蚂蚁集团将持有的财新传媒股份全部卖出。[②]2022年年初，传言阿里巴巴与上海文广集团接触，欲出售其在新浪微博的股份。[③]2022年12月，华数传媒表示云溪投资将手中所持华数传媒的15.47%股权悉数转让给有国资背景的两家公司，转让价款为19.17亿元。[④]

第二节　从“平台生态”到“元宇宙”

数字技术的发展极大地增强了信息的“可供性”，同时促进了多方面的融合，逐步淡化了新闻行业的传统边界。这一变革破坏了过去封闭的新闻专业化体系，引发了新闻生产主体的多样化、主体间关系模式与权力结构的转变，以及内容生产与传播网络及机制的革新。随着这些变化，一种全新的泛新闻生态系统开始形成。在这个系统中，新闻生产者不仅仅局限于职业新闻工作者，还包括无数个人、组织甚至机器。这些多元化的主体给新闻生产带来了分布式、碎片化和实时更新的特性。在传播方面，人为媒体的社交分享和基于算法的智能分发模式日渐盛行。同时，商业化平台逐步成为人们获取新闻内容的主要渠道。一些大型综合性商业网络平台，凭借其内容丰富度、满足用户多样化需求的能力以及对用户行为习惯的塑造，成为内容生产与传播的重要中心。[⑤]

尽管开放和网络化的泛新闻生态系统总体上呈现出分布式的特点，但这并不意味着网络中的所有节点都完全平等，也不代表完全去中心化。实际

① 参见《重磅！阿里系突然清仓芒果超媒：买入不到一年，从赚25亿到浮亏23亿！发生了什么？谁来接手?》，2021年9月24日，https://www.nbd.com.cn/articles/2021-09-24/1923772.html。

② 参见《消息称蚂蚁集团已卖出持有财新全部股份》，2021年10月12日，https://www.sohu.com/a/494628357_100117963。

③ 参见李亦辉：《阿里巴巴要放弃微博？消息称正与买家接触》，2022年1月1日，https://new.qq.com/rain/a/20211231A0E0RI00。

④ 参见《8年亏了46亿元，云溪投资清仓华数传媒》，2022年12月12日，https://baijiahao.baidu.com/s?id=1752010464007281905&wfr=spider&for=pc。

⑤ 参见彭兰：《数字时代新闻生态的“破壁”与重构》，《现代出版》2021年第3期；彭兰：《数字新闻业中的人—机关系》，《新闻界》2022年第1期。

上,权力中心依然存在于这个生态系统之中。[①]

一、"平台生态"的逻辑

新媒体时代的新闻信息传播呈现出明显的平台化趋势,这与传统时代的传播渠道有着根本的差异。在传统媒体中,传播渠道通常是单一的,从报社、电视台、广播台等新闻机构直接通向读者、观众、听众。这种模式下,内容的生产者和消费者往往被渠道物理隔离,尽管有大量的受众,但彼此之间却像是相互独立的个体。反馈机制在这种模式中也相对闭塞,消费者与内容的起点之间的联系并不容易实现。而新媒体平台的出现改变了这一格局。在新媒体环境下,传播渠道不再是单一的线性路径,而是形成一个纵横交错、数量众多的网络。这些平台不仅仅是内容到达用户的通道,更是一个复杂的生态系统,其中内容的生产者和消费者在同一个平台上汇聚。在这个平台上,每个用户都可能随时成为内容的生产者,同时用户间也可以通过社交网络、社群等多种方式相互连接。[②]

新媒体平台所构建的生态系统,是一个将用户的新闻接收、内容生产和分发行为紧密结合的复杂网络。在这个系统内,内容的生产与消费不再是传统意义上的线性和单向过程,而是变成了一个动态的、相互作用的循环。这种所谓的"生态",特指在一定的时间和空间范围内,生物和非生物成分通过不断的物质循环、能量交换以及信息传递而构成的一个整体。在这个生态中,用户不单单是新闻的被动接收者,他们也能够成为新闻内容的生产者和分发者,从而使整个新闻传播过程更加活跃和互动。

平台生态系统对于传统媒体构成了深远的影响,几乎以一种垄断性的方式占据了当代新闻内容分发的主导地位。这种生态系统的形成打破了传统媒体时代中新闻生产和分发的独立性,原本由媒体机构完整掌控的新闻采编、编辑和发布过程现在发生了变革。在这个新的生态中,传统媒体机构所生产的新闻内容在自身渠道发布后,往往在互联网平台上实现二次甚至多次传播。在这个过程中,用户变得尤为重要,他们不仅传播新闻,还会对内容进行再加工,加入自己的观点和评论。这种模式使得互联网平台在新闻分发市场中占据了巨大份额,同时提高了用户黏性。传统媒体在内容分发领域的影响力日益减弱,逐渐失去了话语权,开始主动寻求与网络平台合作,并频繁向

① 参见彭兰:《数字新闻业中的人－机关系》,《新闻界》2022年第1期。

② 参见彭兰:《数字时代新闻生态的"破壁"与重构》,《现代出版》2021年第3期;彭兰:《智能时代的新内容革命》,《国际新闻界》2018年第6期。

后者让步。新闻的分发权从传统大众媒体转移至基于算法的平台，新闻的把关权从前置转为后置，而新闻选择权也部分从观众转移至算法平台。[①]

随着媒体环境的演进，新闻内容传播渠道不断发展和变化。学者彭兰对此进行了分类和分析：

资讯整合平台：如商业门户网站和新闻客户端，通过多元内容的聚合和编辑团队的人工筛选，向用户提供新闻。

搜索引擎：如百度和谷歌，用户通过关键词搜索获得相关内容。内容的展示顺序由算法决定，基于对内容权重的计算。

社会化媒体：如微博和微信，结合了人际网络和大众传播。在这些平台上，个体的社交网络影响新闻传播的广度和深度。用户的互动行为（如点赞、转发）对内容的流行程度起着决定作用。

个性化推荐平台：如今日头条，根据用户的个性和行为进行内容匹配，推送个性化新闻。但这可能导致“信息茧房”现象，限制用户获取多元信息。

视频和VR/AR平台：提供临场体验和社交传播，如VR/AR技术，使用户能够“身临其境”地体验新闻事件。

服务类平台：如淘宝、高德地图、墨迹天气等，结合专业服务内容和场景化服务模式，融合相关新闻推送，形成新的新闻分发途径。[②]

学者周葆华认为，信息分发模式有鲜明的发展路径：第一阶段为媒体型（professional）信息分发，即基于专业的人工编辑和排序，遵循中心化、标准化、同一化原则，即“人算”；第二阶段为关系型（social）信息分发，资讯经由关系链，在社交媒体平台上往往通过关注、订阅、好友关系等行为来传播，有时呈现病毒传播和“刷屏”效应，这也是内容营销经常使用的手段；第三阶段为算法型（algorithm）信息分发，如以今日头条为主的一批应用依靠算法，将不同新闻资讯精准地推送给用户，实现个性化订阅。三种模式间并非孤立而是相互交织，从而使得新闻内容到达用户的路径愈发多元。[③]随着算法的普及，传统的“人找信息”模式转变为“信息找人”模式。

在智能化技术被应用到新闻传播领域后，算法分发成为一种重要的内容

---

① 参见陈昌凤、霍婕：《权力迁移与人本精神：算法式新闻分发的技术伦理》，《新闻与写作》2018年第1期。

② 参见彭兰：《消失的边界和重构的版图》，《视听界》2017年第4期。

③ 参见周葆华在2017年12月6日“今日头条未来媒体峰会”上的发言。

分发方式，算法分发与社交传播二者的结合，共同影响着新闻内容的流动。[①]推荐算法通过基于内容的、基于用户协同过滤的、基于关联规则的等多种常用模式，追踪用户行为，计算出用户的喜好。Facebook于2006年起便开始使用算法推出了News Feed功能。[②]2012年9月，今日头条开发运行了第一版推荐算法模式。[③]

2016年是算法编辑超越人工的拐点，数据科学家悄然进驻欧美各大媒体集团。除数据新闻及可视化设计外，数据与算法的影响逐步深入生产、传播、用户等新闻生产的各个核心环节，数据与算法已然重塑新闻业的整个生态系统。[④]2016年，美国皮尤研究中心数据显示，Facebook已然成为美国人阅读新闻的最大入口。2016年8月，第三方监测机构易观便发布了一个具有“里程碑式意义”的数据：2016年的资讯信息分发市场上，算法推送的内容将超过50%。[⑤]算法在新闻分发领域的作用愈发不可撼动，远远将人工推送模式甩在身后。2017年末，封面传媒负责人表示，四川报业集团的封面城市频道上线后，对21个市州进行的新闻聚类和智能分发工作仅由3名编辑完成，比传统分发模式节约了20个编辑。[⑥]今日头条首席算法架构师在技术上肯定了算法对新闻分发环节的颠覆。例如，基于智能算法的文本内容分析，如精细分类、主题分析和实体词提取；基于智能算法的图像识别，如内容特征分析和广告色青识别；基于智能算法的写稿机器人，如财经报道、体育赛事报道等领域的自动创作。[⑦]

当前，算法分发的目标集中于两方面：个性化内容推荐和平台整体内容调节。个性化内容推荐侧重于分析用户的兴趣和行为，而平台整体内容调节

---

① 参见彭兰：《数字时代新闻生态的“破壁”与重构》，《现代出版》2021年第3期。

② 参见《Facebook 15周年“帝国全景图”：九大类别、100多项产品与功能》，2019年2月13日，https://www.ifanr.com/1172316。

③ 参见《今日头条算法原理（全文）》，2018年1月16日，https://www.toutiao.com/article/6511211182064402951/。

④ 参见王佳航：《数据与算法驱动下的欧美新闻生产变革》，《新闻与写作》2016年第12期。

⑤ 参见严九元：《算法时代到来，工程师能取代人工编辑吗?》，2016年8月17日，https://www.tmtpost.com/2440711.html?hmsr=toutiao.io&utm_campaign=toutiao.io&utm_medium=toutiao.io&utm_source=toutiao.io。

⑥ 参见李鹏在2017年12月6日“今日头条未来媒体峰会”上的发言。

⑦ 参见曹欢欢在2017年12月6日“今日头条未来媒体峰会”上的发言。

则通过规则运用算法来控制不同内容的流向和流量。重要的是，这些分发算法的设计通常不是基于内容质量的评估，而是着眼于内容与用户需求之间的匹配度。此外，社交分发与算法分发之间存在显著的互动关系：一方面，用户的社交关系网络可作为推荐算法的一个重要变量，即通过用户的社交联系来推荐相关内容；另一方面，当用户在社交平台上分享经算法推荐的内容时，算法分发的影响便扩展到了社交分发的领域。[①]这种相互作用形成了复杂的分发动态，影响着用户所接触到的新闻内容和信息流。

国内网络平台具有信息化、全球化、网络化等典型的全球化平台经济特点。[②]虽然平台经济的拥护者认为，网络平台的扁平化、去中心化打破了国家力量和企业巨头的生产资料所有权，个人因而掌握了最具价值的生产资料。[③]但作为"创作者"的网民已化身为平台经济循环体系中的一员，"流量"则成为平台、广告商、创作者各方进行交换的通用等价物，导致大量创作者的底层思维从作品逻辑走向消费逻辑。[④]在网络平台内容分发过程中，建立在用户兴趣匹配、创作者账号属性与积极度模式上的算法向创作者分配流量，控制流量与内容曝光。有研究者发现，尽管创作者对流量与算法所持态度有所差异，但其内容生产实践都不同程度地受到了算法的规制与驯化，依赖数据反向推演算法喜好内容从而完成制作。[⑤]平台算法诉诸量化评估和工具理性，对其上内容生产者形成了一种隐蔽而日常的规训力量。[⑥]

虽然算法在新兴的新闻传播生态中扮演了关键角色，但最终控制和塑造这些算法的依然是人。每个新闻传播平台背后都有其操作者，且在很大程度上受到资本的影响。因此，一个亟待解决的问题是如何防止资本利益对新闻报道和舆论形态产生不良影响，例如避免娱乐化、暴力化和色情内容充斥公共传播领域。我们需要对算法保持警觉，防范对机器和数据的盲目信任和滥

---

① 参见彭兰：《数字时代新闻生态的"破壁"与重构》，《现代出版》2021年第3期。

② 参见李允尧、刘海运、黄少坚：《平台经济理论研究动态》，《经济学动态》2013年第7期。

③ 参见翟秀凤：《创意劳动抑或算法规训？——探析智能化传播对网络内容生产者的影响》，《新闻记者》2019年第10期。

④ 参见胡泳、年欣：《自由与驯化：流量、算法与资本控制下的短视频创作》，《社会科学战线》2022年第6期。

⑤ 参见胡泳、年欣：《自由与驯化：流量、算法与资本控制下的短视频创作》，《社会科学战线》2022年第6期。

⑥ 参见翟秀凤：《创意劳动抑或算法规训？——探析智能化传播对网络内容生产者的影响》，《新闻记者》2019年第10期。

用，确保技术的正确应用和健康发展。

2019年12月，国家互联网信息办公室发布了《网络信息内容生态治理规定》，特别指出那些运用个性化算法技术进行信息推送的网络信息内容服务平台必须建立完善的人工干预和用户自主选择机制。[①]

2021年12月，国家互联网信息办公室联同工业和信息化部、公安部、国家市场监督管理总局共同发布了《互联网信息服务算法推荐管理规定》。这一规定专门针对使用生成合成类、个性化推送类、排序精选类、检索过滤类、调度决策类等算法技术向用户提供信息的算法推荐技术进行了标准化管理。在管理分工方面，国家网信部门负责统筹协调全国算法推荐服务的治理和相关监督管理工作。同时，国务院下属的电信、公安、市场监管等相关部门根据各自的职责，分别承担算法推荐服务的监督管理工作。此外，这些部门还建立了算法分级分类安全管理制度。根据算法推荐服务的舆论特性或社会动员能力、内容类别、用户规模、算法处理的数据的重要程度以及对用户行为的干预程度等因素，对算法推荐服务提供者实施分级分类管理，以确保这些服务在网信环境中的安全和透明度。[②]

二、平台型媒体的发展

媒体融合战略被提出后，作为打造新型主流媒体的基本路径，建设区域性、生态级媒体平台被寄予厚望。[③]平台化是指采用符合互联网传播规律的组织方式和技术手段重构主流媒体的制度体系和技术设施，通过建设网络平台实现媒体产品和服务的多样化扩展，其核心目标是推动主流媒体快速有效地建立与社会公众及商业机构基于互联网的全面连接，通过满足互联网用户的多样化需求，获得较强的用户黏性，从而促成平台运营的整体价值变现。[④]2014年，乔纳森·格里克(Jonathan Glick)提出平台型媒体(platishers)的概念，

① 参见《网络信息内容生态治理规定》，2019年12月20日，http://www.cac.gov.cn/2019-12/20/c_1578375159509309.htm。

② 参见《互联网信息服务算法推荐管理规定》，2022年1月4日，http://www.cac.gov.cn/2022-01/04/c_1642894606364259.htm。

③ 参见宋建武、陈璐颖：《建设区域性生态级媒体平台——打造新型主流媒体的路径探索》，《新闻与写作》2016年第1期；喻国明：《新型主流媒体：不做平台型媒体做什么？——关于媒体融合实践中一个顶级问题的探讨》，《编辑之友》2021年第5期。

④ 参见宋建武、黄淼、陈璐颖：《平台化：主流媒体深度融合的基石》，《新闻与写作》2017年第10期。

作为平台(platforms)与出版商(publishers,西方语境中包含新闻媒体、机构等)的融合实践。平台型媒体作为概念被引入中国后,结合本土语境与实践经验,被重新概念化,内涵和外延得到扩展,开始指向平台媒体化,同时也成为主流媒体转型的目标。[①]平台型媒体是交互式、生态型网络平台,以人的社会关联性为依托,具备编辑权威性、开放性、社会化生产内容、巨量数字内容、社交与算法分发、内容把关管理、用户数据获取与利用、平台间技术互通、服务资源配置、服务运营管理、对用户进行管理和约束等特征与功能。[②]

媒体融合战略面世伊始,即使国内火爆的微博、微信和今日头条也并非平台型媒体,彼时国内少有互联网公司或平台符合其标准。[③]当前,国内一些头部互联网平台已然具备完善且典型的平台型媒体特征,例如今日头条、抖音、百度、微信、微博、快手、知乎等。在我国,互联网平台作为独立运营主体、商业运作平台、社会资源配置场所[④],因构建了强大的社会化传播网络而成为新闻传播生态系统中的基础设施与信息枢纽[⑤],平台型媒体也成为互联网平台的典型代表。

---

① 参见谭小荷:《从Platisher到"平台型媒体"——一个概念的溯源与省思》,《新闻记者》2019年第4期。

② 参见 John McDermott, "Jezebel exposes the Achilles heel of being a platisher", *Digiday*, August 12, 2014, https://digiday. com/media/jezebel-learns-downside-platisher; Carsten Maple ,"Security and privacy in the internet of things", *Journal of Cyber Policy*, vol.2, no.2(2017), pp.155—184;喻国明、何健、叶子:《平台型媒体的生成路径与发展战略——基于Web3.0逻辑视角的分析与考察》,《新闻与写作》2016年第4期;胡泳、张月朦:《互联网内容走向何方?——从UGC、PGC到业余的专业化》,《新闻记者》2016年第8期;彭兰:《数字时代新闻生态的"破壁"与重构》,《现代出版》2021年第3期;彭兰:《智能时代的新内容革命》,《国际新闻界》2018年第6期;喻国明、焦建、张鑫:《"平台型媒体"的缘起、理论与操作关键》,《中国人民大学学报》2015年第6期;冯登国、张敏、李昊:《大数据安全与隐私保护》,《计算机学报》2014年第1期。

③ 参见喻国明、焦建、张鑫:《"平台型媒体"的缘起、理论与操作关键》,《中国人民大学学报》2015年第6期。

④ 参见肖红军、李平:《平台型企业社会责任的生态化治理》,《管理世界》2019年第4期。

⑤ 参见张志安、汤敏:《新新闻生态系统:中国新闻业的新行动者与结构重塑》,《新闻与写作》2018年第3期;Jean-Christophe Plantin and Gabriele de Seta, "WeChat as infrastructure: The techno-nationalist shaping of Chinese digital platforms", *Chinese Journal of Communication*, vol.12, no.3(2019), pp.257—273。

三、“元宇宙”带来的颠覆

2021年3月,Roblox公司成功在纽约证券交易所上市,业内宣称这是“元宇宙第一股”,直接吹响了人类进军元宇宙的号角,这标志着“元宇宙”作为商业概念的成功,也开启了互联网的下一个世代。随后,Facebook宣布大力进军元宇宙,并在10月将公司名称改成了“META”。在互联网世界性的巨头纷纷投身“元宇宙”事业的同时,国内的IT厂商也不甘寂寞,纷纷提出要转型做“元宇宙”公司。[①]在传媒视野下,元宇宙被视作互联网迭代的产物以及媒介的未来形态,也成为一个挖掘未来媒介特征和媒介意涵的重要维度。[②]元宇宙作为一个虚拟与现实高度互通且由闭环经济体构造的开源平台,具有四大核心属性:与现实世界的同步性与高拟真度,开源开放与创新创造,无限期地持续发展,闭环运行的经济系统。[③]

元宇宙既是新型互联网应用形态,也是新型社会组织形态,整合了扩展现实技术、数字孪生技术、区块链技术、大数据及人工智能等多重技术,通过为用户提供沉浸式体验、跨虚实交互、开放式编辑及去中心化交易,实现虚拟世界和现实世界在身份系统、社交系统、经济系统等多层面的融合与转化。[④]

作为众多技术汇集而成的潜在成果,元宇宙本身便是深度媒介化的实践,也是社会变迁催生的一种潜在的社会形态,其逻辑立足于人的解放和社会的转型,它将进一步改变交流的性质和人类的社会关系,其价值观挑战来自人的自主性与数字化人格和尊严。[⑤]元宇宙的发展促使我们思考:究竟什么是媒介的核心?数字媒介技术发展中未曾改变的内核在于何处?[⑥]

AR、VR、5G、云计算等技术不断走向成熟,推动元宇宙逐步从概念走向

---

① 参见方凌智、沈煌南:《技术和文明的变迁——元宇宙的概念研究》,《产业经济评论》2022年第1期。

② 参见苏涛、彭兰:《人的价值与自主性:智能传播时代的人类关切——2022年新媒体研究述评》,《国际新闻界》2023年第1期。

③ 参见喻国明:《未来媒介的进化逻辑:“人的连接”的迭代、重组与升维——从“场景时代”到“元宇宙”再到“心世界”的未来》,《新闻界》2021年第10期。

④ 参见向安玲、高爽、彭影彤等:《知识重组与场景再构:面向数字资源管理的元宇宙》,《图书情报知识》2022年第1期。

⑤ 参见陈昌凤:《元宇宙:深度媒介化的实践》,《现代出版》2022年第2期。

⑥ 参见喻国明、耿晓梦:《元宇宙:媒介化社会的未来生态图景》,《新疆师范大学学报》(哲学社会科学版)2022年第3期。

现实。[1]目前元宇宙带给传媒行业的颠覆依然未知，但作为元宇宙的核心技术，虚拟现实技术正在驱动一场数字新闻业的变革，并催生了沉浸式新闻，不仅正在改写“新闻是新近发生的事实的报道”这个定义，也促使新闻成为用户对重构的事实的临场感知。[2]越来越多的媒体使用视频、音频及图像融合的方式，借助数据创造新闻事实的虚拟场景，以互联网为平台，为受众提供沉浸式的多媒体融合体验。[3]

第三节　新闻内容生产方式的演进

网络时代，“人人均是创造者”并不止于文字、图片、音频、视频，甚至信息、数据乃至知识的来源都是个体，它代表了自下而上内生式社会结构对自上而下集中式社会结构的代替。[4]专业生产内容（PGC）、用户生成内容（UGC）与职业生产内容（occupationally generated content，OGC）三种模式为网络平台日趋成熟过程中内容生产的主要类型。随着网络和移动终端的普及与发展，信息传播的方式由PGC模式逐渐向UGC和OGC模式演变。[5]内容生产主体从之前专业机构主导的PGC生产方式逐渐转变为由专业机构、用户、组织混合而成的“PGC＋UGC＋OGC”的格局。[6]

今天，新闻生产已经不再是媒体的专利，而变成了一种全民的传播实践，全民以提供新闻事实或新闻相关评论的方式参与新闻生产有两种情境：一是偶然的、非制度化的参与，往往跟用户与新闻事件或话题的接近度相关；二是以自媒体形式进行的较为持续的参与，越来越多的自媒体生产者是拥有媒体或新闻传播专业背景或其他专业、行业知识背景的用户。[7]

---

① 参见喻国明：《未来媒介的进化逻辑：“人的连接”的迭代、重组与升维——从“场景时代”到“元宇宙”再到“心世界”的未来》，《新闻界》2021年第10期。

② 参见陈昌凤、黄家圣：《“新闻”的再定义：元宇宙技术在媒体中的应用》，《新闻界》2022年第1期。

③ 参见杭敏：《融合新闻中的沉浸式体验——案例与分析》，《新闻记者》2017年第3期。

④ 参见胡泳、刘纯懿：《“元宇宙社会”：话语之外的内在潜能与变革影响》，《南京社会科学》2022年第1期。

⑤ 参见贺岭、于程媛：《基于UGC和OGC传播范式下的信息碎片化现象研究》，《出版广角》2017年第14期。

⑥ 参见叶蓁蓁：《人民日报“中央厨房”有什么不一样》，《新闻战线》2017年第3期。

⑦ 参见彭兰：《数字时代新闻生态的“破壁”与重构》，《现代出版》2021年第3期。

自媒体在国内有三种不同指向：指向公民新闻的自媒体，指向政府机构或企业的自媒体，指向体制外独立媒体的自媒体。[①]越来越多的公共部门、企业、个人等非媒体机构的媒体属性与媒体资源愈发显现，推动了在融合语态与实践层面下移动媒体内涵与外延的均衡拓展。[②]例如，财经、科技、传媒观察等领域涌现出的一批专业型新媒体，如“钛媒体”“刺猬公社”等，聚焦于某个垂直领域的内容生产，虽在体制外，却有着较高的专业目标。相比于自媒体，专业型新媒体具有更稳定的团队和生产机制，其主力多有传统媒体的从业背景和一定的业界资源。[③]

除了为创作主体提供搭建平台，国内网络平台巨头也以各种方式为其上创作主体提供支持，以吸纳更多的主体加入。例如从2015年起，今日头条便陆续推出“千人万元计划”“青云计划”“行家计划”等扶持措施，通过解决流量、收入、创作体验等方面的问题来吸引和培育内容创作者。[④]2016年3月，腾讯公司宣布正式启动“芒种计划”：媒体和自媒体发布、运营的内容，可以通过企鹅媒体平台，在天天快报、腾讯新闻客户端、微信新闻插件和手机QQ新闻插件等平台渠道进行一键分发；对于坚守原创、深耕优质内容的媒体/自媒体，给予全年共计2亿元的补贴；其在文章页面上的所有广告收入，将100%归内容创作者所有。[⑤]2017年3月，阿里巴巴文化娱乐集团宣布，原UC订阅号、优酷自频道账号统一升级为大鱼号，内容创作者的作品不仅可以在阿里文娱平台实现“一点接入、多点分发”，拥有更多的流量支持，还可以享有由大鱼奖金、广告分成、大鱼合伙人三部分组成的“大鱼计划”的分级激励模式。[⑥]

区别于传统媒体时期民众缺乏表达途径和发声途径的现实，互联网的普

① 参见彭兰：《中国移动媒体的扩张与升级》，崔保国主编：《中国传媒产业发展报告(2015)》，社会科学文献出版社2015年版，第200—201页。

② 参见徐琦、赵子忠：《中国移动媒体行业发展趋势报告》，崔保国主编：《中国传媒产业发展报告(2015)》，社会科学文献出版社2015年版，第213页。

③ 参见彭兰：《2017年中国新媒体内容产业发展报告》，崔保国主编：《中国传媒产业发展报告(2018)》，社会科学文献出版社2018年版，第147—148页。

④ 参见宋好：《今日头条将升级“优质创作者计划” 新增2000亿展现量》，2022年12月27日，https://www.dsb.cn/206119.html。

⑤ 参见EmmaF：《腾讯发布芒种计划招募自媒体，共创全新内容生态体系》，2016年3月1日，https://socialone.com.cn/tencent-mangzhong-plan-2016/。

⑥ 参见《阿里文娱20亿现金扶持创作者，新土豆全面转型短视频平台》，2017年3月31日，https://www.sohu.com/a/131384034_116132。

及和技术门槛的降低实现了网民的"自我赋权"。通过用户自我生产新闻内容,网络平台成为社会的减压阀,在中国社会的稳定和可持续性发展过程中起到积极作用。具体而言,用户生成新闻内容的正面影响表现在以下三个方面。

第一,用户生成新闻内容成为专业媒体新闻生产的重要补充。新华网舆情监测显示,2016年时80%以上的突发事件便始于自媒体传播。[①]用户自发生成的新闻内容正在与专业媒体生产的新闻内容一起,成为人们获取新闻信息的主要来源。这二者并非呈现为此消彼长的水火之势,而是相互促进、相互融合,"生产消费者"(prosumer)一词则是对这一现象的描述。1980年,未来学家阿尔文·托夫勒(Alvin Toffler)在《第三次浪潮》中,将Producer(生产者)和Consumer(消费者)两个词合成了一个词"Prosumer",预言生产者和消费者的角色将变得模糊,二者将融合。互联网的发展便促使原有的信息消费者正在成为信息生产者和传播者。对传播领域而言,它强调了在信息生产中用户(传统称作受众)的作用,用户的信息偏好、行为偏好,用户的观点和建议,都对信息的生产产生了影响。[②]

2015年8月12日23时30分许,位于天津滨海新区塘沽开发区的瑞海国际物流有限公司所属危险品仓库发生爆炸,天津港大爆炸发生后的第一时间,微博、微信即出现爆炸相关的信息、图片、视频,舆情信息瞬间充斥整个网络空间;13日凌晨,才有主流媒体和官方微博介入报道。[③]事实证明,广大网民的协同努力,可以帮助专业媒体提升报道的时效性,聚集稀缺素材,尤其是在那些专业记者无法到达的新闻场域,拓展新闻报道的深度与广度,增强与用户的"亲近性"和"真实感",此外还有助于体现公正、客观的行业准则。[④]

第二,用户生成新闻内容是与媒体议程设置的博弈。毋庸置疑,传统媒体在受众话题讨论、认知方式等议程设置中,发挥着巨大的作用。而随着互联网尤其是社会化媒体平台的发展,从博客开始,再到微博、微信等被网民广泛使用,公众越来越频繁地借助这些平台参与到公共事务和公共讨论中来。

---

① 参见刘怡君、陈思佳、黄远等:《重大生产安全事故的网络舆情传播分析及其政策建议——以"8·12天津港爆炸事故"为例》,《管理评论》2016年第3期。

② 参见李嘉卓:《产消者:融合时代平台型媒体的核心》,《青年记者》2015年第7期。

③ 参见刘怡君、陈思佳、黄远等:《重大生产安全事故的网络舆情传播分析及其政策建议——以"8·12天津港爆炸事故"为例》,《管理评论》2016年第3期。

④ 参见曾祥敏、曹楚:《专业媒体新闻内容生产创新实践——用户生产与专业生产深度融合的路径研究》,《现代传播》2015年第11期。

许多社会热点事件恰恰是经过互联网上的热烈讨论成为微博热点后,才进入传统媒体的视野,其后传统媒体跟进报道,互联网上网民继续通过各种方式贡献关于事件的细节和观点。在人们对社会化媒体平台愈发亲密的时代,由公众自发采集并通过基于"关系"的网络平台发布的新闻内容,可以被认为是专业媒体机构之外新的重要议程设置因素。

学者陈昌凤等对2017年携程亲子园虐童事件的用户生成内容传播路径进行了研究。2017年11月8日,某微博用户首次曝光携程亲子园教师虐待儿童的视频,迅速引发网民关注,该微博被转发超过8万次,其中某些"大V"的二次转发起到了关键作用。同日,知乎上出现了关于此事件的讨论,吸引了大量用户参与。与此同时,专业媒体开始介入,发布更加详尽深入的报道。例如,11月8日新民网刊登了相关消息,并在其微信公众号上持续更新相关新闻;11月8日,人民日报官方微博发布了此事件的相关消息;11月10日,新京报微信公众号发表了深度报道《携程亲子园虐童事件背后,〈现代家庭〉的"商业版图"》。这一事件最初在微博这一公众平台上引发热议,随后迅速吸引了传统媒体的注意。[①]

网络的兴起使得普通网民有可能成为新闻事件的首发者,他们在某些事件的曝光中扮演了关键角色。这些网民相当于现代"线人",通过互联网平台揭露事件,但深入调查和详细报道则交由具有专业能力的传统媒体完成。与过去不同的是,现在的"线人"能够在一定程度上分割传统媒体的话语权,媒体机构不能忽视网民的声音。技术的发展使网民能够主动设置议程,改变了过去完全由传统媒体主导的局面。这也促使传统新闻媒体更加重视和关注受众的需求和关切,努力了解和回应受众的真实想法和紧迫关切。

第三,用户生成新闻内容本身就是公民社会参与和自我赋能的方式。在传统媒体时代,传播资源主要集中在少数专业媒体和从业者手中,普通民众很难有机会表达自己的观点。然而,表达自己是每个人内在的需求。因此,在那个时期,公众的表达方式通常是自发的、隐蔽的,并且分散。互联网的兴起,驱动技术的发展,有效地解决了传播资源稀缺与个体表达需求之间的矛盾。它为广大网民提供了一个平台,使他们的日常表达变得可见、可动员和可连接,从而赋予了公众更大的声音和影响力。

互联网不仅满足了普通民众表达意见的需求,而且在很大程度上实现了公民参与社会生活、在公共领域发声的可能。用户在互联网上生成的新闻内

---

① 参见陈昌凤、马越然:《连接、联动、认同:公众生产新闻的传播路径研究》,《新闻与写作》2018年第2期。

容,往往伴随着个人的评论和观点,这使得互联网成为公民争取权益、表达立场,甚至表达不满情绪的强大工具。在许多涉及公共利益,比如食品安全、官员腐败、社会改革等事件中,互联网则转变为公众扮演"监督者"角色的平台,成为发布重要信息的"公告牌"。在很多舆论反腐案例中,公众自发的新闻内容生产在推动事件发展中起到了关键作用。

随着时间的推移,用户生成内容(UGC)已经从最初的革新性和前瞻性概念逐渐演变为更为商业化和模式化的形态。这种曾被视为互联网乌托邦理念的代表性创造机制,在平台资本的驱动、算法规则的制约以及政策管控等多重因素影响下正逐步变得受限,失去了原有的活力和创造性。因此,当元宇宙的倡导者提出要构建一个基于"用户生成内容"的数字生态系统时,我们不禁会怀疑这是否只是现今互联网生态的复制和重现。①

元宇宙中的信息主要有两种来源:一是现实空间中的知识及信息通过数字化方式的输入,二是虚拟空间中的物体所产生的信息。②作为更为广泛意义上的用户生成内容平台,用户能够通过内容创造、分享,不断地扩大数据信息增量。③未来随着信息技术的普及,内容创作门槛将会极大降低,这能够有效提高用户生成内容的数量与质量,为元宇宙注入新活力。④同时,被数据化的内容同样作为信息资源在元宇宙中流动,用户的偏好、兴趣、社交痕迹均持续存在于元宇宙空间中。⑤

网络平台生态特别是其中的内容生态,近年来也不断受到管理部门的重视。2019年12月公布的《网络信息内容生态治理规定》对组织或者个人制作、复制、发布网络信息内容行为进行规范,规定"网络信息内容生产者应当遵守法律法规,遵循公序良俗,不得损害国家利益、公共利益和他人合法

① 参见胡泳、刘纯懿:《"元宇宙社会":话语之外的内在潜能与变革影响》,《南京社会科学》2022年第1期。

② 参见吴江、曹喆、陈佩等:《元宇宙视域下的用户信息行为:框架与展望》,《信息资源管理学报》2022年第1期。

③ 参见张洪忠、斗维红、任吴炯:《元宇宙:具身传播的场景想象》,《新闻界》2022年第1期。

④ 参见吴江、曹喆、陈佩等:《元宇宙视域下的用户信息行为:框架与展望》,《信息资源管理学报》2022年第1期。

⑤ 参见张洪忠、斗维红、任吴炯:《元宇宙:具身传播的场景想象》,《新闻界》2022年第1期。

权益”。[①]

当前看来，网络平台生态环境并不令人足够乐观，以算法为依托的平台生态备受瞩目且毁誉参半，其弊端也显而易见。心理学研究指出，个体在接触信息时，受到选择性接触、选择性认知和选择性理解机制的制约，即个体容易注意到与自己原有价值观念、态度相吻合的信息。而当信息分发平台演变为一个生态之后，对既作为内容生产者又作为消费者的用户来说，其观点不断强化，使其对自己喜欢的更喜、讨厌的更讨厌。

2011年，伊莱·帕里泽（Eli Pariser）在其著作《过滤泡：互联网对我们的隐秘操纵》（*The Filter Bubble: What the Internet is Hiding from You*）中提出“过滤泡”概念。作为网络观察家、活动家的伊莱·帕里泽明确指出，在网络技术高度发达的今天，所有人都处在一个过滤泡中，算法为用户过滤信息，并且将处理信息的过程置于“技术黑箱”中。当人们进行信息搜索行为时，所得到的资讯都是根据个人喜好、点击习惯而精心调整的，因而所看到的只是个性化的世界，而非真实世界。用户只会关心自己感兴趣的人、团体，而对与自己不同的“异见”“异类”视而不见、听而不闻，渐渐地，那些不同的声音被算法隔离在生活之外。此外，由于算法的基础是用户个人信息，长时间的暴露将必然带来隐私问题。长此以往，当我们满足且逐渐适应互联网带来的便利和舒适时，思维将会钝化，不再追求创新和思考。伊莱·帕里泽呼吁谷歌和Facebook公开信息过滤的方式，不要让用户永远困在戳不破的气泡里。[②]

“信息茧房”（information cocoons）和“回音室效应”（echo chamber effect）这两个学术概念很好地诠释了身处“过滤泡”中的后果及其对个人的影响。凯斯·桑斯坦（Cass Robert Sunstein）在《信息乌托邦——众人如何生产知识》一书中最先提出“信息茧房”，由于个人的兴趣爱好、注意力选择机制以及认知偏差，公众往往只注意部分信息和领域，久而久之，就将自己置于自己织就的“茧房”中。在这个封闭的、狭小的、自我营造的空间内，那些与自己观念相悖的信息似乎都不存在，只有自己的声音不断回响、不断增强，产生类似回音的效果。现实中，以平台为依托的网络生态体系，正在造就越来越多的信息茧房，回音室效应也愈发普遍。那些依托社交关系传播内容的网络平台，尤其在社会化媒体平台和基于关系的新闻聚合平台上，所谓“物以类聚，人以群

---

① 参见《网络信息内容生态治理规定》，2019年12月20日，http://www.cac.gov.cn/2019-12/20/c_1578375159509309.htm。

② Eli Pariser, *The Filter Bubble: What the Internet is Hiding from You*, New York: Penguin Press, 2011.

分”，用户往往汇聚在与自己相似的小圈子里，仅接收、分享与自己的兴趣和立场相契合的信息，这意味着与圈子内观点不一致的信息无法进入回音室内。有学者认为，互联网的这种特性可以把相似的甚至微弱偏好发展成为同质小群体，这一情形即“网络空间的巴尔干化”（cyberbalknization）。[①] 在此意义上，具有不同观点和态度的群体不断分化，从而加剧社会整体价值观的对立。

个性化推荐技术并非造成“过滤泡”或“信息茧房”的唯一因素，社交网络、平台、算法等都有可能在一定程度上固化人们的信息获取路径，强化人们的选择性心理；而减少获得有用信息成本、害怕被孤立、逃避争议、避免与自身认知不协调的信息等，则是形成“回声室效应”的原因——无论是个体还是群体，在看似信息更丰富的时代，实则可能面对着更封闭、单一的拟态环境。[②]

多位研究者均发现，优化算法与平台、改进信息供给侧、提升个体受众的主观能动性及媒介素养，有助于破解“信息茧房”与“回音室效应”。[③]

除却“信息茧房”与“回音室效应”，网络时代内容生产模式的改变也带来了其他问题。专业新闻媒体生产的新闻内容，强调对报道对象准确描述的真实性是首要原则，还有包括客观性在内的一系列新闻准则。媒介伦理学者克里斯琴斯（Christians）等指出，“全球媒介伦理”强调新闻活动中的三项基本原则是人类尊严、真实和非暴力。[④]

但根据当前的现实来看，用户生成新闻内容很难达到以上的标准。信息来源、时效性压力、缺乏专业领域知识、情感情绪影响、自身认知框架局限等

① Marshall van Alstyne，“Erik Brynjolfsson，Electronic Communities: Global Village or Cyberbalkans”，https://www.researchgate.net/publication/228680561.

② 参见彭兰：《新媒体时代拟态环境建构的变化及其影响》，《中国编辑》2022年第12期；彭兰：《导致信息茧房的多重因素及“破茧”路径》，《新闻界》2020年第1期。

③ 参见虞鑫、王金鹏：《重新认识“信息茧房”——智媒时代工具理性与价值理性的共生机制研究》，《新闻与写作》2022年第3期；彭兰：《导致信息茧房的多重因素及“破茧”路径》，《新闻界》2020年第1期；吴锋、杨晓萍：《算法推荐背景下用户媒介使用对“回音室”效应的影响研究——兼论媒介素养的调节作用》，《西南民族大学学报》（人文社会科学版）2022年第5期。

④ 参见《全球媒介伦理及技术化时代的挑战——克利福德·克里斯琴斯学术访谈》，2016年1月12日，http://media.people.com.cn/n1/2016/0112/c401983-28042917.html。

因素导致了大量的用户生成新闻内容是虚假的。人类尊严在许多用户生成新闻内容中并不能得到尊重,反而充斥着大量的认知偏见、侮辱性语言、网络暴力、道德审判。当前国内对用户生成新闻内容生产和分发环节的管理机制还远未完善,要么难以发现和处理虚假的新闻内容,要么采取按照关键词过滤的思路进行“一刀切”,经常社会热点事件发生后,含有某些“关键词”的、与该社会热点事件无关的信息内容也无法正常发表。新闻内容质量管理机制的不完善,也导致用户生成新闻内容中包含“很多噪声内容”①,存在“高重复度和低原创度”②等问题。

第四节　科技带来的传媒变局

在智能技术高速发展的今天,新闻业也在经历着翻天覆地的变化。传统新闻生产主要依靠线索提供者、记者采访和新闻事件相关的背景资料等方式来获取新闻源。然而,在现代新闻实践中,技术的介入使得数据,特别是对大数据的深度挖掘和分析成为新闻线索的重要来源。这一变革不仅扩大了新闻报道的范围,而且增加了报道的深度,从而促生了“数据新闻”(data journalism)或“数据驱动新闻”(data-driven journalism)等新型新闻形态。这些新闻形态通过对数据的深入分析,提供了更为丰富和深入的新闻内容。

在人工智能技术的推动下,机器不再仅仅是新闻生产过程中的辅助工具,而是作为一个主体或行动者直接介入新闻制作。未来新闻业的基础结构将深度融合人工智能,涵盖机器新闻写作、智能化的音视频制作、信息过滤与审核、智能反馈以及分发等方面。这一变革使机器在新闻制作中的角色和影响力显著提升。传统的新闻生产流程,包括采访、写作、编辑、排版、分发等环节,均由职业记者和编辑负责。然而,在人工智能技术的助力下,新时代的新闻生产领域正在经历深刻的变化。机器的介入不仅提高了新闻制作的效率和精准度,而且在一定程度上重新定义了新闻业的工作逻辑和生产流程。③

---

① 参见杨风雷、黎建辉:《用户生成内容中的垃圾意见研究综述》,《计算机应用研究》2011年第10期。

② 参见金兼斌、林成龙:《用户生成内容持续性产出的动力机制》,《出版发行研究》2017年第9期。

③ 参见彭兰:《数字新闻业中的人—机关系》,《新闻界》2022年第1期。

一、数据新闻与新闻源共享[①]

数据新闻,一种基于数据抓取、挖掘、统计分析和可视化展示的创新新闻报道形式,在21世纪迅速蓬勃发展。[②]2007年,《纽约时报》设立了"互动新闻技术部",该部门是融合了记者和程序员的多功能团队。英国的《卫报》更是于2009年在其网站上增设了"数据新闻"和"数据博客"等专栏。2012年,得到谷歌支持的"全球编辑网络"开始举办"数据新闻奖",首届参评作品覆盖全球51个国家和地区。Facebook也在2014年推出了面向新闻记者的News wire服务。在中国,数据新闻的发展也日渐成熟。自2012年网易开设《数读》栏目以来,新华网、搜狐网、澎湃新闻等多家媒体纷纷加入数据新闻领域。近年来,随着数字化的加速发展,国内外众多媒体机构纷纷创立数据新闻部门,开发了一系列数据新闻专题栏目,探索了更为可视化和交互化的新闻产品。与此同时,专门针对数据新闻的评选活动也日益增多,为这一新兴领域注入更多活力。[③]

目前国内媒体机构中的数据新闻创作团队通常由三种核心角色组成:记者或编辑、视觉设计师和互联网程序开发工程师。这些团队成员间的工作分工并不严格划分,而是相互紧密协作。他们常用的数据来源主要分为三种类型:第一种是公开数据,这包括政府、国内外组织机构发布的公开数据、企业年报、各类机构的研究报告等;第二种是自有数据、授权共享数据或购买所得的数据,比如自行采集的用户数据、自建数据库、自主调研数据,以及从数据供应商那里购买的数据;第三种是通过应用程序接口(API)或编写程序代码从各类网站和应用程序中获取的数据,如社交媒体上的数据等。[④]这些多样化的数据来源为数据新闻的深入分析和创作提供了丰富的素材。

在数据新闻的发展过程中,互联网技术巨头与传统媒体之间的互动交融显著。这种互动主要体现在新闻源共享方面,即商业互联网平台为传统新闻

---

① 参见郑雷:《数据新闻发展的新阶段——一种新闻源共享平台的打造》,《青年记者》2019年第12期。

② 参见方洁、颜冬:《全球视野下的"数据新闻":理念与实践》,《国际新闻界》2013年第6期。

③ 参见张晓健、马宇洲:《数据新闻视角下新闻人才的培养探析》,《传媒》2021年第22期。

④ 参见周睿鸣、李梓音:《中国数据新闻创作者的数据观研究》,《新闻大学》2023年第2期。

机构的记者、自媒体以及广大网民提供了一整套的数据整合工具。这些工具覆盖了数据搜索、挖掘、处理、可视化等多个环节，旨在实现数据资源的广泛共享。此外，互联网公司积极推动的“新闻源实验室计划”不仅向媒体人开放了丰富的数据资源，还通过与学术研究机构的合作和开设专业培训课程等方式，加强了与媒体界的合作关系，从而提升了自身在新闻领域的影响力和参与度。

自2015年起，谷歌启动了其雄心勃勃的“新闻实验室”（Google News Lab）计划，致力于项目的不断优化和扩展。此计划最初在美国、法国、德国等国家展开，目的是将谷歌的新闻实验室打造成记者的核心工作平台。通过这一平台，记者可以接触到谷歌整合的所有平台数据、新闻工具和应用支持，涵盖了大数据、云计算、虚拟现实、无人机等技术领域。

谷歌的“新闻实验室”计划主要围绕四大领域展开，第一，它旨在帮助互联网平台和新闻媒体提升新闻报道的质量，同时抵御虚假信息的传播。第二，面对经济压力不断加剧的现实，计划致力于支持地方媒体继续产出高质量的地区性新闻。第三，该计划还协助媒体和记者确保其报道更加贴近覆盖区域的真实情况。第四，它帮助媒体利用最新技术，以提高新闻报道的效率。

自“新闻实验室”计划推出以来，谷歌在数据新闻、沉浸式新闻和人工智能等三个方面投入较多资源。

数据新闻方面，谷歌对新闻潜在数据进行整理，使之可以为新闻界所用。例如，努力实现数据可视化，与世界顶尖的数据可视化专家合作，打造数据可视化平台，提供诸如选举、环境变化等的趋势数据，从而为新闻机构提供新闻报道思路和信息。与此同时，不断研发工具，使新闻机构可以更好地利用数据做新闻报道，例如Tilegrams使创建复杂地图更加容易，Thrive可以提供复杂的可视化模块，新闻机构和记者都可以免费使用这些工具。[①]

在沉浸新闻方面，谷歌跟新兴的新闻机构合作，探讨如何更好地利用VR、AR技术讲新闻故事，并与更广泛的社群进行分享；通过建立由行业专家、记者等组成的团队，开展一系列活动，建设虚拟体验新闻的生态，推进沉浸式新闻叙事的发展；举办无人机新闻营、会议等，与记者和新闻实践者一起探讨无人机新闻的法律、伦理等问题，以及这一新兴新闻领域所面对的关键

① Erica Andevson, “News Lab in 2017: Helping journalists use emerging technologies”, December 13, 2017, https://www.blog.google/outreach-initiatives/google-news-initiative/news-lab-2017-helping-journalists-use-emerging-technologies/.

挑战。[①]

在人工智能方面，与美联社、《纽约时报》等媒体的技术专家探讨人工智能与新闻业的未来；与非营利的新闻机构 Pro Publica 合作发起名为“仇恨档案”的实验项目，该项目通过人工智能为仇恨犯罪和偏见事件建立了一个全国数据库。历史上，美国的仇恨犯罪很难追踪，因为在全国范围内收集的官方数据很少。通过人工智能，新闻机构可以填补数据中的空白并建立全国范围的数据库。[②]

2016年，今日头条推出媒体实验室项目，定位于打造用数据服务记者的工具性产品。这是一款实时和历史数据分析工具，致力于用数据服务传统媒体和部分自媒体。它基于今日头条所有用户的海量行为数据和文章数据，通过数据挖掘和分析，捕捉、预测热点，为内容创作者提供热点事件的相关数据，其四大功能板块是热点追踪、精选报道、数据报告、事件监控。

热点追踪分为热门事件和飙升事件：热门事件的选取以文章关键词为统计对象，分析并计算关键词所代表的事件热度的加权和，影响加权和的因素包括含有关键词的文章数量，文章的阅读数、分享数、评论数和喜欢数；飙升事件则是近期关注度上升最快的事件，是记者新闻线索的选取来源。精选报道对当天最热门的事件，以小时为单位进行数据更新，为记者提供最新的动态。数据报告由今日头条算数中心根据热点事件制作，供用户下载，用户可以根据报告的领域、来源、标签、分类、关键词等进行检索。至于事件监控功能，记者可以输入描述需要监控事件的关键词或词组，今日头条媒体实验室会在第二天自动生成该关键词或词组相关的数据报告，为记者提供个性化定制服务，生成的数据报告包括关键词热度、热文、爆料、视频、评论等维度。

数据新闻源的共享符合技术逻辑和传媒发展规律，也标志着新闻业发展到了一个新的阶段。具体影响主要有以下四点。

第一，数据新闻源共享的实现，赋予了媒体和媒体人更广阔的信息内容来源。数据新闻源的开放与共享，将极大地扩展媒体行业的新闻源头，弥补传统媒体在用户数据、大数据获取和分析方面的短板，也使传统媒体与自媒

---

① Erica Andevson, “News Lab in 2017: Helping journalists use emerging technologies”, December 13, 2017, https://www.blog.google/outreach-initiatives/google-news-initiative/news-lab-2017-helping-journalists-use-emerging-technologies/.

② Erica Andevson, “News Lab in 2017: Helping journalists use emerging technologies”, December 13, 2017, https://www.blog.google/outreach-initiatives/google-news－initiative/news-lab-2017-helping-journalists-use-emerging-technologies/.

体可以互通有无。互联网公司打造的网络聚合平台，促进媒体的新闻生产活动摆脱内部资源和平台的限制，在更广泛的"云端"即可完成新闻实践，时间、空间都不再是束缚。

第二，互联网公司通过算法等技术，寻求抑制假新闻的途径。在"新闻实验室"计划中，谷歌通过算法对网页进行分类和排序，通过可视化的路径和标签，在新闻和搜索中加入了事实检查标签，辅助使用者找到权威的新闻内容发布源头。谷歌通过资助美国圣塔克拉拉大学(Santa Clara University)的Markkula应用伦理学研究中心进行抵制假新闻的研究，并与全世界几十家新闻机构展开合作，提出"最佳实践""作者专长""引用参考""采编方法"等相关指标，一方面通过在网页新闻中显示指标来帮助人们区分高质量的新闻内容、宣传内容与假新闻，另一方面通过指标识别提高谷歌机器抓取的准确性。

第三，数据平台的诞生彰显了以数据为主的新闻资源的价值。开放新闻源的数据平台既是数据新闻蓬勃发展的重要契机，也是未来人机合作的起点。正如《信息之美》一书作者戴维·麦克坎德莱斯(David McCandless)所说："数据正变得越来越重要，这并不是因为数据的量大，而是我们拥有了工具和能力去分析数据，找出模式、结构并揭示趋势。"[①]

第四，开放新闻源也成为技术起家的互联网公司向新闻生产领域进军的一个里程碑。互联网公司已经占据新闻内容的分发渠道，这种情况在中国尤为明显。"掌握着数据资源、算法优势的技术公司，逐渐从新闻的分发向新闻生产的核心技术领地渗透，它们将逐步在新闻生产领域掌握话语权。"[②]

二、人工智能对传统新闻业的颠覆

所谓"机器写作"或"机器人新闻"是指那些通过软件和算法语言自动采集数据并将其转换为内容的报道形式。[③]

2012年，BBC的人工智能机器人Juicer(榨汁机)上岗，它的任务是把海量的数据(包括每天的新闻、专题报道、视频、其他媒体的消息、政府部门和互联网信息)进行联结。Juicer每天要接收来自850个新闻机构的RSS信息推送，将数据进行整合处理，把BBC和其他媒体的新闻报道分拣出来，然后贴

① 参见方洁、颜冬：《全球视野下的"数据新闻"：理念与实践》，《国际新闻界》2013年第6期。

② 参见彭兰：《未来传媒生态：消失的边界与重构的版图》，《现代传播》2017年第1期。

③ 转引自邓建国：《机器人新闻：原理、风险和影响》，《新闻记者》2016年第9期。

上相应的语义标注，分成组织机构、地点、人物、事物四类归档，记者需要某个人物或事件的最新消息时，Juicer便会迅速给出相关的内容清单。[①]

2014年7月，美联社开始尝试财报的自动化报道，合作伙伴为Automated Insights公司，双方推出自动化写作平台Wordsmith。该平台与Allstate、Comcast、雅虎、美联社等数家大公司合作，每周可产出几百万篇文章。Wordsmith的公关总监表示，若需要，该平台每秒可以生产2000篇文章。Wordsmith面世伊始，其生产的文章均会经过人工审核，其中的错误会被记录下来发给Automated Insights公司。但三个月后，Wordsmith便实现了全面自动化，所有机器生成文章均不再经过人工干预；大半年后，自动写作系统记录下的错误已经比记者所写文章中的错误要少。美联社和Automated Insights公司均表示，机器自动化写作不会让记者丢掉饭碗，而是帮助他们节省更多人力物力用于具有挑战性和需要深度思考的报道。[②]Wordsmith的工作原理可概括为获取数据、分析数据、提炼观点、调整结构和格式以及出版。[③]

此后，越来越多的媒体开始在侧重于数据采集、分析和提炼的财经、体育、气象地质以及健康等专业新闻领域采用机器化写作。与此同时，国内的实践也如火如荼。2015年9月，腾讯财经推出自动化新闻写作机器工具Dreamwriter；11月，新华社推出“快笔小新”。2016年8月，今日头条开发出Xiaomingbot。根据腾讯财经提供的数据，2016年第一季度Dreamwriter撰写财经新闻400篇，而到第三季度时已达到40 000篇。[④]2017年11月末，四川报业集团封面传媒正式宣布机器人“小封”成为其正式员工。小封负责在封面App里与订阅者聊时事新闻、社会新闻、娱乐新闻，同时负责“封面号”与《小封观天下》栏目，专门写作地震灾害新闻和科技新闻。[⑤]小封可以应用语音识别、意图识别等人工智能技术，同时还可以利用机器人写作极速的特性为用

---

① 参见《AI和媒体　人工智能AI怎么做新闻》，2018年9月26日，https://www.bbc.com/zhongwen/simp/science-45591003。

② 参见《信吗？美联社已经用机器人写作了！》，2018年5月21日，https://cloud.tencent.com/developer/article/1130910。

③ 参见金兼斌：《机器新闻写作——一场正在发生的革命》，《新闻与写作》2014年第9期。

④ 参见彭兰：《未来传媒生态：消失的边界与重构的版图》，《现代传播》2017年第1期。

⑤ 参见《机器人“小封”进军新闻界入职封面传媒》，2017年11月28日，https://www.sohu.com/a/207145603_100044999。

户提供所需的生活资讯和政务资讯服务，以及出行、购物等生活服务整合方案，开启快速服务通道。[①]人工智能的单打独斗固然体现技术的进步，然而其与人工的协同作用是目前新闻生产领域的又一突出趋势。小封在“实习”期间，参与了封面新闻所有新闻内容的采编审发流程。类似于小封的其他机器可以帮助记者、编辑发现选题并进行选题初判，承担程式化、可视化、数据分析写作的部分；人工的努力则主要在个性化叙事和对新闻内容的深度挖掘上。2020年，《每日经济新闻》与微软（亚洲）互联网工程院人工智能应用小冰合作，依托小冰人工智能文本生成、大数据金融知识图谱、实时翻译等技术的中英双语AI金融资讯部署上线。2021年5月，《每日经济新闻》宣布与小冰公司建立战略合作伙伴关系。小冰公司首席运营官表示，双方将继续展开深度合作，在持续深耕AI金融资讯内容生成的基础上，共同探索以金融数据中台、金融事理图谱、快讯智能点评、AI视频生成为核心的财经媒体转型前沿领域，共同打造业内领先的财经视频智媒体。[②]

机器写作平台和新闻聚合技术在新闻生产领域内的广泛使用，彻底改变了新闻生产流程及其逻辑，大大提高了新闻内容生产以及分发的效率，主动迎合了新闻用户的喜好，一改传统媒体时代受众意识的缺失，使信息传播更加有的放矢，体现了“分众时代”的特点。低廉的成本使得人工智能写作必然带来海量的新闻，这在一定程度上缓解了传统媒体大量优秀传媒人才出走的危机，并倒逼传统新闻业实现跨越式发展，大大加速了新闻工业化时代的到来。当然，目前的技术平台仍然存在诸多问题：机器新闻写作只适用于基于数据收集和分析的逻辑较为简单的新闻类型，对于那些关系复杂、需要深入探究的新闻仍然无能为力，即便是前者，报道过程中也存在一定程度的错误。

ChatGPT火爆全球后，国外众多媒体利用它协助内容创作，其中有“美版头条”之称的数字媒体公司BuzzFeed宣布让ChatGPT“上岗”，随后公司股价一改此前的大跌态势连续上涨；国内《每日经济新闻》总编办下发通知，决定全体采编部门使用ChatGPT，成为国内第一家宣布启用ChatGPT的权威媒体。[③]“躲过了前几年的写稿机器人，没想到又遭遇了横空出世的Chat-

① 参见杜一娜：《“小封机器人”挂上工牌　封面传媒有了机器人员工》，2017年11月21日，http://media.people.com.cn/GB/n1/2017/1121/c40606-29657844.html。

② 参见张弩：《每日经济新闻与小冰公司达成战略合作：AI赋能财经媒体转型升级》，2021年5月11日，https://www.nbd.com.cn/articles/2021-05-11/1740188.html。

③ 参见《国内第一家布局ChatGPT的媒体，出现了》，2023年2月9日，https://www.163.com/dy/article/HT5IJ19P0519QQUP.html。

GPT，当记者好难！”[①]有记者发出这样的感慨。有学者认为，从当前发展现状来看，ChatGPT不能代替记者，在深度报道、人物特写、新闻评论这些需要创造性思维的领域，ChatGPT生成的作品仍然粗浅，质量无法达标，但它可以作为辅助工具参与新闻的生产过程。在新闻生产中，人工智能对新闻业的影响日渐显现：协助记者、编辑发现新闻线索，搜集素材；驱动新闻深度与广度的延伸；完善数据库与进行更深层次的大数据挖掘；基于数据分析的更为个性化与定制化的新闻内容分发；预判新闻内容传播效果；提高新闻生产效率；等等。[②]人工智能给新闻人带来了职业挑战，也将未来人机创作间的界限何在、人在内容生产中的定位等问题摆上台面[③]，同时又为记者、编辑创造了生产更多优质内容的空间和可能性。

除了新闻内容生产，虚拟主持人也是人工智能在新闻领域的代表。早在2000年4月，英国新闻联合社新媒体公司（PA New Media）在美国硅谷的科技支援下，历经9个月，耗资1.4亿美元，推出了世界上第一位虚拟主持人安娜诺娃（Ananova）——28岁、绿色头发、大西洋中部口音，为全球网民提供24小时新闻报道，这开启了虚拟媒体人的新纪元。[④]2018年，新华社与搜狗公司联合推出了全球首个AI合成主播“新小浩”，其在乌镇举行的第五届世界互联网大会上首次亮相，原型为新华社CNC记者邱浩。[⑤]2020年5月，新华社联合搜狗公司推出了全球首位人工智能驱动的3D版AI合成主播“新小微”，其原型为新华社记者赵琬微，采用最新人工智能技术“克隆”而成。从外型上看，“新小微”高度还原真人发肤，在立体感、灵活度、可塑性、交互能力和应用

① 《部分人被淘汰不可避免！但ChatGPT真能颠覆新闻业吗？》，传媒茶话会微信公众号，2023年2月9日。

② 参见金兼斌：《机器新闻写作——一场正在发生的革命》，《新闻与写作》2014年第9期；《部分人被淘汰不可避免！但ChatGPT真能颠覆新闻业吗？》，传媒茶话会微信公众号，2023年2月9日；彭兰：《机器与算法的流行时代，人该怎么办》，《新闻与写作》2016年第12期。

③ 参见彭兰：《变革与挑战：智能化技术对传媒业的影响》，《信息安全研究》2019年第5期。

④ 参见周培源、钟沈军：《虚拟媒体人的发展及对新闻传播业的影响》，《青年记者》2023年第2期。

⑤ 参见《AI合成主播“新小浩”成2019WAIC亮点　搜狗AI布局前景无限》，2019年9月2日，https://finance.sina.cn/stock/relnews/us/2019-09-02/detail-iicezueu2885066.d.html?from=wap。

空间等方面,较前一代AI合成主播(2D形象)有了大幅跃升。[①]

2022年全国"两会"期间,中央广播电视总台推出超仿真主播"AI王冠"。[②]2022年7月,经过了两个多月的"试用期",全国省级电台中首位虚拟员工"长小姣"在上海人民广播电台长三角之声转正上岗,之后便活跃在长三角之声科创垂类节目《思创空间》的短视频专栏中。[③]2023年3月,《人民日报》AI虚拟主播任小融上线,自称"我不知疲倦,365天全天24小时全年无休播报新闻"[④]。

AI虚拟主播是指将人工智能与虚拟仿真技术相结合形成的脱离了"碳基"身体的主播。从技术维度来讲,"虚拟"与"合成"始终是技术发展的两条相区别的路径,"虚拟"可以完全摆脱生理学上身体的束缚,而"合成"则强调生成与真人无异的AI分身模型。[⑤]全球人工智能主播正在经历从低水平到高质量应用、从单一模式到定制化生产、从"机器替人"到"人机协同"理念、从机械传播到情感交互模式的发展路径。[⑥]

近年来,我国针对人工智能相关技术的法律法规不断完善。2019年12月,国家互联网信息办公室发布了《网络信息内容生态治理规定》,明确规定网络信息内容服务使用者和网络信息内容生产者、网络信息内容服务平台不得利用深度学习、虚拟现实等新技术新应用从事法律、行政法规禁止的活动。[⑦]

2022年12月,国家互联网信息办公室、工业和信息化部、公安部联合发

---

① 参见邬金夫:《"她"来了! 全球首位3D版AI合成主播精彩亮相》,2020年5月20日,http://www.xinhuanet.com/politics/2020-05/20/c_1126011533.htm。

② 参见《央视频再上新,总台首个AI超仿真主播来了!》,2022年3月7日,https://1118.cctv.com/2022/03/07/ARTIrSrw34I8nTpPSfAnbFQX220307.shtml。

③ 参见《省级电台推出首位虚拟主播,虚拟数字人制作助推广电媒体发展革新》,2022年7月29日,https://www.sohu.com/a/572717776_121323274。

④ 参见《人民日报推出数字主播任小融,宛如真人主播》,2023年3月13日,http://www.tvoao.com/a/214134.aspx。

⑤ 参见邵鹏、杨禹:《AI虚拟主播与主持人具身传播》,《中国广播电视学刊》2020年第6期。

⑥ 参见吴锋、刘昭希:《人工智能主播历史沿革、应用现状及行业影响》,《西南民族大学学报》(人文社会科学版)2021年第5期。

⑦ 参见《网络信息内容生态治理规定》,2019年12月20日,http://www.cac.gov.cn/2019-12/20/c_1578375159509309.htm。

布《互联网信息服务深度合成管理规定》，旨在规范利用深度学习、虚拟现实等生成合成类算法制作文本、图像、音频、视频、虚拟场景等网络信息的技术。该规定强调，深度合成服务提供者和使用者不得利用深度合成服务制作、复制、发布、传播虚假新闻信息。转载基于深度合成服务制作发布的新闻信息的，应当依法转载互联网新闻信息源单位发布的新闻信息。管理层面，规定明确了网信部门和电信主管部门、公安部门依据职责对深度合成服务开展监督检查。深度合成服务提供者和技术支持者应当依法予以配合，并提供必要的技术、数据等支持和协助。网信部门和有关主管部门发现深度合成服务存在较大信息安全风险的，可以按照职责依法要求深度合成服务提供者和技术支持者采取暂停信息更新、用户账号注册或其他相关服务等措施。深度合成服务提供者和技术支持者应当按照要求采取措施进行整改，消除隐患。①

2023年5月，国家互联网信息办公室发布《生成式人工智能服务管理暂行办法》（2023年8月15日起施行），对基于算法、模型、规则生成文本、图片、声音、视频、代码等内容的生成式人工智能技术进行规范。该办法规定：坚持社会主义核心价值观，不得生成煽动颠覆国家政权、推翻社会主义制度，危害国家安全和利益、损害国家形象，煽动分裂国家、破坏国家统一和社会稳定，宣扬恐怖主义、极端主义，宣扬民族仇恨、民族歧视，暴力、淫秽色情，以及虚假有害信息等法律、行政法规禁止的内容；在算法设计、训练数据选择、模型生成和优化、提供服务等过程中，采取有效措施防止产生民族、信仰、国别、地域、性别、年龄、职业、健康等歧视；尊重知识产权、商业道德，保守商业秘密，不得利用算法、数据、平台等优势，实施垄断和不正当竞争行为；尊重他人合法权益，不得危害他人身心健康，不得侵害他人肖像权、名誉权、荣誉权、隐私权和个人信息权益；基于服务类型特点，采取有效措施，提升生成式人工智能服务的透明度，提高生成内容的准确性和可靠性。②

第五节　版权保护的困境

在Web2.0时代，专业媒体人对内容生产把关的模式受到了挑战，网民开

① 参见《互联网信息服务深度合成管理规定》，2022年12月11日，http://www.cac.gov.cn/2022-12/11/c_1672221949354811.htm。

② 参见《生成式人工智能服务管理暂行办法》，2023年8月30日，https://www.miit.gov.cn/gyhxxhb/jgsj/cyzcyfgs/bmgz/xxtxl/art/2023/art_4248f433b62143d8a0222a7db8873822.html。

始自由地生产和传播大量内容，促使提供网络平台服务的媒体机构应运而生。这一变化使得基于专业作品制作和传播特征的现有著作权秩序面临适应性挑战，同时网络平台和社交媒体空间逐渐成为版权侵权问题的高发区。[①]随着技术的发展，尤其是人工智能的广泛应用，版权保护领域再次面临新的挑战和难题。

一、用户与平台的侵权行为

用户生成内容这一行为诞生伊始，便伴随着侵权行为。首先，大部分网络平台用户数量庞大，且存在大量"僵尸号""水军"，几乎无法通过注册信息找到侵权责任承担人；其次，国内对侵权行为的追究和打击力度相对欠缺，用户常有"法不责众"的心理；最后，法律法规对侵权行为的责任认定牵涉平台的利益，实施起来较为困难。另外，大部分用户的行为并不以营利为目的，而是通过互联网来吸引他人关注，从而提高自己的声誉，或仅仅出于娱乐心态。[②]

美国曾于1998年颁布《千禧年数字版权法》（*The Digital Millennium Copyright ACT*），作为对用户生成内容版权保护的初步尝试。2007年10月，哥伦比亚广播公司（CBS）、全国广播公司（NBC）、福克斯广播公司（Fox）、迪士尼（Disney）、维亚康姆娱乐公司（Viacom）这几家版权内容权利人与Dailymotion、Soapbox、Myspace、Veoh四家用户生成内容服务提供商签订合作协议"用户生成内容服务商规则"，即UGC规则，其目的是实现版权所有者、网络服务商与版权使用人三者之间的利益平衡。[③]

在内容生产传播与知识产权的冲突中，互联网平台扮演着两种角色：第一种是传播者的角色，即为内容生产者提供平台或渠道；第二种为发布者的角色，即主动发布已有内容。故互联网平台往往存在两类主要的侵权行为：第一，用户生成内容过程中对相关作品的侵权行为；第二，互联网平台，尤其是新闻聚合类平台对专业媒体机构生产的内容进行二次传播时的侵权行为。

例如，今日头条曾深陷与众多媒体的版权纠纷之中。2014年6月，今日

---

① 参见朱鸿军：《社交媒体空间的著作权侵权与平台商的把关补位机制探究》，《科技与出版》2020年第6期。

② 参见王光文：《论视频网站UGC经营者的版权侵权注意义务》，《国际新闻界》2012年第3期。

③ 参见沈菲：《我国UGC版权侵权治理机制之优化——以美国UGC规则为样本的考察》，《编辑之友》2017年第3期。

头条宣布获得1亿美元的投资并被估值高达5亿美元。随后《新京报》发表社论，提出“像今日头条这样的网络应用新秀将层出不穷，但技术的发展不应当带来版权保护的恶化”。此社论指出，以“我们不生产新闻，我们是新闻的搬运工”为口号的今日头条，“搬运的不仅是新闻，更是版权。所谓‘新闻搬运工’，掩盖了侵权的事实”[①]。此后，《广州日报》《长沙晚报》《燕赵都市报（冀中版）》《楚天都市报》等多家新闻媒体机构分别向今日头条提出侵权起诉。2016年11月，凤凰新闻就今日头条恶意劫持凤凰新闻客户端流量的行为提起诉讼。2017年5月2日，南方日报社发布反侵权公告（第一期），指出从2016年起，今日头条客户端未经其许可擅自转载其作品近2000条。

当前，社交媒体空间中出现侵犯知识产权现象时，很多平台都会声称，自己只是提供平台的技术服务商，在内容环节保持“中立性”，并不参与社交媒体空间作品的产制，对著作权侵权行为“并不知情”。但无论从现实状况的角度，还是技术伦理的角度，平台在著作权侵权把关责任承担中都具有伪中立性，“不知情”也并非属实，一方面，侵权内容“满天飞”；另一方面，平台时常会收到侵权投诉。[②]有学者指出，“搬运”的法律实质是版权法中的“转载”，如果未经授权而非法转载，那么这一行为本身就是侵害版权。[③]今日头条通过算法推送给用户的“二次加工”新闻内容，并不基于原作者、版权人的授权或法律允许，属于典型的侵权行为。针对今日头条因“某些媒体的网络化做得不够好，不能跟今日头条进行适配”，对某些新闻来源网站的内容进行转码后存储、提供的行为，众多研究者认为，这直接构成了侵权。此外，其“深度链接”也触及版权法的底线。针对这一问题，研究者存在较大分歧：有观点认为，平台不能以“未经事先通知”或“对侵权内容不知情”为由进行抗辩；也有观点认为，此行为虽然不构成侵权，但导致了恶性商业竞争；还有观点对链接通道服务是否属于网络传播行为存在疑虑，这一行为完全区别于搜索引擎的被动性和中立性，已经使平台演变为推送信息的发布者。

层出不穷的侵犯知识产权行为引发了学者们对网络平台行为规范、网络

① 参见《“今日头条”，是谁的“头条”》，《新京报》2014年6月5日。

② 参见朱鸿军：《社交媒体空间的著作权侵权与平台商的把关补位机制探究》，《科技与出版》2020年第6期。

③ 参见朱巍：《网络版权侵权认定与法律适用——从“今日头条”版权纠纷说起》，《青年记者》2014年第22期；王迁：《“今日头条”著作权侵权问题的研究》，《中国版权》2014年第4期。

中新闻作品著作权保护，以及如何重塑新闻分发渠道新秩序，以实现行业利益的平衡与共赢等诸多问题的反思。如何解决新媒体浪潮下传统新闻媒体机构与互联网平台的冲突？通过著作权许可制度的重构解决上述问题，已经在国内外新闻从业者、相关领域学者中达成共识。而如何从法律学理层面和实践层面实现中国社会语境下的著作权许可制度重构，还需要进一步探讨。

随着UGC、PGC及OGC等内容生产方式及平台模式的发展，用户生成内容给知识产权带来的冲击也不断更新，例如抖音等短视频平台上大量存在的“三分钟看电影”。在短视频平台上，用户生成内容占多数，创作者常根据经验进行翻转、放大、遮标等去重操作，使平台不断提高机器识别、人工审核技术水平以及举报响应速度，但依然应接不暇。此外，类似“三分钟看电影”等众多“疑似”侵权内容对众多短视频平台用户有较强吸引力，可为平台贡献较多流量与点击量，在无外力推动下，短视频平台主动治理的积极性不言而喻。

“洗稿”则是近几年国内网络平台出现的新现象。“洗稿”本指新闻从业者将别人已经发表的稿子进行改动，如重组语序、改变表达方式，在短时间内将文章改头换面，从而完成一篇新闻稿的“写作”。[①]2018年1月，某知名自媒体人在其公众号上推送了文章《这件事我忍了很久了，今天一定要说一下子》，直指多个自媒体大号“洗稿”。[②]2019年1月，财新网某记者在其朋友圈指出，火爆全网的《甘柴劣火》，其主要内容均出自自己在财新网的几篇报道。[③]

对于网络内容生产传播中侵犯知识产权的行为，除了更新《著作权法》《信息网络传播权保护条例》等，国内相关部门也在不断出台新的举措。例如2018年3月，国家新闻出版广电总局下发通知，要求所有节目网站不得制作、传播歪曲、恶搞、丑化经典文艺作品的节目，不得擅自对经典文艺作品、广播影视节目、网络原创视听节目重新剪辑、重新配音、重配字幕，不得截取若干节目片段拼接成新节目播出，不得传播编辑后篡改原意产生歧义的作品节目

---

① 参见任渝婉：《自媒体“洗稿”的治理难题及其多元破解》，《出版发行研究》2018年第11期。

② 参见《谁让“洗稿”成了自媒体江湖的“决胜法宝”?》，2018年1月30日，https://www.sohu.com/a/219910490_570240。

③ 参见《财新记者质疑刷屏文章《甘柴劣火》抄袭　作者呦呦鹿鸣回应》，2019年1月13日，https://baijiahao.baidu.com/s?id=1622511401637531639&wfr=spider&for=pc。

片段。[①]

自2005年起，国家版权局等相关部门开始针对网络侵权和盗版行为，特别是在网络视频、音乐、文学、新闻、直播等领域展开年度性的版权专项整治行动。2022年9月，国家版权局、工业和信息化部、公安部、国家互联网信息办公室四大部门联合启动打击网络侵权盗版"剑网2022"专项行动。本次专项行动聚焦广大创新主体版权领域急难愁盼问题，推动规范发展与打击惩治并举，开展四方面重点整治：一是开展文献数据库、短视频和网络文学等重点领域专项整治，对文献数据库未经授权、超授权使用传播他人作品，未经授权对视听作品删减切条、改编合辑短视频，未经授权通过网站、社交平台、浏览器、搜索引擎传播网络文学作品等侵权行为进行集中整治；二是加强对网络平台版权监管，依法查处通过短视频平台、直播平台、电商平台销售侵权制品行为，坚决整治滥用"避风港"规则的侵权行为，压实网络平台主体责任，及时处置侵权内容和反复侵权账号，便利权利人依法维权；三是强化NFT数字藏品、"剧本杀"等网络新业态版权监管，严厉打击未经授权使用他人美术、音乐、动漫、游戏、影视等作品铸造NFT、制作数字藏品，通过网络售卖盗版剧本脚本，未经授权衍生开发剧本形象道具等侵权行为；四是持续加强对院线电影、网络直播、体育赛事、在线教育、新闻作品版权保护，巩固网络音乐、游戏动漫、有声读物、网盘等领域工作成果，不断提升网络版权执法效能。[②]

二、人工智能引发的版权讨论

用户生成内容和平台的发展对知识产权保护构成了挑战，而人工智能的最新进展则把这一挑战推向了一个新的维度。知识产权的核心目的是激励人类创新和创造，这一直被视为人类的独特能力。然而，随着像ChatGPT这样的大型语言模型的出现，一系列根本性问题也随之浮现：人工智能的创新和创造是否需要受到知识产权的激励？人工智能与人类在发明和创造方面的价值该如何平衡？人工智能的兴起是否意味着需要对现有的知识产权框架进行重大调整？[③]

---

① 参见白瀛、史竞男：《国家新闻出版广电部门：网站不得擅自重新剪辑经典文艺作品》，2018年3月22日，http://www.xinhuanet.com/politics/2018-03/22/c_1122577762.htm。

② 参见《国家版权局等四部门启动"剑网2022"专项行动》，2022年9月9日，https://www.gov.cn/xinwen/2022-09/09/content_5709237.htm。

③ 参见《人工智能与知识产权政策》，https://www.wipo.int/about-ip/zh/artificial_intelligence/policy.html。

当前众多企业与个人正在利用AI进行创作，产生了众多文字、图片、视频、游戏角色等内容，这些内容是否应该受到著作权保护？最近，美国版权局裁定一位作者使用AI绘画工具Midjourney创作的插画不受著作权保护，理由是该作品主要由机器生成，而非人类创作，引发了社会广泛关注。[①]在欧盟，生成式人工智能的出现扰乱了拟议的《人工智能法》的立法进程，并迫使立法者重新考虑如何对人工智能系统的提供者和使用者进行分类和分配责任。[②]

2023年4月24日，在国务院新闻办公室举行的新闻发布会上，国家知识产权局负责人介绍，下一步将统筹推进各类知识产权法律法规和制度规则的修订工作，加强大数据、人工智能、基因技术等新领域新业态知识产权规则研究，助力相关领域创新发展。[③]2023年8月15日起施行的《生成式人工智能服务管理暂行办法》规定，提供和使用生成式人工智能服务应当尊重知识产权、商业道德，保守商业秘密，不得利用算法、数据、平台等优势，实施垄断和不公平竞争行为。[④]

第六节　管理政策的发展

随着互联网新闻舆论对意识形态和国家安全产生日益显著的影响，自2014年起，中央开始调整对互联网新闻舆论的管理策略，强化在意识形态层面的管理。这一时期，传媒管理的重大变化体现在国家互联网信息办公室等主管部门出台了一系列更为详尽的管理政策。这些政策主要聚焦于互联网的内容、技术和信息服务方面。为了适应这些变化，各级网信部门的人员配置得到增强，宣传部门的人员也接受了更为先进的培训。这些措施共同构建了一个从宏观到微观层面的互联网新闻信息活动综合管理体系，使互联网管

---

① 参见杨延超：《AI创作作品应该得到著作权保护》，2023年4月11日，http://www.jjckb.cn/2023-04/11/c_1310709690.htm。

② 参见《生成式人工智能、版权与人工智能法案》，2023年5月18日，http://ipr.mofcom.gov.cn/article/gjxw/gfgd/202305/1978500.html。

③ 参见《AI作品是否享有知识产权保护？》，2023年4月25日，https://tech.chinadaily.com.cn/a/202304/25/WS64473561a3105379893717ac.html。

④ 参见《国家互联网信息办公室关于〈生成式人工智能服务管理办法（征求意见稿）〉公开征求意见的通知》，2023年4月11日，http://www.cac.gov.cn/2023-04/11/c_1682854275475410.htm。

理政策更加细致和周密。

一、主管机构的调整

2014年2月27日，中央网络安全与信息化领导小组正式成立，这被海外广泛报道为党的十八届三中全会以后，由总书记直接担任组长、由总理担任第一副组长的第三个跨党政军的重要机构。[①]此次成立的中央网络安全与信息化领导小组，从表面上看虽然沿袭了之前国家信息化领导小组的整体格局，却不再局限于国家层面，而是在党中央层面设置的一个高层领导和议事协调机构，由党的总书记任组长，国务院总理担任副组长，也许更有利于从战略层面统筹协调党政军等全局性的信息化工作。[②]27日下午召开的中央网络安全和信息化领导小组第一次会议，审议通过了《中央网络安全和信息化领导小组工作规则》《中央网络安全和信息化领导小组办公室工作细则》《中央网络安全和信息化领导小组2014年重点工作》。[③]

2014年8月，国务院正式发布通知，授权新组建的国家互联网信息办公室全面负责全国互联网信息内容的管理工作。这一举措旨在推动互联网信息服务的健康有序发展，保护公民、法人和其他组织的合法权益，维护国家安全和公共利益，并负责监督和管理执法，确保互联网环境的规范运行。[④]

2018年3月，中共中央发布《深化党和国家机构改革方案》，对国内传媒管理体系进行了重大调整。首先，中央网络安全和信息化领导小组升级为中央网络安全和信息化委员会，强化了对网络安全和信息化的领导和协调。其次，中央宣传部统一管理新闻出版工作。将国家新闻出版广电总局的新闻出版管理职责划入中央宣传部。中央宣传部对外加挂国家新闻出版署（国家版权局）牌子。同样，中央宣传部统一管理电影工作。将国家新闻出版广电总局的电影管理职责划入中央宣传部。中央宣传部对外加挂国家电影局牌子。此外，在国家新闻出版广电总局广播电视管理职责的基础上组建国家广播电

---

① 参见《汪玉凯：中央网络安全与信息化领导小组的由来及其影响》，2014年3月3日，http://theory.people.com.cn/n/2014/0303/c40531-24510897.html。

② 参见《汪玉凯：中央网络安全与信息化领导小组的由来及其影响》，2014年3月3日，http://theory.people.com.cn/n/2014/0303/c40531-24510897.html。

③ 参见《中央网络安全和信息化领导小组第一次会议召开》，2014年2月27日，https://www.gov.cn/ldhd/2014-02/27/content_2625036.htm。

④ 参见《国务院关于授权国家互联网信息办公室负责互联网信息内容管理工作的通知》，2014年8月28日，http://www.cac.gov.cn/2014-08/28/c_1112264158.htm。

视总局，作为国务院直属机构。最后，整合中央电视台（中国国际电视台）、中央人民广播电台、中国国际广播电台，组建中央广播电视总台，作为国务院直属事业单位，归口中央宣传部领导。对内保留原呼号，对外统一呼号为“中国之声”。[①]

二、网络安全的升级

自2014年开始，中国政府把网络安全提升为国家层面的重要议题。当年2月成立的中央网络安全与信息化领导小组，标志着国家将网络安全视为核心的国家安全问题，并将其纳入国家的信息化发展战略中。习近平总书记在领导小组会议上的讲话强调了网络安全对国家安全的重要性，以及信息化对现代化的关键作用。这反映了中央层面设立这一领导小组的深远意义，其由党的总书记担任组长、国务院总理担任第一副组长，显示了党和国家对网络安全和信息化工作的高度重视。[②]

2016年11月，第十二届全国人大常委会第二十四次会议表决通过《中华人民共和国网络安全法》。这部法律在中国网络安全领域具有里程碑意义，其中最显著的特点包括确立网络空间主权原则、强调重要数据的本地化存储、增强个人信息保护力度、建立网络安全人才培养体系，以及明确关键信息基础设施安全保护的范围和要求等。[③]这些亮点体现了中国在网络安全法律领域的重大进展和创新。

2019年7月，国家互联网信息办公室、国家发展改革委、工信部、财政部共同发布《云计算服务安全评估办法》。该办法的核心在于提升党政机关和关键信息基础设施运营者在采购和使用云计算服务时的安全可控水平。其中第四条规定，由这四个部门共同建立云计算服务安全评估工作协调机制，审议云计算服务安全评估政策文件，批准云计算服务安全评估结果，协调处理云计算服务安全评估有关重要事项。为了有效运作此机制，国家互联网信息办公室网络安全协调局下设立了专门的办公室，以确保云计算服务的安全

---

① 参见《中共中央印发〈深化党和国家机构改革方案〉》，2018年3月21日，https://www.gov.cn/zhengce/2018-03/21/content_5276191.htm#1。

② 参见《汪玉凯：中央网络安全与信息化领导小组的由来及其影响》，2014年3月3日，http://theory.people.com.cn/n/2014/0303/c40531-24510897.html。

③ 参见王春晖：《〈网络安全法〉六大法律制度解析》，《南京邮电大学学报》（自然科学版）2017年第1期。

性和可控性。[①]

2022年7月,国家互联网信息办公室发布《数据出境安全评估办法》,旨在通过事前评估和持续监督的结合,以及风险自评估和安全评估的结合,防范数据出境时的安全风险,并确保数据依法有序地自由流动。该办法特别指出,数据处理者向境外提供数据,有下列情形之一的,应当通过所在地省级网信部门向国家网信部门申报数据出境安全评估:数据处理者向境外提供重要数据;关键信息基础设施运营者和处理100万人以上个人信息的数据处理者向境外提供个人信息;自上年1月1日起累计向境外提供10万人个人信息或者1万人敏感个人信息的数据处理者向境外提供个人信息;国家网信部门规定的其他需要申报数据出境安全评估的情形。[②]此外,根据2022年1月国家互联网信息办公室与多部委联合发布的《网络安全审查办法》,掌握超过100万用户个人信息的网络平台运营者赴国外上市,必须向网络安全审查办公室申报网络安全审查。[③]

根据《网络安全审查办法》,关键信息基础设施运营者采购网络产品和服务,网络平台运营者开展数据处理活动,影响或者可能影响国家安全的,应当进行网络安全审查。在中央网络安全和信息化委员会领导下,国家互联网信息办公室会同国家发展改革委、工信部、公安部、国安部等机构,共同建立国家网络安全审查工作机制。网络安全审查办公室设在国家互联网信息办公室,负责制定网络安全审查相关制度规范,组织网络安全审查。办法特别指出,关键信息基础设施运营者采购网络产品和服务的,应当预判该产品和服务投入使用后可能带来的国家安全风险。影响或者可能影响国家安全的,应当向网络安全审查办公室申报网络安全审查。[④]

2022年9月,国家互联网信息办公室会同相关部门起草了《关于修改〈中华人民共和国网络安全法〉的决定(征求意见稿)》,向社会公开征求意见,拟

---

① 参见《国家互联网信息办公室 国家发展和改革委员会 工业和信息化部 财政部关于发布〈云计算服务安全评估办法〉的公告》,2019年7月22日,http://www.cac.gov.cn/2019-07/22/c_1124781475.htm。

② 参见《数据出境安全评估办法》,2022年7月7日,http://www.cac.gov.cn/2022-07/07/c_1658811536396503.htm。

③ 参见《网络安全审查办法》,2022年1月4日,http://www.cac.gov.cn/2022-01/04/c_1642894602182845.htm。

④ 参见《网络安全审查办法》,2022年1月4日,http://www.cac.gov.cn/2022-01/04/c_1642894602182845.htm。

对网络安全法做出的修改包括:一是完善违反网络运行安全一般规定的法律责任制度;二是修改关键信息基础设施安全保护的法律责任制度;三是调整网络信息安全法律责任制度;四是修改个人信息保护法律责任制度。[①]

三、互联网管理细则集中出台

自2014年以来,国家互联网信息办公室和其他相关国家部门陆续推出了多项针对互联网应用和服务的法规。这些法规主要对已长期存在的互联网应用或服务进行具体规范,促进了政策法规体系的逐步完善。然而,这些法规也展现出一定的滞后性、分散性,且在法律层次上相对较低。

2014年8月,国家互联网信息办公室发布了《即时通信工具公众信息服务发展管理暂行规定》。该规定明确了"即时通信工具"是指基于互联网面向终端使用者提供即时信息交流服务的应用;"公众信息服务"是指通过即时通信工具的公众账号及其他形式向公众发布信息的活动。即时通信工具服务提供者从事公众信息服务活动,应当取得互联网新闻信息服务资质。即时通信工具服务使用者注册账号时,应当与即时通信工具服务提供者签订协议,承诺遵守法律法规、社会主义制度、国家利益、公民合法权益、公共秩序、社会道德风尚和信息真实性等"七条底线"。[②]

2015年2月,国家互联网信息办公室公布了《互联网用户账号名称管理规定》,此规定主要针对博客、微博客、即时通信工具、论坛、贴吧、跟帖评论等互联网信息服务中注册或使用的账号名称。规定要求互联网信息服务提供者配备与服务规模相适应的专业人员,对互联网用户提交的账号名称、头像和简介等注册信息进行审核,对含有违法和不良信息的,不予注册。[③]实施《互联网用户账号名称管理规定》后,中央重点新闻网站如人民网等积极响应,通过升级技术系统、完善审核机制和鼓励网民举报等措施,加强对用户账号名称的管理。例如,人民网对强国论坛、人民微博、图说中国及各地方频道论坛等平台进行了排查,并处理了近3400个涉黄、涉赌、涉毒等违法违规

① 参见《修改网络安全法的决定征求意见稿公布》,2022年9月14日,http://www.news.cn/2022-09/14/c_1129002625.htm。

② 参见《即时通信工具公众信息服务发展管理暂行规定》,2014年8月7日,http://www.cac.gov.cn/2014-08/07/c_1111983456.htm。

③ 参见《互联网用户账号名称管理规定》,2015年2月4日,http://www.cac.gov.cn/2015-02/04/c_1114246561.htm。

账号。[①]

2016年2月，国家新闻出版广电总局与工业和信息化部共同发布了《网络出版服务管理规定》，旨在对网络出版物进行明确界定。该规定定义网络出版物为通过信息网络向公众提供的，具备编辑、制作、加工等出版特征的数字化作品，范围主要包括文学、艺术、科学等领域内具有知识性、思想性的文字、图片、地图、游戏、动漫、音视频读物等原创数字化作品，与已出版的图书、报纸、期刊、音像制品、电子出版物等内容相一致的数字化作品，将上述作品通过选择、编排、汇集等方式形成的网络文献数据库等数字化作品，国家新闻出版广电总局认定的其他类型的数字化作品。[②]

2016年6月，国家网信办颁布《互联网信息搜索服务管理规定》，该规定针对利用计算机技术在互联网上搜集、处理信息以供用户检索的服务进行规范化。规定明确指出，互联网信息搜索服务提供者不得以链接、摘要、快照、联想词、相关搜索、相关推荐等形式提供含有法律法规禁止的信息内容。互联网信息搜索服务提供者提供服务过程中发现搜索结果明显含有法律法规禁止内容的信息、网站及应用，应当停止提供相关搜索结果，保存有关记录，并及时向国家或者地方互联网信息办公室报告。[③]

2016年6月，国家网信办发布《移动互联网应用程序信息服务管理规定》。2022年6月，新版《移动互联网应用程序信息服务管理规定》出台，对提供应用程序信息服务，以及从事互联网应用商店等应用程序分发服务进行了规范，应用程序信息服务是指通过应用程序向用户提供文字、图片、语音、视频等信息制作、复制、发布、传播等服务的活动，包括即时通讯、新闻资讯、知识问答、论坛社区、网络直播、电子商务、网络音视频、生活服务等类型。应用程序分发服务是指通过互联网提供应用程序发布、下载、动态加载等服务的活动，包括应用商店、快应用中心、互联网小程序平台、浏览器插件平台等类型。[④]

---

① 参见《国家网信办：中央重点新闻网站率先处置违规账号7000余个》，2015年3月18日，https://www.gov.cn/xinwen/2015-03/18/content_2835969.htm。

② 参见《网络出版服务管理规定》，https://www.gov.cn/zhengce/2022-11/09/content_5724634.htm。

③ 参见《互联网信息搜索服务管理规定》，2016年6月25日，http://www.cac.gov.cn/2016-06/25/c_1119109085.htm。

④ 参见《移动互联网应用程序信息服务管理规定》，2022年6月14日，http://www.cac.gov.cn/2022-06/14/c_1656821626455324.htm。

2016年11月，国家网信办发布了《互联网直播服务管理规定》，旨在规范基于互联网，以视频、音频、图文等形式向公众持续发布实时信息的活动。该规定的管理对象涵盖了互联网直播平台服务提供者、直播发布者以及用户。[①]

2017年5月，国家网信办发布了《互联网新闻信息服务管理规定》，将互联网新闻信息服务分为三大类别：新闻信息采编发布服务、转载服务、传播平台服务。[②]2017年8月，国家网信办出台了《互联网论坛社区服务管理规定》，该规定专门针对在互联网上以论坛、贴吧、社区等形式，为用户提供互动式信息发布社区平台的服务进行了具体规范。[③]同年8月，国家网信办还推出了《互联网跟帖评论服务管理规定》，并于2022年11月推出了该规定的新版，对网站平台提供的评论、回复、留言、弹幕、点赞等服务进行了明确界定和规范。[④]2017年9月，国家网信办出台《互联网群组信息服务管理规定》，旨在管理通过互联网站、移动互联网应用程序等建立的，用于群体在线交流信息的网络空间，明确规范了互联网群组信息服务提供者（平台），以及互联网群组信息服务使用者（包括群组建立者、管理者和成员）的行为。[⑤]

2018年2月，国家网信办颁布了《微博客信息服务管理规定》，旨在规范微博客服务提供者、使用者在平台上从事信息发布和互动交流等活动。微博客服务提供者是指提供微博客平台服务的主体；微博客服务使用者是指使用微博客平台从事信息发布、互动交流的行为主体。[⑥]

2021年1月，国家网信办发布了《互联网用户公众账号信息服务管理规定》，为互联网用户在网站、应用程序等网络平台注册并运营的公众账号制定

---

① 参见《互联网直播服务管理规定》，2016年11月4日，http://www.cac.gov.cn/2016-11/04/c_1119847629.htm。

② 参见《互联网新闻信息服务管理规定》，2017年5月2日，http://www.cac.gov.cn/2017-05/02/c_1120902760.htm。

③ 参见《互联网论坛社区服务管理规定》，2017年8月25日，http://www.cac.gov.cn/2017-08/25/c_1121541921.htm。

④ 参见《互联网跟帖评论服务管理规定》，2022年11月16日，http://www.cac.gov.cn/2022-11/16/c_1670253725725039.htm。

⑤ 参见《互联网群组信息服务管理规定》，2017年9月7日，http://www.cac.gov.cn/2017-09/07/c_1121623889.htm。

⑥ 参见《微博客信息服务管理规定》，2018年2月2日，http://www.cac.gov.cn/2018-02/02/c_1122358726.htm。

了更详尽的管理规范。这些公众账号主要面向社会公众生产发布文字、图片、音视频等信息内容。该规定明确界定了两类管理对象：一是公众账号信息服务平台，是指为互联网用户提供公众账号注册运营、信息内容发布与技术保障服务的网络信息服务提供者；二是公众账号生产运营者，是指注册运营公众账号从事内容生产发布的自然人、法人或者非法人组织。这一规定旨在加强对公众账号的管理，确保互联网信息服务的合法性和规范性。[①]

2022年6月，国家网信办发布了《互联网用户账号信息管理规定》，旨在规范互联网用户在互联网信息服务中注册、使用的用于标识用户账号的信息，包括用户名称、头像、封面、简介、签名、认证信息等。此举旨在确保用户账号信息的合规性和透明度。[②]同年9月，国家网信办又出台了《互联网弹窗信息推送服务管理规定》，针对通过操作系统、应用软件、网站等，以弹出消息窗口形式向互联网用户提供的信息推送服务进行了详细规范。这一规定致力于加强对弹窗推送服务的管理，以保护用户的上网体验和隐私安全。[③]

商业互联网公司在新闻内容生产和分发方面的参与载体，通常被视为“新媒体”或“互联网媒体”，但它们并未获得国家授权的新闻采编权和首发权。长期以来，国家对传统主流媒体与新媒体实施的政策法规并不一致，这在传媒管理与实践中形成了“双重标准”的问题，体现在新闻内容生产的管理标准和传媒经济行为的管理标准上。这种“双重标准”不仅限制了传统媒体在与互联网媒体竞争中的发展，而且给管理部门治理互联网媒体中的舆论混乱带来了挑战。

自2014年以来，中国政府针对传媒领域特别是新媒体领域出台了多项相关法规，这些法规在一定程度上缓解了传统媒体和新媒体之间存在的“双重标准”问题。然而，这些法规多为部门规章，其在法律体系中的法阶较低，因而在稳定性和权威性方面存在一定的不足。按照中国的立法流程，对于传媒领域的细分或具体事项，通常首先通过部门规章进行初步规范。这些部门规章在实际执行一段时间后，如果被证实合理有效，便有可能升格为国务院条例。国务院条例作为法律制定的过渡形式，是在法律明确界定之前的临时

---

① 参见《互联网用户公众账号信息服务管理规定》，2021年1月22日，http://www.cac.gov.cn/2021 01/22/c_1612887880656609.htm。

② 参见《互联网用户账号信息管理规定》，2022年6月27日，http://www.cac.gov.cn/2022-06/26/c_1657868775042841.htm。

③ 参见《互联网弹窗信息推送服务管理规定》，2022年9月9日，http://www.cac.gov.cn/2022-09/08/c_1664260384702890.htm。

性规范。通过对实施情况的观察和评估,这些规章和条例将不断调整和完善。待条件成熟、经验充分时,这些规定最终可能上升为由全国人民代表大会审议和颁布的正式法律。[①]这种逐步演进的法制过程,反映了中国在新兴传媒领域管理上的灵活性和审慎性,同时也展现了法律体系的逐步完善与发展。

① 参见柳斌杰、郑雷:《新媒体环境下中国新闻管理与舆论引导问题、趋势分析》,《国际新闻界》2019年第2期。

第五章 中国传媒管理制度的组成

结合中国传媒管理的历史、流变与现状，本书将中国传媒管理制度归纳为资本与资格准入制度、职业准入制度、行业属地管理制度与传媒主体责任制度，每一项制度又由多项管理机制构成。

第一节 资本与资格准入制度

资本与资格准入制度由新闻媒体准入机制、互联网新闻业务资本准入机制、互联网新闻业务行政许可机制构成。

一、新闻媒体准入机制

在中国的传媒领域，尽管实践中偶有突破，但政策层面始终保持着严格的管理。特别是对于新闻媒体的采编业务，非公有资本的参与一直受到明确的限制。这种管理不仅体现在行政审批的程序严谨上，比如刊号的控制，更体现在对资本准入的高门槛上。传媒产权的交易，无论是内部还是涉及外部资本，均受到细致且严格的监督与约束。这样的政策设定，反映了对传媒领域稳定与安全的高度重视。

2001年，国务院批准了《出版管理条例》，并在2020年进行了第五次修订。该条例明确指出，要设立报社、期刊社等出版单位，必须有符合国务院出版行政主管部门认定的主办单位及其主管机关。同时，还应当符合国家关于出版单位总量、结构、布局的规划。在具体流程上，设立出版单位，由其主办单位向所在地省、自治区、直辖市人民政府出版行政主管部门提出申请；省、自治区、直辖市人民政府出版行政主管部门审核同意后，报国务院出版行政主管部门审批。设立的出版单位为事业单位的，还应当办理机构编制审批手续。[①]值得注意的是，国内唯有国有单位拥有设立主管机关的资格，私营或其他性质的单位则无此权限。因此，报社、期刊社等的设立申请者，只能是经过国务院出版行政主管部门认定的国有单位。

2005年，国家新闻出版总署发布了《报纸出版管理规定》，强调报纸由依法设立的报纸出版单位出版。报纸出版单位出版报纸，必须经新闻出版总署批准，持有国内统一连续出版物号，领取《报纸出版许可证》。[②]上述规定共同构成了中国出版领域的严格管理框架。

在广电传媒领域，国务院1997年发布，并在2020年经过第三次修订的《广播电视管理条例》，对广播电台、电视台的设立进行了明确规范。国务院广播电视行政部门负责制定全国广播电台、电视台的设立规划，确定广播电台、电视台的总量、布局和结构。广播电台、电视台由县、不设区的市以上人民政府广播电视行政部门设立，其中教育电视台可以由设区的市、自治州以上人民政府教育行政部门设立。其他任何单位和个人不得设立广播电台、电视台。国家禁止设立外商投资的广播电台、电视台。[③]这一系列规定充分展示了国家对广播电视事业的高度重视和严格管理。

2022年3月，国家发展改革委和商务部联合发布了《市场准入负面清单（2022年版）》，其中再次对传媒领域的资本准入做出了明确规定。该清单强调，非公有资本不得从事以下业务：新闻采编、播发业务；投资设立和经营新闻机构，包括但不限于通讯社、报刊出版单位、广播电视播出机构、广播电视站以及互联网新闻信息采编发布服务机构等；经营新闻机构的版面、频率、频道、栏目、公众账号等；涉及政治、经济、军事、外交，重大社会、文化、科技、卫生、教育、体育以及其他关系政治方向、舆论导向和价值取向等活动、事件的实况直播业务；引进境外主体发布的新闻；举办新闻舆论领域论坛峰会和评

① 参见《出版管理条例（2016年修正本）》，2023年6月13日，https://www.nppa.gov.cn/xxfb/zcfg/fg/201712/t20171226_4368.html。

② 参见《报纸出版管理规定》，国务院公报2006年第25号，https://www.gov.cn/gongbao/content/2006/content_375808.htm。

③ 参见《广播电视管理条例》，2022年2月11日，http://www.nrta.gov.cn/art/2022/2/11/art_2060_59538.html。

奖评选活动。[①]这一政策文件进一步明确了在中国传媒领域非公有资本的参与范围和限制，反映了国家在维护信息安全和舆论稳定方面的坚定立场，同时也表明了对传媒领域高度敏感和关键性内容的严格监管态度。

二、互联网新闻业务资本准入机制

中国互联网新闻信息服务业务对资本准入实施了严格限制。其中，最显著的限制是对外资的严格控制。互联网新闻业务资本准入机制是通过一系列不同时间颁布的政策法规来体现的。这种政策安排既维持了国内新闻行业的特有结构和秩序，又反映了对信息安全和文化传播的深度关注。

2004年7月，国家广电总局颁布的《互联网等信息网络传播视听节目管理办法》明确规定，外资独资、中外合资、中外合作机构，不得从事信息网络传播视听节目业务。[②]2017年，国家网信办发布的《互联网新闻信息服务管理规定》明确指出，申请互联网新闻信息采编发布服务许可的，应当是新闻单位（包括其控股的单位）或新闻宣传部门主管的单位；任何组织不得设立中外合资经营、中外合作经营和外资经营的互联网新闻信息服务单位；互联网新闻信息服务提供者的采编业务与经营业务应当分开，非公有资本不得介入互联网新闻信息采编业务。[③]2018年，国家广电总局发布的《〈信息网络传播视听节目许可证〉审批事项服务指南》再次强调了禁止外资进入网络视听节目服务行业的政策。[④]这一系列法规和政策共同构成了中国互联网新闻和视听节目领域对外资准入的严格控制体系。

然而，通过采用协议控制模式，那些在海外上市的国内互联网公司找到了一种策略来应对国家对外资直接进入互联网新闻信息服务领域的禁令。这种模式为它们在遵守国家法规的同时寻求业务发展和资本运作的新路径提供了可能性。

---

① 参见《国家发展改革委　商务部关于印发〈市场准入负面清单（2022年版）〉的通知》，2022年3月25日，https://www.ndrc.gov.cn/xwdt/tzgg/202203/t20220325_1320233.html。

② 参见《互联网等信息网络传播视听节目管理办法》，国务院公报2005年第17号，http://www.gov.cn/gongbao/content/2005/content_64200.htm。

③ 参见《互联网新闻信息服务管理规定》，2017年5月2日，http://www.cac.gov.cn/2017-05/02/c_1120902760.htm。

④ 参见《〈信息网络传播视听节目许可证〉审批事项服务指南》，2018年11月4日，http://www.nrta.gov.cn/art/2018/11/4/art_3569_42384.html。

从2000年以后，通过协议控制模式赴美上市的公司急速增加，上升趋势不断扩大。截至2011年8月，共有40家中国互联网公司采用VIE模式（variable interest entities，直译为"可变利益实体"）在海外上市（其中36家在美国上市）。[①]例如，腾讯的注册地在开曼群岛，2004年6月在香港联交所上市，通过协议控制境内主要运营实体深圳市腾讯计算机系统有限公司。[②]截至2022年10月底，在美国上市且未退市的283家公司中约58%使用了VIE模式，采用此模式的公司市值达到5142.7亿美元，占当时中概股总市值的83%。[③]

协议控制模式在实际操作中虽备受追捧，但其是否"规避监管"和"以合法外衣掩饰非法目的"的争议一直存在。这种模式涉及的监管规避范围广泛，包括外资产业准入、并购监管、证券监管等多个方面。尽管如此，国内相关监管部门对此一直未有明确立场，偶尔会出于监管目的采取注重实质而非形式的措施。例如，2006年7月，《信息产业部关于加强外商投资经营增值电信业务管理的通知》明确规定境内电信公司不得以任何方式向外国投资者变相租借、转让、倒卖电信业务经营许可，也不得以任何形式为外国投资者在我国境内非法经营电信业务提供资源、场地、设施等条件。虽然该通知没有直接提及"协议控制"，但实际上已将协议控制模式推向了较为尴尬的境地。[④]

2010年6月，中国人民银行出台了《非金融机构支付服务管理办法》，规定非金融机构提供支付服务，须取得《支付业务许可证》，即第三方支付牌照，条件之一便是申请人需为中国境内的依法设立的非金融机构法人，"外商投资支付机构的业务范围、境外出资人的资格条件和出资比例等，由中国人民银行另行规定，报国务院批准"。[⑤]例如，阿里巴巴在2009年6月和2010年8月分两次将属于阿里巴巴集团的支付宝业务转移到浙江阿里巴巴商务有限

---

① 参见张恩俊：《VIE结构在互联网企业应用研究——以阿里巴巴为例》，《财会通讯》2015年第2期。

② 参见陈茜：《腾讯收购猿辅导被罚，揭开VIE架构"灰色地带"》，《商学院》2021年第4期。

③ 参见熊金武、余镐、侯冠宇：《中美博弈视角下VIE模式的监管问题与对策研究》，《上海金融》2022年第12期。

④ 参见刘燕：《企业境外间接上市的监管困境及其突破路径——以协议控制模式为分析对象》，《法商研究》2012年第5期。

⑤ 参见《非金融机构支付服务管理办法》，国务院公报2010年第30号，http://www.gov.cn/gongbao/content/2010/content_1730706.htm。

公司之下，这两次关于支付宝的股权转移都处于协议控制下，但2011年第一季度，央行发函要求支付宝做出关于“协议控制”的书面声明。[①]阿里巴巴认为，VIE结构带来的外资背景，不符合央行发放第三方支付拍照的条件，为规避风险，于2011年5月单方面终止了协议控制，并于事后通知了雅虎及软银等股东，随后启动了赔偿谈判，美国雅虎股票在事件发生后三个月累计跌幅达到28%。雅虎与软银认为，中国政府并未明文规定VIE结构是非法的，因此阿里巴巴单方面终止协议控制违背了契约精神。2011年7月，雅虎、软银与阿里巴巴集团宣布就此事达成和解协议，雅虎与软银作为股东的阿里巴巴集团将在未来支付宝的首次上市或出售中得到不低于20亿美元和不超过60亿美元的付款。[②]2013年，首次当选全国政协委员的百度CEO李彦宏曾递交提案，建议在投资并购审查、牌照发放等方面取消对采用VIE模式企业的限制，“对于敏感领域，尝试对企业实际经营权和控制权均为中国自然人掌握的VIE企业开放，或采用‘新人新办法、老人老办法’的原则，逐步梳理不同类型的VIE结构企业”。[③]

在协议控制模式下，境外上市主体与实际运营业务的境内实体公司之间的连接并非基于股权关系的股权控制，而是在合同基础上的法律关系[④]，这使得协议控制模式的稳定性远不及股权模式，从境外到境内的控制力更是大大减弱。[⑤]有观点认为，在一些外资限入和禁入行业引入协议控制模式，国外上市主体对国内运营公司并无较强控制力，从而可以相对保证产业独立，同时又能引进国外资金及先进管理经营理念。[⑥]协议控制模式造就了中国互联网产业的黄金十年。[⑦]但此种模式下，永远存在合同一方当事人违约的风险，从而难以达到协议控制的目的，因此协议控制的链条实际上随时都有可能出现

---

① 参见冯英：《VIE模式评述——基于对支付宝事件的分析》，《企业家天地》(理论版)2011年第7期。

② 参见《支付宝风波和解：阿里巴巴软银雅虎正式签署协议》，2011年7月31日，http://www.hkwb.net/news/content/2011-07/31/content_396896.htm。

③ 参见《李彦宏：建议取消VIE政策限制》，2013年3月4日，https://www.yicai.com/news/2525862.html。

④ 参见刘燕：《企业境外间接上市的监管困境及其突破路径——以协议控制模式为分析对象》，《法商研究》2012年第5期。

⑤ 参见唐旗：《论对“协议控制”模式的监管》，《证券市场导报》2012年第4期。

⑥ 参见张亮：《对VIE模式法律监管的必要性》，《法制与社会》2013年第1期。

⑦ 参见刘冬：《VIE究竟错在哪里》，《投资与合作》2012年第9期。

断裂[1],进而影响境外投资者的利益[2]。更为重要的是,协议控制模式处于我国法律法规与监管政策的模糊地带,国内相关法律制度规定与经济发展现状脱节,且立法与执法不统一,监管与实践不一致。[3]通过协议控制模式规避外资产业准入政策已成惯例,让中国的外资产业准入政策在某种程度上成了一纸空文,对国家信用的伤害虽无形却深远。[4]

2018年3月,时任国务院总理李克强在回答中外记者提问时表示,已经要求有关部门完善境内上市制度,同时要为境内的创新创业企业上市创造更加有利的、符合法律规定的条件。[5]2022年1月,国家网信办等十三个部门修订的《网络安全审查办法》正式对外公布,明确要求掌握超过100万用户个人信息的网络平台运营者赴国外上市必须向网络安全审查办公室申报网络安全审查。2022年3月10日,美国证券交易委员会(SEC)根据《外国公司问责法案》(HFCAA)的规定,将盛美半导体等五家在美上市的中国公司列入可能退市的风险名单。这一消息极大地冲击了全球投资者对中国互联网和新经济的信心。其结果是,中概股当天遭遇了剧烈下跌。截至3月15日的一周内,腾讯控股的股价跌破了300港元/股,全天跌幅超过10%;阿里巴巴股价的跌幅也超过10%,不断刷新历史新低。然而,2022年3月16日召开的国务院金融稳定发展委员会专题会议,提到中美双方监管机构在中概股问题上保持着良好的沟通,并已取得积极进展。中国政府继续支持各类企业境外上市。关于平台经济治理,有关部门要按照市场化、法治化、国际化的方针完善既定方案,坚持稳中求进,通过规范、透明、可预期的监管,稳妥推进并尽快完成大型平台公司整改工作,促进平台经济的平稳健康发展,提高国际竞争力。[6]这一系列积极的动向使中国互联网公司的股票经历了又一轮大幅上涨。

---

① 参见刘燕:《企业境外间接上市的监管困境及其突破路径——以协议控制模式为分析对象》,《法商研究》2012年第5期。

② 参见《新闻稿:穆迪称百度与腾讯可控制VIE结构的风险》,2014年5月27日,https://www.reuters.com/article/idCNL3S0OD1N220140527。

③ 参见熊金武、余镐、侯冠宇:《中美博弈视角下VIE模式的监管问题与对策研究》,《上海金融》2022年第12期。

④ 参见李俊、章苒:《让"协议控制"告别灰色地带》,《新华每日电讯》2011年6月20日。

⑤ 参见李刚、樊晶:《中国互联网企业上市简史》,《互联网经济》2018年第4期。

⑥ 参见钟祥铭、方兴东:《2021—2022年中国互联网平台治理与数字经济发展》,崔保国、赵梅、丁迈主编:《中国传媒产业发展报告(2022)》,社会科学文献出版社2022年版,第300—301页。

三、互联网新闻业务行政许可机制

行政许可是我国互联网新闻管理的核心特点。在《行政许可法》实施之前，这类行政许可普遍缺少上位法的支撑，主要表现为行政机关的自我授权和对许可事项的任意设置。然而，《行政许可法》实行以后，行政许可的内容和具体的管理措施经历了多次重要调整，使得管理过程更加规范和透明。[①]在国内，与互联网新闻业务直接相关的行政许可证种类繁多，其中最重要的包括《互联网新闻信息服务许可证》和《信息网络传播视听节目许可证》。这些许可证成为互联网新闻业务运行的关键，确保了新闻信息服务在合法和规范的框架内进行。

1.《互联网新闻信息服务许可证》

2017年发布的《互联网新闻信息服务管理规定》进一步明确了对互联网新闻信息服务领域的管理。根据规定，提供互联网新闻信息服务的机构必须持有《互联网新闻信息服务许可证》，且该许可证的有效期限定为三年。同时，严格禁止未经许可或超越许可范围的机构开展互联网新闻信息服务。

当前，互联网新闻信息服务主要分为三种类型：一是互联网新闻信息采编发布服务，即对新闻信息进行采集、编辑、制作并发布；二是转载服务，指选择、编辑并发布其他机构已发布的新闻信息；三是传播平台服务，为用户提供新闻信息传播的平台。

在许可证管理方面，获得互联网新闻信息采编发布服务许可的机构，同时也有资格提供转载服务。而获得互联网新闻信息传播平台服务许可的机构，如果打算同时提供采编发布服务和转载服务，则必须依法取得相应的互联网新闻信息采编发布、转载服务许可。

在互联网新闻信息采编发布服务类别中，仅报刊社、广播电台、电视台、通讯社、新闻电影制片厂等正式新闻单位（包括新闻单位控股的子单位）或由各级宣传部门、网信部门、广电部门等新闻宣传部门主管的单位才有资格申请互联网新闻信息采编发布服务许可。与2005年的规定相比，2017年的新规定在资质申领的范围上做了扩展。2005年的规定限制在中央新闻单位，省、自治区、直辖市直属新闻单位，以及省、自治区人民政府所在地市直属新闻单位，而2017年的新规定则放宽了这些限制，使得更多类别的新闻单位有机会申领相关的服务许可。

---

① 参见张文祥、周妍：《对20年来我国互联网新闻信息管理制度的考察》，《新闻记者》2014年第4期。

在新闻信息转载服务方面,提供互联网新闻信息服务的机构只能转载中央新闻单位,省级、自治区、直辖市直属新闻单位等国家规定的单位发布的新闻信息。同时,转载时必须明确注明新闻信息的来源、原作者、原标题以及编辑的真实姓名,以保证内容的完整性和准确性。此外,严禁歪曲或篡改标题原意和新闻信息的内容,并需确保新闻信息来源的可追溯性。[①]

2021年10月,国家网信办公布了新版《互联网新闻信息稿源单位名单》,该名单涵盖了包括中央新闻网站、中央新闻单位、行业媒体、地方新闻网站、地方新闻单位和政务发布平台在内的共1358家稿源单位。与2016年的版本相比,新版名单中的单位数量是之前的近4倍,并呈现出以下几个显著特点:首次将公众账号和应用程序纳入名单;新增加了一批理论类网站和媒体、专业财经类网站和媒体、军事类网站和媒体,以及多家涉及经济社会民生领域的行业媒体;首次将江苏省江阴市、浙江省长兴县、福建省尤溪县等10家具备条件的县级融媒体中心加入名单;大幅增加了政务发布平台的数量;从现有名单中移除了不再符合条件、表现不佳或缺乏影响力的传媒单位。国家网信办将这一举措形容为"大力开'前门'"和"坚决关'后门'"。这一方面意味着加快扩大和提升合规稿源的质量,以进一步丰富网络上的信息内容供应;另一方面,则是严格管理违规自采、违规转载等问题,从源头上控制信息传播的"总开关",确保网络信息的规范性和质量。[②]

国内从事互联网新闻信息服务的各类主体,包括网站、应用程序、论坛、博客、微博、公众账号、即时通信工具、网络直播等,都必须持有《互联网新闻信息服务许可证》。这一行政许可机制在国家网信办发布的各项针对不同传媒形态的法规中得以体现。

以2014年发布的《即时通信工具公众信息服务发展管理暂行规定》为例,规定中明确指出,新闻单位、新闻网站开设的公众账号可以发布、转载时政类新闻,取得互联网新闻信息服务资质的非新闻单位开设的公众账号可以转载时政类新闻。其他公众账号未经批准不得发布、转载时政类新闻。即时

---

① 参见《互联网新闻信息服务管理规定》,2017年5月2日,http://www.cac.gov.cn/2017-05/02/c_1120902760.htm;《互联网新闻信息服务许可管理实施细则》,2017年5月22日,http://www.cac.gov.cn/2017-05/22/c_1121015789.htm;《互联网新闻信息服务管理规定》,国务院公报2017年第29号,http://www.gov.cn/flfg/2005-09/29/content_73270.htm;上游新闻互联网新闻信息服务许可证,https://pimage.cqcb.com/xxfwxkz.pdf。

② 参见《网信办公布最新版〈互联网新闻信息稿源单位名单〉》,2021年10月20日,https://www.gov.cn/xinwen/2021-10/20/content_5643834.htm。

通信工具服务提供者应当对可以发布或转载时政类新闻的公众账号加注标识。①

根据2016年的《互联网直播服务管理规定》，互联网直播服务提供者提供互联网新闻信息服务的，应当依法取得互联网新闻信息服务资质，并在许可范围内开展互联网新闻信息服务。开展互联网新闻信息服务的互联网直播发布者，应当依法取得互联网新闻信息服务资质并在许可范围内提供服务。②

2021年的《互联网用户公众账号信息服务管理规定》进一步强调，公众账号信息服务平台和公众号生产运营者向社会公众提供互联网新闻信息服务，应当取得互联网新闻信息服务许可。③

这些规定共同构成了对互联网新闻信息服务严格的法规框架，确保了网络新闻内容的规范性和可靠性。

截至2023年3月31日，国内各级网信部门共审批了3469家互联网新闻信息服务单位。这些单位涵盖了多种服务形式，包括1909个互联网站、3199个应用程序、97个论坛、17个博客、3个微博客、8365个公众账号、21个网络直播平台，以及其他48个不同类型的服务项目，总计达到13 659个许可服务项。这反映了互联网新闻信息服务领域的多样性和广泛性，同时也显示了国家对这一领域严格审批和管理的态度。④

2.《信息网络传播视听节目许可证》

2004年，国家广电总局颁布了《互联网等信息网络传播视听节目管理办法》，其中明确规定国家对从事信息网络传播视听节目业务实行许可制度。从事信息网络传播视听节目业务，应取得《信息网络传播视听节目许可证》。⑤根据此法规，经广电总局批准设立的广播电台、电视台或依法享有互

---

① 参见《即时通信工具公众信息服务发展管理暂行规定》，2014年8月7日，http://www.cac.gov.cn/2014-08/07/c_1111983456.htm。

② 参见《互联网直播服务管理规定》，2016年11月4日，http://www.cac.gov.cn/2016-11/04/c_1119847629.htm。

③ 参见《互联网用户公众账号信息服务管理规定》，2021年1月22日，http://www.cac.gov.cn/2021-01/22/c_1612887880656609.htm。

④ 参见《互联网新闻信息服务单位许可信息》，2023年4月19日，http://www.cac.gov.cn/2023-04/19/c_1675676646202820.htm。

⑤ 参见《互联网等信息网络传播视听节目管理办法》，国务院公报2005年第17号，http://www.gov.cn/gongbao/content/2005/content_64200.htm。

联网新闻发布资格的网站可以申请开办信息网络传播新闻类视听节目业务,其他机构和个人不得开办信息网络传播新闻类视听节目业务。这一政策确保了互联网新闻类视听节目业务的合规性和专业性,同时对行业的质量和内容进行了有效的监管。

2007年,国家广电总局和信息产业部共同发布了《互联网视听节目服务管理规定》,该规定于2015年进行了修订。规定中明确指出,从事互联网视听节目服务,应当依照本规定取得广播电影电视主管部门颁发的《信息网络传播视听节目许可证》(以下简称《许可证》)或履行备案手续。未按照本规定取得广播电影电视主管部门颁发的《许可证》或履行备案手续,任何单位和个人不得从事互联网视听节目服务。互联网视听节目服务业务指导目录由国务院广播电影电视主管部门商国务院信息产业主管部门制定。从事广播电台、电视台形态服务和时政类视听新闻服务的,除符合本规定第八条规定外,还应当持有广播电视播出机构许可证或互联网新闻信息服务许可证。从事主持、访谈、报道类视听服务的,除符合本规定第八条规定外,还应当持有广播电视节目制作经营许可证和互联网新闻信息服务许可证。[①]

在线直播领域的崛起挑战了传统广播电视媒体在新闻资源方面的垄断地位,同时也成为构建公共空间的一个重要渠道。[②]在这一背景下,2016年9月,国家新闻出版广电总局发布了《关于加强网络视听节目直播服务管理有关问题的通知》,对在线直播服务的管理进行了具体规定。根据这一通知,只有持有新闻出版广电行政部门颁发《许可证》且许可项目为第一类互联网视听节目服务第五项的互联网视听节目服务机构,方可通过互联网对重大政治、军事、经济、社会、文化、体育等活动、事件的实况进行视音频直播。持有《许可证》且许可项目为第二类互联网视听节目服务第七项的互联网视听节目服务机构,方可通过互联网对一般社会团体文化活动、体育赛事等组织活动的实况进行视音频直播。不符合上述条件的机构及个人,包括开设互联网直播间以个人网络演艺形式开展直播业务但不持有《许可证》的机构,均不得通过互联网开展上述所列活动、事件的视音频直播服务,也不得利用网络直播平台(直播间)开办新闻、综艺、体育、访谈、评论等各类视听节目,不得开办视听节目直播频道。未经批准,任何机构和个人不得在互联网上使用"电视台""广播电台""电台""TV"等广播电视专有名称开展业务。通过互联网开

① 参见《互联网视听节目服务管理规定》,https://www.gov.cn/zhengce/2022-08/23/content_5722664.htm。

② 参见彭兰:《视频号的激活与突破:强社交平台的视频化之路》,《新闻与写作》2023年第3期。

展视听节目直播服务的互联网视听节目服务机构，开展重大政治、军事、经济、社会、文化、体育等活动、事件的实况直播前5天，开展一般社会团体文化活动、体育赛事等组织活动的实况直播前48小时，应将拟直播的具体活动相关信息报所在地省级新闻出版广电行政部门备案。①

2017年，国家新闻出版广电总局发布了《互联网视听节目服务业务分类目录(试行)》的新版本，对2010年初版进行了全面的修订和更新。新版分类目录对互联网视听节目服务进行了更细致的分类，共分为四类。

第一类互联网视听节目服务(广播电台、电视台形态的互联网视听节目服务)包括时政类视听新闻节目的首发服务(涉及采访、制作或定制时政新闻、社会新闻类视听节目)，时政和社会类视听节目的主持、访谈、评论服务，自办的新闻、综合视听节目频道服务，自办的专业视听节目频道服务，重大政治、军事、经济、社会、文化、体育等事件的实况视音频直播服务。

第二类互联网视听节目服务包括时政类视听新闻节目转载服务，文艺、娱乐、科技、财经、体育、教育等专业类视听节目的主持、访谈、报道、评论服务，文艺、娱乐、科技、财经、体育、教育等专业类视听节目的制作(不含采访)、播出服务，网络剧(片)的制作、播出服务，电影、电视剧、动画片等视听节目的汇集、播出服务，文艺、娱乐、科技、财经、体育、教育等专业类视听节目的汇集、播出服务，一般社会团体文化活动、体育赛事等组织活动的实况视音频直播服务。

第三类互联网视听节目服务包括聚合网上视听节目的服务和转发网民上传视听节目的服务。

第四类互联网视听节目服务(互联网视听节目转播类服务)包括转播广播电视节目频道的服务、转播互联网视听节目频道的服务、转播网上实况直播的视听节目的服务。②

2018年，国家广电总局发布《〈信息网络传播视听节目许可证〉审批事项服务指南》。③2021年5月，国家广电总局公布《信息网络传播视听节目许可

---

① 参见《关于加强网络视听节目直播服务管理有关问题的通知》(新广电发〔2016〕172号)，2020年12月19日，http://www.elawcn.com/copyright/2020/1219/727.html。

② 参见《国家新闻出版广电总局关于调整〈互联网视听节目服务业务分类目录(试行)〉的通告》，2017年3月16日，http://gbdsj.gd.gov.cn/attachment/0/399/399935/3072082.pdf。

③ 参见《〈信息网络传播视听节目许可证〉审批事项服务指南》，2018年11月4日，http://www.nrta.gov.cn/art/2018/11/4/art_3569_42384.html。

证》持证机构目录，截至2021年2月，除持有省级广电行政部门发放的《信息网络传播视听节目许可证》的设区的市、县级新闻单位外，国家广电总局共向571个传媒主体发放了许可证。[①]

2016年12月，国家新闻出版广电总局发布了《关于加强微博、微信等网络社交平台传播视听节目的管理规定》。该规定明确指出，利用微博、微信等各类社交应用开展互联网视听节目服务的网络平台，应当取得《信息网络传播视听节目许可证》(AVSP)等法律法规规定的相关资质，并严格在许可证载明的业务范围开展业务。未持有《信息网络传播视听节目许可证》的机构和个人使用微博账号、微信公众号等各类社交应用开展互联网视听节目服务，应由网络平台作为该项服务的开办主体，按照视听节目管理的各项要求，对节目内容履行内容把关等各项管理责任，节目范围不得超出平台自身许可证载明的业务范围。[②]

2017年2月，北京市网信办、市公安局和市文化市场行政执法总队根据群众举报，对梨视频进行了联合执法检查。检查发现，北京微然网络科技有限公司运营的梨视频在未取得互联网新闻信息服务资质、互联网视听节目服务资质的情况下，通过开设原创栏目、自行采编视频、收集用户上传内容等方式大量发布所谓"独家"时政类视听新闻信息。因此，北京市网信办、市公安局和市文化市场行政执法总队下令梨视频立即停止其违法违规行为，并进行全面整改。[③]对此，梨视频的创始人表示，公司今后将转型，从时政及突发新闻领域转向专注于年轻人生活、思想、情感等多方面的内容。[④]

2017年6月，因为不具备《信息网络传播视听节目许可证》开展视听节目服务，且这些节目中含有大量不符合国家规定的时政类视听节目和宣传负面言论的社会评论性节目，新浪微博、ACFUN、凤凰网等网站被国家新闻出版广电总局要求对其视听节目服务进行关停，并被责令进行全面整改。[⑤]

---

① 参见《〈信息网络传播视听节目许可证〉持证机构目录》，2021年5月1日，http://www.nrta.gov.cn/art/2021/5/1/art_3569_56268.html。

② 参见《关于加强微博、微信等网络社交平台传播视听节目的管理规定》，2019年4月24日，https://www.shdf.gov.cn/shdf/contents/708/397392.html。

③ 参见《梨视频被网信办等部门责令全面整改　未取得相关服务资质》，2017年2月4日，https://www.nbd.com.cn/articles/2017-02-04/1073733.html。

④ 参见《梨视频被查批，今日突然宣布转型》，2017年2月10日，https://www.sohu.com/a/125914836_188123。

⑤ 参见《新浪微博、ACFUN、凤凰网等被叫停视听节目服务》，2017年6月23日，http://media.people.com.cn/n1/2017/0623/c40606-29357376.html。

2018年4月，针对今日头条和快手平台上出现的大量违反社会伦理道德的节目内容，国家广电总局对这两家互联网平台的主要负责人进行了约谈。在约谈中，国家广电总局指出这两家企业在未获得相应许可资质的情况下，持续顶风拓展视听节目服务，扰乱网络视听行业的秩序。因此，国家广电总局责令这两家企业进行整改，全面清查库存节目，对网站上的低俗、暴力、血腥、色情、有害问题节目内容要立即下线；停止新增视听节目上传账户，全面排查现有账户；对上传了违法违规有害节目的，要采取关停上传功能、永久封号等处理措施；追究播出违法违规有害视听节目的网站审核人员、主管人员责任。国家广电总局表示，将根据这两家企业的整改效果，依法采取进一步的处置措施。①

从2021年10月开始，国家广电总局对抖音、快手等十几家短视频平台进行了持续的督导，展开了为期两个月的短视频节目和账号专项治理活动。在这次行动中，共清理了违规账号约38.4万个、违规短视频达102.4万条。随后，2021年12月，中国网络视听节目服务协会发布了《网络短视频内容审核标准细则(2021)》，对原有21类100条标准进行了与时俱进的完善，为各平台在审核短视频内容时提供了更为直观和可操作的标准。②

第二节　职业准入制度

职业准入制度是我国新闻行业的一项重要管理机制，由国内主管部门负责对从事新闻活动的人员进行统一的认定与管理。在这一体系中，新闻记者证扮演着关键的角色。国家新闻出版署作为该制度的执行机构，总负责新闻记者证的发放和管理。1987年国家新闻出版署成立以来，截至2019年，国家新闻出版主管部门已经相继推出了1989版、1998版、2003版、2009版、2014版、2019版六个版本的全国记者证。这些记者证的发放不仅是对新闻从业者资格的认证，也是对其专业水平和道德标准的保障。

根据2009年修订的《新闻记者证管理办法》，新闻记者被定义为在报纸出版单位、新闻性期刊出版单位、通讯社、广播电台、电视台、新闻电影制片厂

① 参见《"今日头条""快手"有违社会道德节目问题　国家广播电视总局约谈主要负责人》，2018年4月5日，http://news.cctv.com/2018/04/05/ARTIf7FgDQUH8RLbDGllEzgC180405.shtml。

② 参见丁迈：《2022年中国传媒市场十大趋势》，崔保国、赵梅、丁迈主编：《中国传媒产业发展报告(2022)》，社会科学文献出版社2022年版，第30页。

等具有新闻采编业务的新闻机构编制内或者经正式聘用,专职从事新闻采编岗位工作,并持有新闻的采编人员。在我国境内从事新闻采编活动,须持有国家新闻出版署核发的新闻记者证。新闻记者证不仅是新闻记者职务身份的有效证明,也是境内新闻记者从事新闻采编活动的唯一合法证件。新闻记者证由新闻出版署依法统一印制并核发,每五年换发一次,以确保其有效性和正规性。[①]此外,广播电视编辑记者、播音员和主持人还需获得国家广电总局颁发的专门证件,即广播电视编辑记者证和播音员主持人证。[②]

2014年10月,国家新闻出版广电总局和国家互联网信息办公室共同发布了《关于在新闻网站核发新闻记者证的通知》。该通知规定,只有那些经国家互联网信息办公室批准的,取得互联网新闻信息服务一类资质并符合条件的新闻网站中,专职从事新闻采编业务的在岗人员才可申请新闻记者证。关于合法程序,中央新闻网站申领新闻记者证的人员经国家互联网信息办公室审核后,由国家新闻出版广电总局核发;地方新闻网站申领新闻记者证的人员经所在地省级互联网信息主管部门和省级新闻出版广电行政部门审核后,报国家互联网信息办公室复审,由国家新闻出版广电总局核发。[③]

首批有资格获得新闻记者证的新闻网站主要包括中央和地方新闻单位设立的新闻网站,以及一些获得互联网新闻信息服务一类资质的行业网站。具备二类资质的商业网站不在核发新闻记者证的范围内。国家网信办的成立以及新闻网站记者证的发放,不仅代表了国家层面对互联网新闻媒体和从业者身份的认可,而且完善了互联网新闻媒体新闻采编发布的权利。这也标志着从国家宏观管理层面看,互联网媒体终于与传统媒体实现了分离,从事互联网新闻采编发布业务的单位机构和核心人员被纳入统一的管理体系。

2023年5月,《2023年全国新闻记者职业资格考试大纲》发布,考试内容分为两个主要部分:新闻基础知识和新闻采编实务。新闻基础知识部分涵盖了习近平新时代中国特色社会主义思想、习近平关于新闻舆论工作的重要论述、党的二十大精神、马克思主义新闻观、党的新闻舆论工作历史、新闻法治与新闻管理、新闻传播主要法律法规、新闻道德、新闻记者职业要求、时事政

① 参见《新闻记者证管理办法》,2009年8月24日,https://www.nppa.gov.cn/nppa/contents/310/24203.shtml。

② 参见《广播电视编辑记者、播音员主持人资格管理暂行规定》,http://www.nrta.gov.cn/art/2015/5/21/art_3812_60.html。

③ 参见《关于在新闻网站核发新闻记者证的通知》.2014年10月30日.https://www.cac.gov.cn/2014-10/30/c_1113049132.htm。

治。新闻采编实务部分则专注于技术与操作层面,包括新闻采写的特征和原则,新闻发现、新闻选题与采访策划,新闻采访的类型,新闻采访的准备,新闻采访的实施,新闻写作,新闻编辑,广播(音频)新闻采编,电视(视频)新闻采编,网络新闻采编,融合报道。[①]这份大纲体现了当前新闻教育和职业培训的重点,既强调理论知识的系统掌握,也注重采编实务的实际应用,展示了新闻教育和实践领域的综合性发展趋势。

在中国的新闻行业中,新闻记者依法持有的记者证是其进行新闻采访的法律保障。依据2009年颁布的《新闻记者证管理办法》,新闻记者持新闻记者证依法从事新闻采访活动受法律保护。各级人民政府及其职能部门、工作人员应为合法的新闻采访活动提供必要的便利和保障。任何组织或者个人不得干扰、阻挠新闻机构及其新闻记者合法的采访活动。新闻采编人员从事新闻采访工作必须持有新闻记者证,并应在新闻采访中主动向采访对象出示。新闻机构中尚未领取新闻记者证的采编人员,必须在本新闻机构持有新闻记者证的记者带领下开展采访工作,不得单独从事新闻采访活动。然而,在实际操作中,新进员工在媒体机构中经常会在等待官方颁发新一批新闻记者证的过程中独立进行新闻采访工作,存在一段"无证上岗"的时期。

近年来,随着"液态新闻业"现象的出现,职业记者与公众之间原有的职业界限变得模糊,二者开始相互渗透。[②]这一现象对基于新闻记者证的新闻记者准入机制提出了新的挑战和要求,引发了对传统新闻准入机制的重新思考。

第三节　行业属地管理制度

自革命战争时期起,新闻工作就是党的工作的核心组成部分。新中国成立后,通过借鉴苏联的新闻管理模式,"党管媒体"和"党管新闻舆论"逐渐成为中国新闻管理体系的核心原则。在中国共产党的领导下,多年来,新闻传播活动主要由中央宣传部统一管理,确保了新闻事业的方向和质量。

在这一体系中,党委及其宣传部门直接对新闻事业进行政治领导,并行

---

① 参见《2023年全国新闻记者职业资格考试大纲》,2023年5月24日,https://press.nppa.gov.cn/reporter/contents/248/339326.shtml。

② 参见陆晔、周睿鸣:《"液态"的新闻业:新传播形态与新闻专业主义再思考——以澎湃新闻"东方之星"长江沉船事故报道为个案》,《新闻与传播研究》2016年第7期。

使一定的行政管理职权。[①]同时，政府行政部门根据法律规定，实施国家对新闻传播活动的管理。[②]这样的管理模式形成了具有中国特色的行业负责制度和属地负责制度。

具体而言，在行业方面，根据新闻媒体的不同介质形态，由相应的国家行政部门组成的系统进行分行业管理，这也被称为“归口管理”。在属地方面，各级地方党委和政府行政部门对所辖区域内的传媒机构进行管理。这种双重管理模式形成了具有中国特色的新闻管理体系。

多年来，国内传媒领域的行业属地管理模式一直是讨论的热点。核心问题在于，这种模式对中国传媒业尤其是新闻媒体的发展造成了显著的行政壁垒和市场壁垒。文化体制改革的主要目标之一是打破这种被称为“条块分割”的行业属地障碍，但这一目标尚未实现。

在行业属地管理制度框架下，日常管理机制，新技术与新应用安全评估机制，评估、年检与退出机制以及约谈机制等，成为该制度的关键组成部分。

一、行业负责机制

在我国，传媒行业的管理采取分业态的方式进行，由不同的行政部门负责管理各自的传媒业态。具体到2000年，国务院新闻办公室与信息产业部共同颁布了《互联网站从事登载新闻业务管理暂行规定》。这一规定明确指出，国务院新闻办公室负责全国互联网站从事登载新闻业务的管理工作。省、自治区、直辖市人民政府新闻办公室负责本行政区域内互联网站从事登载新闻业务的管理工作。新闻单位建立新闻网站（页）从事登载新闻业务，应当按照规定报国务院新闻办公室或者省、自治区、直辖市人民政府新闻办公室审核批准。[③]有关法规的实施，说明互联网内容领域在管理上继续沿用了传统媒体时代所建立的行业负责机制，保持了传统媒体管理模式的连贯性。

2010年4月，国务院新闻办公室负责人对彼时中国互联网管理的部门职责分工进行介绍：工信部门负责产业发展和行业管理，公安部门负责安全监管和打击犯罪，对外宣传部门牵头，文化、广电、新闻出版、教育、卫生、工商等

① 参见魏永征：《新闻传播法教程》，中国人民大学出版社2016年版，第11页。

② 参见魏永征：《新闻传播法教程》，中国人民大学出版社2016年版，第219页。

③ 参见《国务院新闻办公室信息产业部发布互联网站从事登载新闻业务管理暂行规定》，国务院公报2001年第2号，https://www.gov.cn/gongbao/content/2001/content_132314.htm。

部门参与信息内容管理。[①]2011年，国家互联网信息办公室成立，接过了国务院新闻办公室对互联网内容与服务的管理职责。

目前，中国在传媒行业实施的分业态管理模式，涉及多个主管部门。具体来看，国家新闻出版署主管报纸、期刊、图书、音像产品、电子与数字出版等领域，国家广播电视总局负责管理广播、电视和互联网视听内容及服务，国家互联网信息办公室则主管互联网内容和服务，文化和旅游部负责互联网文化业态，教育部则管理教育电视领域。此外，工业和信息化部、公安部、国家市场监督管理总局等也在各自领域承担行政管理职责。在省、市、县一级，也分别建立了类似的行政部门，以负责辖区内的传媒管理。在实际操作过程中，上述部门在传媒管理方面经常出现领域交叉和职责重叠的情况。

2014年，国家互联网信息办公室成为独立部门后，虽然旨在改变国内互联网管理的"九龙治水"格局，但在实践中，各部委在互联网领域的管理范围和职能依然存在重叠。例如，若互联网主体从事新闻信息业务或提供新闻信息服务，通常需要获得多个部门的行政许可。在网络出版领域，不仅管理主体包括国家新闻出版署、国家广播电视总局、国家互联网信息办公室、文化和旅游部等多个部门，还面临法规定义模糊和重叠的问题。这种条块分割和部门分工管辖的方式，导致了各部门在具体管理过程中各行其是，从而产生了诸多矛盾和冲突。[②]

二、属地负责机制

新中国成立之初，政治宣传的需求以及计划经济体制下对各区域新闻媒体均衡发展的追求，促使中央政府重新调整了传媒格局。原本围绕上海、北京、南京、广州等经济中心及其辐射区域自然形成的传媒网络被重新组织，取而代之的是一种依照行政区划划分的报刊网络和广播电视网络。[③]这种传媒网络的建立和管理，并没有完全遵循市场经济的规律和产业规则，而是主要基于意识形态的考量。这一做法体现在将新闻媒体纳入事业单位体制，由党

---

① 参见《国新办主任王晨：积极稳妥推行网络实名制》，2010年5月5日，http://epaper.xxcb.cn/XXCBA/html/2010-05/05/content_2315229.htm。

② 参见熊澄宇、金兼斌：《中国网络出版与网络产业发展的现实与趋势》，崔保国主编：《2004—2005年：中国传媒产业发展报告》，社会科学文献出版社2005年版，第369—370页。

③ 参见喻国明、王斌：《规制与突破：传媒产业布局的演变路径》，《新闻与写作》2007年第4期。

委和政府进行直接管理。

随着改革开放的深入推进,传媒行业的属地负责制度逐渐成型并不断加强。在这一体制下,新闻单位的设立和运营必须由所在行政区域内具备相应资质的单位主办。同时,新闻单位的新闻生产和经营活动,均受到当地宣传部门、行政部门或具有相关资质单位的管理和监督。此外,新闻媒体在异地开设或经营时,也受到了严格的许可和权限管理。这种管理模式旨在加强对新闻行业的地方管理,确保新闻内容的合规性和质量,同时也反映了政府对新闻媒体管理的细致程度和严格要求。

例如2005年,新闻出版总署颁布了《报纸出版管理规定》,其中强调了报纸出版活动监督管理的属地原则。根据这一规定,省、自治区、直辖市新闻出版行政部门依法负责本行政区域报纸和报纸出版单位的登记、年度核验、质量评估、行政处罚等工作,对本行政区域的报纸出版活动进行监督管理。[①]

在文化体制改革的过程中,曾经尝试了跨地域、跨市场的报纸经营,在实践层面探索了突破属地负责机制所设立的人为限制的可能性。尽管如此,在试点期间,主管部门领导曾在多个公开场合强调,跨地区运营的传媒机构必须坚守属地管理的核心原则。这一试点项目体现了文化体制改革的复杂性和多元化特征,不仅展示了对既定管理框架的创新尝试,而且反映了维护现有管理秩序的强大力量。

在过去十年中,国家互联网信息办公室发布的一系列法规持续强调了属地负责模式在互联网信息服务管理中的重要性。这些法规涵盖了互联网领域的多个关键服务,包括即时通信工具的公众信息服务、互联网用户账号名称管理、互联网信息搜索服务、互联网直播服务、互联网论坛社区服务、互联网群组信息服务。此外,对互联网新闻信息服务新技术和新应用的安全评估、全国微博客信息服务、公众账号信息服务、移动互联网应用程序信息服务以及跟帖评论服务的管理也均遵循属地负责原则。

2017年,国家互联网信息办公室发布的《互联网信息内容管理行政执法程序规定》中,对互联网信息内容管理的行政处罚管辖权做了明确规定:行政处罚由违法行为发生地的互联网信息内容管理部门管辖。违法行为发生地包括实施违法行为的网站备案地,工商登记地(工商登记地与主营业地不一致的,应按主营业地),网站建立者、管理者、使用者所在地,网络接入地,计算机等终端设备所在地等。对当事人的同一违法行为,两个以上互联网信息内

① 参见《报纸出版管理规定》,国务院公报2006年第25号,https://www.gov.cn/gongbao/content/2006/content_375808.htm。

容管理部门均有管辖权的,由先行立案的互联网信息内容管理部门管辖。必要时,可以移送主要违法行为发生地的互联网信息内容管理部门管辖。两个以上的互联网信息内容管理部门对管辖权有争议的,应当协商解决;协商不成的,报请共同的上一级互联网信息内容管理部门指定管辖。互联网信息内容管理部门发现案件不属于其管辖的,应当及时移送有管辖权的互联网信息内容管理部门。[①]

这项规定的出台,具体体现了对互联网信息内容管理行政执法程序的明确化和规范化。其核心目的在于确保行政执法过程的公正性、有效性与透明性,进一步强化了对互联网领域法治化管理的关注和重视。同时,这也是属地管理原则在现代互联网环境下的一次重要更新和发展,体现了对现有管理模式的适时调整和完善,以更好地适应数字时代的发展需求。

三、日常管理机制

宣传部门和政府行政部门对媒体及平台的内容登载、上传及其采编经营行为,以及新闻内容的质量进行日常监督和管理,从而构建了一套日常管理机制。这套日常管理机制在实际操作中体现为多种管理形式,涵盖了从内容审核到质量控制的各个环节,确保了媒体内容的合规性和质量标准。通过这种综合性的日常管理,宣传部门和政府行政部门有效地监督和指导媒体与网络平台,保障其运营的合法性和专业性。

报刊媒体的内容审查基于内部的三审制,旨在实现内容的自我审查。当报刊印刷并发行后,便进入报刊审读的阶段。报刊审读作为报刊出版事后管理的关键机制,涉及新闻出版行政部门和报刊主管单位。它们在报刊出版后,组织相关人员依法对报刊的出版质量进行审阅和评估。[②]

根据2005年的《报纸出版管理规定》,新闻出版总署负责全国报纸审读工作。地方各级新闻出版行政部门负责对本行政区域内出版的报纸进行审读。下级新闻出版行政部门要定期向上一级新闻出版行政部门提交审读报告。主管单位须对其主管的报纸进行审读,定期向所在地新闻出版行政部门报送审读报告。报纸出版单位应建立报纸阅评制度,定期写出阅评报告。新

---

① 参见《互联网信息内容管理行政执法程序规定》,2017年5月2日,http://www.cac.gov.cn/2017-05/02/c_1120902931.htm。

② 参见《新闻出版总署关于印发〈报纸期刊审读暂行办法〉的通知》,2009年2月9日,http://www.gd.gov.cn/zwgk/wjk/zcfgk/content/post_2531619.html。

闻出版行政部门根据管理工作需要，可以随时调阅、检查报纸出版单位的阅评报告。[①]

随着互联网平台的新闻舆论属性日益增强，宣传部门和政府行政部门相应加强了对互联网内容及行为的日常监督和管理。2017年国家互联网信息办公室发布的《互联网新闻信息服务管理规定》中，明确要求国家和地方网信办建立日常检查和定期检查相结合的监督管理制度，依法对互联网新闻信息服务活动实施监督检查。此外，同年发布的《互联网信息内容管理行政执法程序规定》也强调了建立行政执法督查制度的重要性。这包括加强执法队伍的建设，建立健全执法人员培训、考试考核、资格管理和持证上岗制度。[②]

类似的监督管理机制要求也被纳入了针对特定网络形态的法规中。例如，2016年发布的《互联网直播服务管理规定》指出，各级互联网信息办公室应当建立日常监督检查和定期检查相结合的监督管理制度，指导督促互联网直播服务提供者依据法律法规和服务协议规范互联网直播服务行为。[③]

在日常管理机制中，不定期的集中治理行动扮演了关键角色。诸如有偿新闻、虚假新闻和新闻敲诈等行为，不仅严重违背媒介伦理，也是党和国家重点关注和管理的对象。为了应对这些问题，新闻出版主管部门在2009年《关于采取切实措施制止虚假报道的通知》、2011年《关于严防虚假新闻报道的若干规定》以及《新闻记者证管理办法》等相关文件中，不仅明确禁止这些行为，还采取了专项治理行动进行整治。

2022年，国家互联网信息办公室更是组织开展了13项“清朗”专项行动，这些行动共清理了超过5430万条违法和不良信息，处置了680多万个账号，下架了2890多款App和小程序，并解散关闭了26万个群组和贴吧，关闭了7300多家网站。[④]这一系列行动展示了国家维护网络空间清朗的决心和力度，同时也强化了对新闻传播领域的规范和监管。

---

① 参见《报纸出版管理规定》，国务院公报2006年第25号，https://www.gov.cn/gongbao/content/2006/content_375808.htm。

② 参见《互联网信息内容管理行政执法程序规定》，2017年5月2日，http://www.cac.gov.cn/2017-05/02/c_1120902931.htm。

③ 参见《互联网直播服务管理规定》，2016年11月4日，http://www.cac.gov.cn/2016-11/04/c_1119847629.htm。

④ 参见《国务院新闻办就2023年“清朗”系列专项行动有关情况举行发布会》，2023年3月28日，https://www.gov.cn/xinwen/2023-03/28/content_5748872.htm。

四、新技术与新应用安全评估机制

2017年颁布的《互联网新闻信息服务管理规定》和《互联网新闻信息服务新技术新应用安全评估管理规定》，要求各级网信部门建立针对新技术新应用的主动监测管理机制。这包括加强对新技术新应用的监测巡查工作，并对其进行安全评估管理。在进行安全评估时，需根据新技术新应用的新闻舆论属性、社会动员能力及由此产生的信息内容安全风险确定评估等级。此外，还需要审查和评估新技术新应用提供者的信息安全管理制度和技术保障措施，确保其符合规定并且配套措施完善。

对于涉及新闻舆论属性和具有社会动员能力的新技术及新应用，服务提供者在采用之前必须进行并完成安全评估，并向主管的网信部门提交该评估报告。若服务提供者的新技术新应用未能通过网信部门的安全评估，则必须采取相应的整改措施，以确保符合相关规定和管理要求。在完成必要的整改并符合规定之前，这些新技术新应用不得用于互联网新闻信息服务业务。这种预先的安全评估和必要的整改流程目的在于控制新技术新应用可能带来的负面影响，确保其在互联网新闻信息服务领域安全合规运行。[①]

2018年11月，国家互联网信息办公室与公安部联合颁布了《具有舆论属性或社会动员能力的互联网信息服务安全评估规定》。该规定明确要求地市级以上网信部门和公安机关应当依据各自职责对互联网信息服务提供者提交的安全评估报告进行书面审查。在审查过程中，如果网信部门和公安机关认为有必要，应当依据各自职责对互联网信息服务提供者开展现场检查。对存在较大安全风险，可能影响国家安全、社会秩序和公共利益的互联网信息服务，省级以上网信部门和公安机关应当组织专家进行评审，必要时可以会同属地相关部门开展现场检查。此外，发现具有舆论属性或社会动员能力的互联网信息服务提供者未按规定开展安全评估的，网信部门和公安机关应当通知其按规定开展安全评估。[②]

---

① 参见《互联网新闻信息服务新技术新应用安全评估管理规定》，2017年10月30日，http://www.cac.gov.cn/2017-10/30/c_1121878049.htm；《〈互联网新闻信息服务新技术新应用安全评估管理规定〉中所指的新技术新应用安全评估是什么?》，2017年11月6日，http://www.cac.gov.cn/2017-11/06/c_1121913090.htm；《互联网新闻信息服务管理规定》，2017年5月2日，http://www.cac.gov.cn/2017-05/02/c_1120902760.htm。

② 参见《〈具有舆论属性或社会动员能力的互联网信息服务安全评估规定〉发布　规范互联网信息服务行为》，2019年3月20日，http://www.cac.gov.cn/2019-03/20/c_1124259405.htm?tdsourcetag=s_pctim_aiomsg。

近年来,国家互联网信息办公室等相关主管部门发布的相关文件中都体现了对新技术与新应用的安全评估机制,涉及互联网站、应用程序、论坛、博客、微博客、公众账号、即时通信工具、网络直播等多种互联网应用形态。

具体来说,2018年的《微博客信息服务管理规定》要求微博客服务提供者应用新技术、调整增设具有新闻舆论属性或社会动员能力的功能,应当报国家或地方互联网信息办公室进行安全评估。随后,2019年的《区块链信息服务管理规定》和《网络音视频信息服务管理规定》也分别提出了类似的安全评估要求。此外,《互联网用户公众账号信息服务管理规定》《互联网信息服务算法推荐管理规定》《移动互联网应用程序信息服务管理规定》《互联网跟帖评论服务管理规定》《互联网信息服务深度合成管理规定》均规定具有新闻舆论属性或社会动员能力的服务在上线新产品、新应用或新功能前,必须遵循国家相关规定进行安全评估。

这一系列规定的制定,体现了国家对互联网信息服务安全的高度重视,尤其是在新技术和新应用快速发展的背景下,确保其在舆论引导和社会动员方面的安全性和合规性。

五、评估、年检与退出机制

改革开放后,中国新闻媒体长期缺乏一个有效的退出机制。在"能进不能退"的政策背景下,一些社会效益不佳、经济效益差的新闻媒体仍然持续运营,这不仅扰乱了传媒结构的合理布局,还造成了国家资源的浪费。针对这一问题,2005年发布的《报纸出版管理规定》提出建立报纸出版退出机制。此后,一些报纸通过兼并、重组或停办等方式退出了新闻市场。然而,由于传统媒体内容生产的高度同质化和市场的日益衰退,这一退出机制并未完全发挥其预期作用。

《报纸出版管理规定》还为报纸媒体的监督管理建立了一套包括综合评估、年度核验在内的全面机制,旨在确保报纸媒体的质量和合规性。这些规定共同构成了对报纸媒体出版活动的严格监管体系,旨在提升媒体质量、规范市场秩序,同时也努力解决长期存在的结构性问题。

在出版质量综合评估方面,国家新闻出版总署负责制定报纸出版质量综合评估标准体系,并对报纸出版质量进行全面评估。对于未达到规定标准或不能维持正常出版活动的报纸,国家新闻出版总署将撤销其《报纸出版许可证》,并由所在地省级新闻出版行政部门注销登记。这一规定首次明确了报纸媒体的退出机制。[①]

在年度核验方面,《报纸出版管理规定》明确,省级新闻出版行政部门负责对本行政区域的报纸出版单位实施年度核验,内容包括报纸出版单位及其所出版报纸登记项目、出版质量、遵纪守法情况、新闻记者证和记者站管理等。[②]2006年发布的《报纸期刊年度核验办法》进一步对相关程序进行了详细规定。[③]对于违法行为未改正或质量长期达不到标准、经营恶化等情况的报纸,不予通过年度核验,由国家新闻出版总署撤销其出版许可,并由地方新闻出版行政部门注销登记。

2023年3月,《国家新闻出版署关于开展2023年度报纸及其所办新媒体质量专项检查工作的通知》规定,专项检查将从4月3日持续至10月31日。此次检查的重点包括2023年度出版报纸的内容质量、编校质量和出版形式质量,报纸所办官方微博、官方微信、客户端三种新媒体2023年度发布信息的内容质量、编校质量,报纸及其所办官方微博、官方微信、客户端等新媒体"三审三校"等质量保障制度建设和执行情况。[④]

六、约谈机制

行政约谈作为一种现代行政行为,它通过行政机关与行政相对人之间的协商、沟通和合作,实现执法目标。[⑤]这不仅体现了柔性执法和服务型政务的现代法治理念[⑥],也符合社会治理从"反应型"向"预防型"转变的时代要求。[⑦]在中国构建监管型国家的过程中,行政约谈作为一种新型的政府规制工具,正在被越来越广泛地应用。[⑧]这种方式强调了执法的灵活性和人性化,同时

---

① 参见崔保国:《2006年中国报业的反思与展望》,崔保国主编:《2006年:中国传媒产业发展报告》,社会科学文献出版社2006年版,第89页。

② 参见《报纸出版管理规定》,国务院公报2006年第25号,https://www.gov.cn/gongbao/content/2006/content_375808.htm。

③ 参见《报纸期刊年度核验办法》,2020年5月28日,http://qk.nchu.edu.cn/news/75。

④ 参见《国家新闻出版署关于开展2023年度报纸及其所办新媒体质量专项检查工作的通知》,2023年3月28日,http://www.pac.org.cn/xinwengonggao/hangyedongtai/2023-03-28/1000004009.html。

⑤ 参见邢鸿飞、吉光:《行政约谈刍议》,《江海学刊》2014年第4期。

⑥ 参见李庆:《行政约谈制度的法治化》,《中央社会主义学院学报》2012年第1期。

⑦ 参见孟强龙:《行政约谈法治化研究》,《行政法学研究》2015年第6期。

⑧ 参见卢超:《社会性规制中约谈工具的双重角色》,《法制与社会发展》2019年第1期。

也提高了政府规制的效率和效果。

2015年，国家互联网信息办公室发布了《互联网新闻信息服务单位约谈工作规定》，根据这一规定，国家互联网信息办公室、地方互联网信息办公室在互联网新闻信息服务单位发生严重违法违规情形时，有权约见相关负责人，进行警示谈话、指出问题、责令整改纠正。这一做法将约谈确立为一种正式的行政行为。具体来说，地方网信办负责对本行政区域内的互联网新闻信息服务单位实施约谈。对存在重大违法情形的互联网新闻信息服务单位，由国家网信办单独或联合属地网信办实施约谈。[①]这一规定不仅提升了对互联网新闻信息服务的监管效能，而且体现了行政管理在适应网络时代背景下的创新和发展。

《网络安全法》在国家法律层面上正式确认了行政约谈在互联网领域的法律地位。该法律规定，省级以上人民政府有关部门在履行网络安全监督管理职责中，发现网络存在较大安全风险或者发生安全事件的，可以按照规定的权限和程序对该网络运营者的法定代表人或者主要负责人进行约谈。网络运营者应当按照要求采取措施进行整改，消除隐患。[②]

约谈机制为互联网信息办公室与各家互联网新闻服务单位之间，这些原本不存在直接隶属关系的实体，建立了一种制度化和常规化的监督与管理渠道。这一机制有效弥补了商业互联网公司与传统新闻体系的一个关键区别所产生的漏洞：在传统新闻体系中，新闻单位通常隶属于特定的上级单位或部门，而商业互联网公司则不然。[③]通过约谈机制，互联网信息办公室能够对互联网新闻服务单位进行更有效的监管。

第四节　传媒主体责任制度

在传统媒体时代，新闻媒体作为责任主体，负责管理员工及内容的生产和分发。这一时期以报刊媒体的三审机制和广播电视媒体的播前审查机制最为典型。

---

① 参见《互联网新闻信息服务单位约谈工作规定》，2015年4月28日，http://www.cac.gov.cn/2015-04/28/c_1115112600.htm。

② 参见《中华人民共和国网络安全法》，2016年11月7日，https://www.gov.cn/xinwen/2016-11/07/content_5129723.htm。

③ 参见魏永征：《新闻传播法教程》，中国人民大学出版社2016年版，第244页。

进入互联网时代，治理模式发生了变化。有学者将这种新的互联网管理方式称为“政企发包制”，即政府将网络治理的部分权力委托给企业，在政府的监督下，这些企业进行自我管理。这种模式的有效性受限于国家现有治理资源的存量和结构。[①]当前，国家对互联网信息活动的管理采取三级管理模式：首先，国家主管部门管理互联网信息服务提供者；其次，互联网信息服务提供者管理其平台上的用户和内容；最后，网络用户管理其网络界面和应用空间中的互动内容。在这一框架下，互联网信息服务提供者和用户作为行为主体，承担着相应的责任和义务。

互联网上的传媒主体责任制度涵盖了网络用户管理机制、网络内容管理机制、从业人员管理机制、技术管理机制、举报机制、三审机制与播前审查机制等多个方面，这些都是确保网络环境安全和内容健康的关键组成部分。

一、网络用户管理机制

改革开放以来，我国在新闻管理与舆论引导方面经历了显著的变化，其中一个重要的趋势是从对物的管理转变为对人的管理。过去，互联网媒体的管理主要集中在其物质形态上，比如网站、网页和互联网账号。但这种方式存在局限性，即违法违规行为导致某个物质形态被停办后，违规者往往可以重新开办。在算法时代，以物为目的的管理方式表现得尤为失效。[②]

在当前中国互联网新闻舆论管理体系中，作为二级管理者的互联网信息服务提供者，通过与用户签订的服务协议，采取了一系列有效的管理机制。这些机制包括身份审核管理、协议约定、用户分级分类管理、建立用户信用档案和黑名单等，以此实现对个体用户的有效管理。通过这种转变，管理焦点从纯粹的物质形态转向了用户行为和身份，更加符合互联网时代的管理需求和特点。

1. 身份审核管理

网络实名制作为身份审核管理的基础，在互联网进入中国后引发了持续多年的讨论。自2003年起，国内网吧主管部门便开始要求所有网吧对客户进行身份证实名登记。2005年7月，腾讯公司响应深圳公安局的通知，开始

① 参见于洋、马婷婷：《政企发包：双重约束下的互联网治理模式——基于互联网信息内容治理的研究》，《公共管理学报》2018年第3期。

② 参见柳斌杰、郑雷：《新媒体环境下中国新闻管理与舆论引导问题、趋势分析》，《国际新闻界》2019年第2期。

对QQ群创建者和管理员实施实名登记。[①]随后的2006年10月,信息产业部提出了对博客实施实名制管理的建议。2007年,中国互联网协会也开始推进博客实名制。虽然一些博客服务提供商推出了实名制注册的博客网站,但博客实名制最终并未取得预期的成功。

2008年全国"两会"期间,全国人大代表王晶递交了网络实名制立法议案。同年8月,工信部回应称,由于具体条件所限,立即实行网络实名制存在一定的困难。2010年3月,工信部负责人在接受媒体采访时指出,网络实名制是一个大的发展方向。[②]

在2010年4月的一次专题讲座中,国务院新闻办公室的负责人向十一届全国人大常委会成员报告了关于中国互联网发展和管理的情况并透露中国正在积极探索网络实名制的实施。特别是在重点新闻网站和主要商业网站上,已经取得了一定成效,例如实行论坛版主实名制、取消新闻跟帖的"匿名发言"功能。此外,网站电子公告服务中用户身份认证的工作也在积极探索中。[③]这是国新办首次公开确认中国正积极探索和推动论坛、BBS等各种网络互动环节普通用户实名制的情况。[④]

2011年年底,北京市政府发布了《北京市微博客发展管理若干规定》,采纳了"后台实名,前台自愿"的原则,并要求北京地区的各大网站微博在2012年3月16日前全面实施实名制。[⑤]紧随其后,2012年12月,第十一届全国人大常委会第三十次会议通过《关于加强网络信息保护的决定》。该决定规定,网络服务提供者为用户办理网站接入服务,办理固定电话、移动电话等入网手续,或者为用户提供信息发布服务,应当在与用户签订协议或者确认提供服务时要求用户提供真实身份信息。[⑥]

---

① 参见《腾讯即将展开QQ群创建者和管理员实名登记》,2005年7月21日,http://tech.sina.com.cn/s/s/2005-07-21/1527669837.shtml。

② 参见《国新办主任王晨:积极稳妥推行网络实名制》,2010年5月5日,http://epaper.xxcb.cn/XXCBA/html/2010-05/05/content_2315229.htm。

③ 参见崔清新:《我国已初步建立互联网基础管理制度和安全体系》,2010年5月2日,http://www.gov.cn/jrzg/2010-05/02/content_1597867.htm。

④ 参见秦宏等:《网络实名制:"虚拟世界"不成"法外之地"还有多远?》,2015年1月24日,http://media.people.com.cn/n/2015/0124/c14677-26443107.html。

⑤ 参见吕宇翔、熊澄宇:《2011年中国互联网传媒产业发展分析》,崔保国主编:《2012年:中国传媒产业发展报告》,社会科学文献出版社2012年版,第216页。

⑥ 参见《全国人大常委会关于加强网络信息保护的决定》,2012年12月28日,http://www.gov.cn/jrzg/2012-12/28/content_2301231.htm。

2013年3月，《国务院办公厅关于实施〈国务院机构改革和职能转变方案〉任务分工的通知》中提及了2014年出台并实施信息网络实名登记制度的计划。到了2015年1月，国家网信办再次强调，将全面推进网络真实身份信息的管理，并将实名制应用于包括微博、贴吧在内的各类网络平台。[①]这一系列政策和规定的出台，标志着中国在网络实名制领域的政策逐步深化和实施。

《网络安全法》在国家法律层面明确规定了网民在使用诸如新闻发布、即时通信等服务时，必须向网络运营者提供真实身份信息的要求。在这一法律框架下，还衍生出了一系列更为详细的专门针对互联网新闻信息服务提供者在审核用户真实身份信息方面的政策和法规。

具体到2015年的《互联网用户账号名称管理规定》和2017年的《互联网新闻信息服务管理规定》，这些规定要求互联网新闻信息服务提供者不仅要要求用户提供真实身份信息，还必须对这些信息进行严格审核。这一系列法律和政策的实施，旨在加强网络信息安全和身份验证的严格性。

自2014年起，国家网信办便在针对不同互联网应用和服务出台的多部法规中，对于服务提供者在真实身份信息审核方面的内容和重点进行了差异化规定。例如，即时通信工具和互联网用户账号的使用者在注册账号前需要通过真实身份信息认证；群组服务提供者则根据群组的规模，分级审核群组建立者的真实身份和信用等级；论坛社区服务提供者要对版块发起者和管理者的真实身份信息进行备案及定期核验；移动互联网应用程序提供者要求注册用户以移动电话号码作为身份认证手段；直播服务提供者则要求直播发布者提供移动电话号码进行身份认证，并对其真实身份信息进行审核，包括身份证件、营业执照、组织机构代码证等的认证登记。

尽管真实身份信息审核的程序根据不同的网络服务有所不同，但审核内容与重点正在趋于统一。这种趋势反映了国家在网络安全管理上日益强化的统一标准和要求。

在网络身份审核管理机制的发展方面，几项关键性的法规具有代表性。2018年的《微博客信息服务管理规定》、2021年的《互联网用户公众账号信息服务管理规定》以及2022年修订的《移动互联网应用程序信息服务管理规定》对于身份材料的提供和审核方式做出了详细的规定。

根据《微博客信息服务管理规定》，微博客服务提供者应当按照“后台实

---

① 参见秦宏等：《网络实名制：“虚拟世界”不成“法外之地”还有多远?》，2015年1月24日，http://media.people.com.cn/n/2015/0124/c14677-26443107.html。

名、前台自愿”的原则,对微博客服务使用者进行基于组织机构代码、身份证件号码、移动电话号码等方式的真实身份信息认证、定期核验。微博客服务使用者申请前台实名认证账号的,应当提供与认证信息相符的有效证明材料。境内具有组织机构特征的微博客服务使用者申请前台实名认证账号的,应当提供组织机构代码证、营业执照等有效证明材料。境外组织和机构申请前台实名认证账号的,应当提供驻华机构出具的有效证明材料。①

根据《互联网用户公众账号信息服务管理规定》,公众账号信息服务平台应当采取复合验证等措施,对申请注册公众账号的互联网用户进行基于移动电话号码、居民身份证号码或者统一社会信用代码等方式的真实身份信息认证。公众账号信息服务平台对申请注册从事经济、教育、医疗卫生、司法等领域信息内容生产的公众账号,应当要求用户在注册时提供其专业背景,以及依照法律、行政法规获得的职业资格或者服务资质等相关材料,并进行必要核验。公众账号信息服务平台应当对核验通过后的公众账号加注专门标识,并根据用户的不同主体性质,公示内容生产类别、运营主体名称、注册运营地址、统一社会信用代码、联系方式等注册信息,方便社会监督查询。公众账号信息服务平台应当对互联网用户注册的公众账号名称、头像和简介等进行合法合规性核验,发现账号名称、头像和简介与注册主体真实身份信息不相符的,特别是擅自使用或者关联党政机关、企事业单位等组织机构或者社会知名人士名义的,应当暂停提供服务并通知用户限期改正,拒不改正的,应当终止提供服务;发现相关注册信息含有违法和不良信息的,应当依法及时处置。公众账号信息服务平台应当禁止被依法依约关闭的公众账号以相同账号名称重新注册;对注册与其关联度高的账号名称,还应当对账号主体真实身份信息、服务资质等进行必要核验。公众账号信息服务平台应当建立动态核验巡查制度,适时核验生产运营者注册信息的真实性、有效性。②

按照《移动互联网应用程序信息服务管理规定》,应用程序分发平台应当采取复合验证等措施,对申请上架的应用程序提供者进行基于移动电话号码、身份证件号码或者统一社会信用代码等多种方式相结合的真实身份信息认证。根据应用程序提供者的不同主体性质,公示提供者名称、统一社会信

① 参见《微博客信息服务管理规定》,2018年2月2日,http://www.cac.gov.cn/2018-02/02/c_1122358726.htm。

② 参见《互联网用户公众账号信息服务管理规定》,2021年1月22日,http://www.cac.gov.cn/2021-01/22/c_1612887880656609.htm。

用代码等信息，方便社会监督查询。[①]

上述规定凸显了几个关键趋势。首先，加强网络安全与信息真实性是显著的重点，政策制定者通过实施实名制和认证机制来提升网络环境的安全性和用户信息的真实性，旨在避免匿名或虚假身份带来的网络滥用和信息安全隐患。其次，这些规定还着力提高网络空间的透明度，尤其是通过公示机制和社会监督鼓励公众参与，以共同维护网络秩序。最后，这些规定针对不同类型的网络服务提供者制定了细化的管理要求和规则，显示出政策在网络管理上的针对性，反映了对不同网络环境和需求的深入理解。

2.协议约定

在用户开始使用互联网信息服务之前，与服务提供者签订的电子协议成为后续管理行为的法律基础。这些电子协议必须遵循中国现行的法律法规，并通常由互联网信息服务提供者自主制定。值得注意的是，互联网直播服务协议和平台公约的必备条款则由省级网信部门负责指导制定。这些协议中通常明确规定了用户在使用互联网信息服务的相关功能时所禁止的行为和内容。如果用户的言行违反了法律法规或协议中的规定，服务提供者有权对用户的账号进行相应的处理。

以微信公众平台和新浪微博为例，这两个平台与用户签订的协议各有特点。微信公众平台的协议包括由腾讯公司制定的一系列协议和规范，例如《腾讯服务协议》《腾讯微信软件许可及服务协议》《微信公共平台服务协议》《微信公众平台运营规范》《微信公众平台认证服务协议》《微信小程序认证指引》《微信隐私保护指引》《微信个人账号使用规范》《微信开放平台开发者服务协议》等。除此之外，腾讯还不断发布关于微信公众平台服务的相关协议、服务声明、业务规则和公告指引。

而新浪微博则有一套由新浪公司制定的协议，包括《微博服务使用协议》《微博社区公约》《新浪微博社区管理规定》《新浪微博社区委员会制度》《微博商业行为规范办法》等。这些协议和规范为平台运营和用户行为设定了明确的指导和规则。[②]

3.用户分级分类管理

根据相关政策和规范性文件，互联网信息服务提供者承担着对各类网络

---

① 参见《移动互联网应用程序信息服务管理规定》，2022年6月14日，http://www.cac.gov.cn/2022-06/14/c_1656821626455324.htm。

② 参见郑雷、郑立波：《互联网新闻信息发布平台管理制度分析》，《新闻战线》2017年第3期。

用户主体如公众账号用户、互联网群组、跟帖评论服务用户、互联网直播主体等进行分级分类管理的责任。

根据《互联网直播服务管理规定》，互联网直播服务提供者应当建立直播内容审核平台，根据互联网直播的内容类型、用户规模等实施分级分类管理，对图文、视频、音频等直播内容加注或播报平台标识信息。[①]

根据《互联网群组信息服务管理规定》，互联网群组信息服务提供者应当根据互联网群组的性质类别、成员规模、活跃程度等实行分级分类管理，制定具体管理制度并向国家或省、自治区、直辖市互联网信息办公室备案，依法规范群组信息传播秩序。互联网群组信息服务提供者应根据群组规模类别，分级审核群组建立者真实身份、信用等级等建群资质，完善建群、入群等审核验证功能，并标注群组建立者、管理者及成员群内身份信息。[②]

根据《互联网用户公众账号信息服务管理规定》，公众账号信息服务平台应当依据公众账号信息内容生产质量、信息传播能力、账号主体信用评价等指标，建立分级管理制度，实施分级管理。[③]

4.建立用户信用档案和黑名单

《网络安全法》明确规定，违反该法律的行为将被记录在信用档案中，并对外进行公示。近年来，在传媒领域发布的多个文件中，对于信用档案和黑名单的管理也提出了具体规定，这成为对互联网信息服务用户进行管理的一个关键手段。其目的在于通过建立健全的信用记录体系加强对用户行为的监管，提高网络空间的治理效能。

依据2016年颁布的《互联网直播服务管理规定》，互联网直播服务提供者应当建立互联网直播发布者信用等级管理体系，提供与信用等级挂钩的管理和服务。互联网直播服务提供者应当建立黑名单管理制度，对纳入黑名单的互联网直播服务使用者禁止重新注册账号，并及时向所在地省、自治区、直辖市互联网信息办公室报告。省、自治区、直辖市互联网信息办公室应当建立黑名单通报制度，并向国家互联网信息办公室报告。[④]这些措施旨在加强

---

① 参见《互联网直播服务管理规定》，2016年11月4日，http://www.cac.gov.cn/2016-11/04/c_1119847629.htm。

② 参见《互联网群组信息服务管理规定》，2017年9月7日，http://www.cac.gov.cn/2017-09/07/c_1121623889.htm。

③ 参见《互联网用户公众账号信息服务管理规定》，2021年1月22日，http://www.cac.gov.cn/2021-01/22/c_1612887880656609.htm。

④ 参见《互联网直播服务管理规定》，2016年11月4日，http://www.cac.gov.cn/2016-11/04/c_1119847629.htm。

对互联网直播活动的规范管理，确保网络直播环境的安全与稳定。

根据2017年颁布的《互联网群组信息服务管理规定》，互联网群组信息服务提供者应当建立互联网群组信息服务使用者信用等级管理体系，根据信用等级提供相应服务。互联网群组信息服务提供者应当对违反法律法规和国家有关规定的群组建立者、管理者等使用者，依法依约采取降低信用等级、暂停管理权限、取消建群资格等管理措施，保存有关记录，并向有关主管部门报告。互联网群组信息服务提供者应当建立黑名单管理制度，对违法违约情节严重的群组及建立者、管理者和成员纳入黑名单，限制群组服务功能，保存有关记录，并向有关主管部门报告。①

根据2021年颁布的《互联网用户公众账号信息服务管理规定》，公众账号信息服务平台有责任对制作发布虚假信息的公众账号生产运营者降低信用等级或者列入黑名单。②

2022年发布的《互联网跟帖评论服务管理规定》，进一步强化了对用户行为的管理。跟帖评论服务提供者应当对公众账号生产运营者的跟帖评论管理情况进行信用评估后，根据公众账号的主体性质、信用评估等级等，合理设置管理权限，提供相关技术支持。跟帖评论服务提供者应当建立用户分级管理制度，对用户的跟帖评论行为开展信用评估，根据信用等级确定服务范围及功能，对严重失信的用户应列入黑名单，停止对列入黑名单的用户提供服务，并禁止其通过重新注册账号等方式使用跟帖评论服务。③

二、网络内容管理机制

近年来，为明确互联网信息服务提供者和使用者作为二级和三级主体在内容监测和管理方面的责任，主管部门制定了一系列详尽的规定。这些规定共同构成了一个综合性和多层次的网络信息内容管理框架，旨在确保网络内容的合法性、安全性和健康发展，同时保护用户权益，维护网络安全。

第一，作为二级主体的互联网信息服务提供者，需承担相应的管理责任。即必须根据业务规模配备足够的管理人员和技术支持，设立内容安全负责人

① 参见《互联网群组信息服务管理规定》，2017年9月7日，http://www.cac.gov.cn/2017-09/07/c_1121623889.htm。

② 参见《互联网用户公众账号信息服务管理规定》，2021年1月22日，http://www.cac.gov.cn/2021-01/22/c_1612887880656609.htm。

③ 参见《互联网跟帖评论服务管理规定》，2022年11月16日，http://www.cac.gov.cn/2022-11/16/c_1670253725725039.htm。

岗位，并建立一套完善的内部管理制度。包括信息内容安全、生态治理、信息审核、日常巡查、应急处置、网络安全、数据安全、个人信息保护、知识产权保护、未成年人保护等多个方面。

根据2016年颁布的《互联网直播服务管理规定》，互联网直播服务提供者应当建立直播内容审核平台，根据互联网直播的内容类别、用户规模等实施分级分类管理，对图文、视频、音频等直播内容加注或播报平台标识信息，对互联网新闻信息直播及其互动内容实施先审后发管理。互联网直播服务提供者应当具备与其服务相适应的技术条件，应当具备即时阻断互联网直播的技术能力，技术方案应符合国家相关标准。①

2017年实施的《互联网论坛社区服务管理规定》，对互联网论坛社区服务提供者提出了具体的要求。互联网论坛社区服务提供者应当与用户签订协议，明确用户不得利用互联网论坛社区服务发布、传播法律法规和国家有关规定禁止的信息，情节严重的，服务提供者将封禁或者关闭有关账号、版块；明确论坛社区版块发起者、管理者应当履行与其权利相适应的义务，对违反法律规定和协议约定、履行责任义务不到位的，服务提供者应当依法依约限制或取消其管理权限，直至封禁或者关闭有关账号、版块。②

2019年，国家互联网信息办公室、文化和旅游部、国家广播电视总局共同发布了《网络音视频信息服务管理规定》。网络音视频信息服务提供者应当落实信息内容安全管理主体责任，配备与服务规模相适应的专业人员，建立健全用户注册、信息发布审核、信息安全管理、应急处置、从业人员教育培训、未成年人保护、知识产权保护等制度，具有与新技术新应用发展相适应的安全可控的技术保障和防范措施，有效应对网络安全事件，防范网络违法犯罪活动，维护网络数据的完整性、安全性和可用性。③

2019年颁布的《网络信息内容生态治理规定》要求网络信息内容服务平台应当履行信息内容管理主体责任，加强本平台网络信息内容生态治理，培育积极健康、向上向善的网络文化。网络信息内容服务平台应当建立网络信息内容生态治理机制，制定本平台网络信息内容生态治理细则，健全用户注

① 参见《互联网直播服务管理规定》，2016年11月4日，http://www.cac.gov.cn/2016-11/04/c_1119847629.htm。

② 参见《互联网论坛社区服务管理规定》，2017年8月25日，http://www.cac.gov.cn/2017-08/25/c_1121541921.htm。

③ 参见《关于印发〈网络音视频信息服务管理规定〉的通知》，2019年11月29日，http://www.cac.gov.cn/2019-11/29/c_1576561820967678.htm。

册、账号管理、信息发布审核、跟帖评论审核、版面页面生态管理、实时巡查、应急处置和网络谣言、黑色产业链信息处置等制度。[①]

依据2021年发布的《互联网用户公众账号信息服务管理规定》，公众账号信息服务平台应当建立健全网络谣言等虚假信息预警、发现、溯源、甄别、辟谣、消除等处置机制。公众账号信息服务平台应当加强对原创信息内容的著作权保护，防范盗版侵权行为。[②]

2022年颁布的《移动互联网应用程序信息服务管理规定》，对应用程序提供者提出了明确的责任要求。应用程序提供者应当对信息内容呈现结果负责，不得生产传播违法信息，自觉防范和抵制不良信息。同时，应用程序提供者还需主动采取措施，防范和抵制平台上出现的不良信息，确保信息内容的合法性和健康性，维护良好的网络信息环境。[③]同年发布的《互联网跟帖评论服务管理规定》要求跟帖评论服务提供者按照用户服务协议对跟帖评论服务使用者和公众账号生产运营者进行规范管理。对发布违法和不良信息内容的跟帖评论服务使用者，应当依法依约采取警示提醒、拒绝发布、删除信息、限制账号功能、暂停账号更新、关闭账号、禁止重新注册等处置措施，并保存相关记录；对未尽到管理义务导致跟帖评论环节出现违法和不良信息内容的公众账号生产运营者，应当根据具体情形，依法依约采取警示提醒、删除信息、暂停跟帖评论区功能直至永久关闭跟帖评论区、限制账号功能、暂停账号更新、关闭账号、禁止重新注册等处置措施，保存相关记录，并及时向网信部门报告。[④]

2022年11月，国家网信办、工信部、公安部共同发布的《互联网信息服务深度合成管理规定》，对深度合成服务提供者提出了明确的要求。深度合成服务提供者应当落实信息安全主体责任，建立健全用户注册、算法机制机理审核、科技伦理审查、信息发布审核、数据安全、个人信息保护、反电信网络诈骗、应急处置等管理制度，具有安全可控的技术保障措施。深度合成服务提

① 参见《网络信息内容生态治理规定》，2019年12月20日，http://www.cac.gov.cn/2019-12/20/c_1578375159509309.htm。

② 参见《互联网用户公众账号信息服务管理规定》，2021年1月22日，http://www.cac.gov.cn/2021 01/22/c_1612887880656609.htm。

③ 参见《移动互联网应用程序信息服务管理规定》，2022年6月14日，http://www.cac.gov.cn/2022-06/14/c_1656821626455324.htm。

④ 参见《互联网跟帖评论服务管理规定》，2022年11月16日，http://www.cac.gov.cn/2022-11/16/c_1670253725725039.htm。

供者应当加强深度合成内容管理，采取技术或者人工方式对深度合成服务使用者的输入数据和合成结果进行审核。深度合成服务提供者应当建立健全用于识别违法和不良信息的特征库，完善入库标准、规则和程序，记录并留存相关网络日志。①

2023年发布的《生成式人工智能服务管理暂行办法》，对使用生成式人工智能产品提供服务的组织和个人提出了具体要求。该办法规定，利用生成式人工智能技术向中华人民共和国境内公众提供生成文本、图片、音频、视频等内容的服务的生成式人工智能服务提供者应当依法承担网络信息内容生产者责任。②

第二，作为三级主体的互联网信息服务使用者，同样需要对自己的内容发布行为负责，并对其发布内容后的留言等内容进行管理。

2021年发布的《互联网用户公众账号信息服务管理规定》指出，公众账号生产运营者应当履行信息内容生产和公众账号运营管理主体责任，依法依规从事信息内容生产和公众账号运营活动。公众账号生产运营者应当建立健全选题策划、编辑制作、发布推广、互动评论等全过程信息内容安全审核机制，加强信息内容导向性、真实性、合法性审核，维护网络传播良好秩序。公众账号生产运营者应当对公众账号留言、跟帖、评论等互动环节进行管理。平台可以根据公众账号的主体性质、信用等级等，合理设置管理权限，提供相关技术支持。③

2022年制定的《互联网跟帖评论服务管理规定》，对公众账号生产运营者赋予了一定的管理权限。公众账号生产运营者可按照用户服务协议向跟帖评论服务提供者申请举报、隐藏或者删除违法和不良评论信息、自主关闭账号跟帖评论区等管理权限。跟帖评论服务提供者应当在对公众账号生产运营者的跟帖评论管理情况进行信用评估后，根据公众账号的主体性质、信用评估等级等合理设置管理权限，提供相关技术支持。④

① 参见《互联网信息服务深度合成管理规定》，2022年11月25日，https://www.gov.cn/zhengce/zhengceku/2022-12/12/content_5731431.htm。

② 参见《生成式人工智能服务管理暂行办法》，2023年7月10日，https://www.gov.cn/gongbao/2023/issue_10666/202308/content_6900864.html。

③ 参见《互联网用户公众账号信息服务管理规定》，2021年1月22日，http://www.cac.gov.cn/2021-01/22/c_1612887880656609.htm。

④ 参见《互联网跟帖评论服务管理规定》，2022年11月16日，http://www.cac.gov.cn/2022-11/16/c_1670253725725039.htm。

三、从业人员管理机制

新闻媒体的高效运作离不开对员工的精细化管理，这也构成了我国新闻舆论引导的根本。在众多管理机制中，总编辑机制尤为关键。作为媒体核心的总编辑，对新闻内容的生产承担着至关重要的责任，他们是确保新闻舆论导向准确的关键人物。这一机制不仅是传统媒体内容自律的坚实防线，而且在数字时代的媒体格局中也显示出其不可或缺的地位。互联网媒介的兴起促使主管部门对网络平台提出新要求，即必须设立总编辑岗位，确保网络内容的真实性，同时加强对网络新闻舆论的有效管理和正面引导。

2016年发布的《互联网直播服务管理规定》明确规定，提供互联网新闻信息直播服务的机构应当设立总编辑职位。[①]2017年发布的《互联网新闻信息服务管理规定》进一步规定，互联网新闻信息服务提供者应当设立总编辑，总编辑对互联网新闻信息内容负总责。总编辑人选应当具有相关从业经验，符合相关条件，并报国家或省、自治区、直辖市互联网信息办公室备案。[②]2018年，《微博客信息服务管理规定》也提出了类似的要求，强调微博客服务提供者应实施总编辑制度。[③]

值得注意的是，在这些政策规定实施之前，新浪、腾讯、百度和今日头条等知名的商业互联网媒体已经自行设立了总编辑岗位。这些总编辑通常来自传统媒体行业，带着丰富的新闻采编和管理经验以及深厚的行业人脉转战到商业互联网领域。在新的岗位上，他们主要负责内容审核、风险控制、加强党群建设以及推动业务发展等关键任务。

近年来，为加强对互联网媒体与平台从业人员的管理，国家网信办连续出台了一系列政策法规。

2017年10月，国家网信办颁布了《互联网新闻信息服务单位内容管理从业人员管理办法》，重点加强对互联网新闻信息服务单位中专门从事互联网新闻信息采编发布、转载和审核等内容管理工作的人员的管理。互联网新闻信息服务单位应当建立完善从业人员教育培训制度，建立培训档案，加强培

---

① 参见《互联网直播服务管理规定》，2016年11月4日，http://www.cac.gov.cn/2016-11/04/c_1119847629.htm。

② 参见《互联网新闻信息服务管理规定》，2017年5月2日，http://www.cac.gov.cn/2017-05/02/c_1120902760.htm。

③ 参见《微博客信息服务管理规定》，2018年2月2日，http://www.cac.gov.cn/2018-02/02/c_1122358726.htm。

训管理，自行组织开展从业人员初任培训、专项培训、定期培训等工作，按要求组织从业人员参加国家和省、自治区、直辖市互联网信息办公室组织开展的教育培训工作。国家和地方互联网信息办公室指导互联网新闻信息服务单位建立健全从业人员准入、奖惩、考评、退出等制度。互联网新闻信息服务单位应当建立健全从业人员劳动人事制度，加强从业人员管理，按照国家和地方互联网信息办公室要求，定期报送从业人员有关信息，并及时报告从业人员变动情况。国家互联网信息办公室建立从业人员统一的管理信息系统，对从业人员基本信息、从业培训经历和奖惩情况等进行记录，并及时更新、调整。地方互联网信息办公室负责对属地从业人员建立管理信息系统，并将更新、调整情况及时上报上一级互联网信息办公室。国家和地方互联网信息办公室依法建立从业人员信用档案和黑名单。[①]

2020年1月，国家公安部发布了《互联网交互式服务安全管理要求》，其中针对提供论坛、社区、贴吧、文字或音视频聊天室、微博客、博客、即时通信、电子商务平台、搜索、互联网约车、互联网租房、移动下载、分享存储、第三方支付、云服务等多种互联网交互式服务的提供者提出了新的安全管理要求。互联网交互式服务提供者应在安全岗位管理制度中明确关键岗位人员及其职责，关键岗位人员包括但不限于系统管理员、安全管理员、审计管理员、数据管理员、内容编辑与审核员等。[②]

四、技术管理机制

技术革新已成为推动全球传媒变革的核心力量，而这些尖端技术大多掌握在商业互联网公司的手中。为应对这一趋势，传媒主管部门近年来陆续推出了一系列政策文件，建立了技术管理机制。这些政策文件要求新闻信息服务提供方必须对当前及未来的技术进行有效管理，确保技术进步所引领的传媒变革符合国家的新闻舆论导向要求，从而保证信息传播的健康和秩序。

2017年国家网信办发布了《互联网新闻信息服务新技术新应用安全评估管理规定》，明确要求有下列情形之一的，互联网新闻信息服务提供者应当自行组织开展新技术新应用安全评估，编制书面安全评估报告，并对评估结果

---

① 参见《互联网新闻信息服务单位内容管理从业人员管理办法》，2017年10月30日，http://www.cac.gov.cn/2017-10/30/c_1121877917.htm。

② 参见《互联网交互式服务安全管理要求　第1部分：基本要求》，2020年1月16日，https://www.beian.gov.cn/portal/downloadcenter?token=5135ccd9-834c-4cde-9d1a-7e4f9ed6cea7。

负责：应用新技术、调整增设具有新闻舆论属性或社会动员能力的应用功能的；新技术、新应用功能在用户规模、功能属性、技术实现方式、基础资源配置等方面的改变导致新闻舆论属性或社会动员能力发生重大变化的。互联网新闻信息服务提供者调整增设新技术新应用，应当建立健全信息安全管理制度和安全可控的技术保障措施，不得发布、传播法律法规禁止的信息内容。[①]

2018年11月，国家网信办与公安部联合发布了《具有舆论属性或社会动员能力的互联网信息服务安全评估规定》。这一规定在2017年上述规定的基础上增加了三种需进行安全评估的情形：用户规模显著增加，导致信息服务的舆论属性或者社会动员能力发生重大变化的；发生违法有害信息传播扩散，表明已有安全措施难以有效防控网络安全风险的；地市级以上网信部门或者公安机关书面通知需要进行安全评估的其他情形。这一规定为政策性文件，虽不涉及行政许可或处罚，但对于未进行安全评估而上线运行的服务，管理部门将通过"全国互联网安全管理服务平台"发布安全风险提示信息。[②]这些规定共同确保互联网新闻信息服务在采用新技术新应用时，能够符合国家的安全管理要求。

2021年12月，国家网信办、工信部、公安部、国家市场监督管理总局联合发布《互联网信息服务算法推荐管理规定》，标志着对算法推荐服务的管理迈入新阶段。该规定要求，算法推荐服务提供者应当定期审核、评估、验证算法机制机理、模型、数据和应用结果等，不得设置诱导用户沉迷、过度消费等违反法律法规或者违背伦理道德的算法模型。算法推荐服务提供者应当加强信息安全管理，建立健全用于识别违法和不良信息的特征库，完善入库标准、规则和程序。[③]

2023年7月公布的《生成式人工智能服务管理暂行办法》规定，提供具有舆论属性或者社会动员能力的生成式人工智能服务的，应当按照国家有关规定开展安全评估，并按照《互联网信息服务算法推荐管理规定》履行算法备案

---

① 参见《互联网新闻信息服务新技术新应用安全评估管理规定》，2017年10月30日，http://www.cac.gov.cn/2017-10/30/c_1121878049.htm。

② 参见《〈具有舆论属性或社会动员能力的互联网信息服务安全评估规定〉发布 规范互联网信息服务行为》，2019年3月20日，http://www.cac.gov.cn/2019-03/20/c_1124259405.htm。

③ 参见《互联网信息服务算法推荐管理规定》2022年1月4日，http://www.cac.gov.cn/2022-01/04/c_1642894606364259.htm。

和变更、注销备案手续。[①]

五、举报机制

互联网管理领域的举报机制，作为揭露网络违法违规内容和行为的关键环节，得到了《网络安全法》的明确支持。该法律赋予了个人和组织正当权利，允许他们向互联网平台举报违法违规行为。

最近几年，监管部门陆续发布了多个文件，对互联网服务提供者提出了新的要求，涉及公众账号、群组信息、跟帖评论、论坛社区、直播服务、移动互联网应用程序、应用商店以及信息搜索等服务提供者。这些服务提供者作为责任主体，必须建立和完善投诉举报机制，确保用户的投诉举报能够得到及时和恰当的处理。

同时，相关文件明确规定，网络信息部门和其他相关监管机构承担督查责任，确保这些投诉举报的处理工作得到有效执行。

六、三审机制与播前审查机制

三审机制与播前审查机制均为传统媒体时代新闻舆论管理中最为重要的媒体内容把关机制。

三审机制指我国新闻出版业务的内部新闻审核流程。在这一机制下，记者完成的新闻稿件必须经过三个层级——责任编辑、值班主任、值班总编的严格把关，确保内容的准确性和适宜性，才能获准刊发。

根据1997年发布、2020年第三次修订的《广播电视管理条例》，广播电台、电视台对其播放的广播电视节目内容应进行播前审查、重播重审。[②]

互联网直播服务也被纳入监管范畴。根据2016年发布的《互联网直播服务管理规定》，互联网直播服务提供者应当建立直播内容审核平台，根据互联网直播的内容类别、用户规模等实施分级分类管理，对图文、视频、音频等直播内容加注或播报平台标识信息，对互联网新闻信息直播及其互动内容实施先审后发管理。[③]

---

① 参见《生成式人工智能服务管理暂行办法》，2023年7月10日，https://www.gov.cn/gongbao/2023/issue_10666/202308/content_6900864.html。

② 参见《广播电视管理条例》，2022年2月11日，http://www.nrta.gov.cn/art/2022/2/11/art_2060_59538.html。

③ 参见《互联网直播服务管理规定》，2016年11月4日，http://www.cac.gov.cn/2016-11/04/c_1119847629.htm。

参考文献

[1] 崔保国等主编:《中国传媒产业发展报告》(2005—2023年),社会科学文献出版社2005—2023年版。

[2] 柳斌杰主编:《中国版权相关产业的经济贡献》,中国书籍出版社2010年版。

[3] 彭增军:《新闻业的救赎:数字时代新闻生产的16个关键问题》,中国人民大学出版社2018年版。

[4] 彭增军:《在线 在场 在地:新闻业的未来》,中国社会科学出版社2022年版。

[5] 彭兰:《新媒体用户研究:节点化、媒介化、赛博格化的人》,中国人民大学出版社2020年版。

[6] 唐绪军:《报业经济与报业经营》,新华出版社2003年版。

[7] 魏永征:《新闻传播法教程》,中国人民大学出版社2022年版。

[8] 张建星主编:《中国报业40年》,人民日报出版社2018年版。

[9] 中共中央文献研究室编:《改革开放三十年重要文献选编》,中央文献出版社2008年版。

[10] 中共中央宣传部新闻局编:《中国共产党新闻工作文献选编(1938—1989年)》,人民出版社1990年版。

[11] 周蔚华、徐发波主编:《网络舆情概论》,中国人民大学出版社2023年版。

[12] 朱穆之:《风云激荡七十年》,五洲传播出版社2007年版。